U0857167

文化百色

Wenhua Baise

百色市文化广电体育和旅游局 编

广西人民出版社

图书在版编目（CIP）数据

文化百色 / 百色市文化广电体育和旅游局编 . — 南宁：广西人民出版社，2023.12
ISBN 978-7-219-11703-3

Ⅰ. ①文…　Ⅱ. ①百…　Ⅲ. ①文化史—百色　Ⅳ. ① K296.73

中国国家版本馆 CIP 数据核字（2024）第 020349 号

责任编辑　何彩秋
责任校对　杨　苑
装帧设计　陈晓蕾

出版发行　广西人民出版社
社　　址　广西南宁市桂春路 6 号
邮　　编　530021
印　　刷　广西壮族自治区地质印刷厂
开　　本　787mm × 1092mm　1 / 16
印　　张　17.25
字　　数　300 千字
版　　次　2023 年 12 月　第 1 版
印　　次　2023 年 12 月　第 1 次印刷
书　　号　ISBN 978-7-219-11703-3
定　　价　168. 00 元

《文化百色》编辑委员会

序

百色位于广西壮族自治区西部，是以壮族为主体，汉、瑶、苗、回、彝、仡佬等民族共居的多民族文化共生地。

历史上，百色曾是重要的人类发祥地。距今约 80 万年前的旧石器时代，人类的祖先曾在这里繁衍生息，他们用勤劳的双手创造了光辉灿烂的砾石工业文化。到了新石器时代，从革新桥遗址发现的大型石器加工场和感驮岩遗址出土的陶器、石器、骨器等文物来看，砾石工业文化被百色的先民很好地传承了下来，并使之得到了繁荣的发展。先秦时期，由于受特殊历史发展、自然地理和人文环境等诸多因素制约，百色受中原文化的浸透渠道不畅。秦汉以后，随着中央封建王朝边疆治策的不断演进，百色与中原文化沟通的渠道日渐增多。至明清时期，百色形成了具有桂西地域特色的文化氛围。明清以后，由于历代地方官员重视文化教育事业、注意培养本土各类人才，又有一批汉族官员的身体力行，影响、带动了百色地方的文学创作，留下一批文质兼美的诗文作品。

在漫长的历史中，随着社会经济的进步和各民族交往交流交融，百色文化在创造、碰撞、汲取中蓬勃发展。壮族人借汉字创造古壮字，记下了《布洛陀诗经》《嘹歌》等民族文化史籍。干栏式建筑体现了百色人民居住建筑的风格特色。名满中州的斑斓的壮锦、葛布展示了百色人民在服饰织造方面的精巧技艺。多姿多彩的民族歌舞，创意新奇的故事传说，用于传达爱情、制作精美的绣球等，显示了百色各族人民的生产能力和风俗情趣。

1929 年，邓小平、张云逸、韦拔群等领导发动百色起义期间，许多革命先烈写下了一批充满革命激情的优秀文学作品，成为红色文化的重要遗存。

悠久的历史、灿烂的文化、秀美的山河、光荣的革命传统、多彩的民族风情、丰富的人文景观，使百色文化具有鲜明的特色。

编辑说明

一、本书以马克思列宁主义、毛泽东思想、邓小平理论、“三个代表”重要思想、科学发展观和习近平新时代中国特色社会主义思想为指导，坚持实事求是、尊重历史的原则，纵览式地记述百色市文化发展的历史和现状。

二、本书记述的范围是今百色市文化方面的发展变化情况，记录时限从距今约 80 万年前的旧石器时代至 2018 年，个别记述延至 2021 年。

三、本书结构分篇、章、节、目，以时为序。

四、本书采用语体文、记述体。专用名词首次出现用全称，其后用简称；历史地名、单位名称一般沿袭使用且在第一次出现时括注现在使用的名称。引文使用原文。

五、历史纪年，民国以前，沿用通称，用汉字数字书写，括注公元年号；民国纪年用汉字数字书写，括注公元年号。中华人民共和国成立后，一律用公元纪年，用阿拉伯数字书写。

六、本书人物随文记述。收录百色籍或出生于百色地区的文化人士，为百色文化事业做出突出贡献的文化人物以及曾获得国家级奖项的百色当地文化人士。

七、本书文字资源来源于百色市及各县（市、区）志的记载以及百色市、县级文化机构的历史档案等。图片资料由百色市文化广电体育和旅游局提供，并已获授权。

目　录

上　篇
百色文化发展

下 篇
百色文化资源

上篇

百色文化发展

文化发展离不开社会经济的繁荣发展，同时，需要政府设立机构，配备人员去组织推动。政府也要给文化人士提供文化传承和创作的平台。

中华人民共和国成立前，百色历代政府均无文化行政管理机构。民国时期，广西省政府把文化艺术作为社会教育，隶属于教育部门管理。民国三年(1914年),省教育司改为省教育科，根据教育部有关“通俗教育讲演规程”的规定，在各专区、县建立“通俗讲演所”、公共体育场、通俗图书馆等一批文化设施。民国二十一年（1932年），广西各专区、县建立民众教育馆57所，其中百色专区有8所，部分县建有图书馆、阅览室。民国二十九年（1940年），广西省设有艺术馆，管理全省电影、广播等事业，有电影队巡回到百色专区部分县播放电影。

中华人民共和国成立后，从1949年12月至1955年，百色专区各县设文教科，管理教育、文化工作。1961年10月，专区改文教科为文教局。1976年10月，设立百色地区文化局。1983年经过机构改革，设立百色市（县级）文化局。2002年更名为百色市（地级市）文化局。

20世纪80年代后，各县也经历了改科为局的过程，至1983年底，均改称文化局。

第一章 行政机构

百色市各级文化行政机构认真履行职责，管理文化艺术事业，贯彻执行党和国家关于文化艺术工作的方针、政策和法规，研究制订百色市和各县（市、区）文化事业发展规划、政策、规章和管理办法，综合管理当地社会文化事业、图书馆事业、文化市场、文物事业、电影发行和放映、对外文化艺术交流，严格执行党和国家新闻出版著作权的法律、法规和方针、政策以及管理规章和管理措施，并组织实施和监督检查。

第一节 地（市）级机构

·百色专区文教科·

1950 年 2 月成立百色专区文教科，科长许延春（1950 年 2 月—1951 年），副科长张一平（1953 年 8 月—1954 年 7 月），副科长廖立波（1952 年 8 月—1955 年 9 月）。1951 年后，由廖立波代理科长职责。1955 年 9 月，文化、教育分设，文化科科长张一平（1954 年 7 月—1955 年 9 月）。1955 年 9 月后，代科长廖立波，副科长杨遂麟（1955 年 9 月—1958 年 5 月）。

1958 年 5 月，文化科与教育科合并为文教科，科长黄青（壮族，1961 年 1 月—1961 年 10 月），第一副科长陈可祥（1958 年 5 月—1961 年 10 月），副科长王扬景（1960 年 3 月—1960 年 6 月）。

·百色专区文教局·

1961 年 10 月改为百色专区文教局，局长黄青（壮族，1961 年 1 月—1961 年 10 月），副局长陈可祥（1958 年 5 月—1961 年 10 月）；1963 年 2 月设文教办，主任黄宝山（1963 年 2 月—1965 年 3 月）。

1965 年分出文化科，科长缺，副科长陆成康（壮族，1965 年 8 月—1966 年 5 月）履行科长职责。

1971 年 8 月撤销文化科，9 月设百色地区文教局。1973 年 10 月，文教局分设文化局、教育局。文化局局长江锐（女，蒙古族，1973 年 10 月—1976 年 8 月）。

1976 年 8 月，设百色地区文教办公室。10 月，地直机关机构逐步恢复建立。

·百色地区文化局·

1976年10月，建立百色地区文化局，下设艺术科、社会文化科、秘书科。副局长何宣仪（壮族，1976年10月—1978年8月）代行局长职责。1978年8月开始改革开放，副局长何宣仪担任局长职务。副局长有刘林映（女，1976年10月—1978年5月）、陆成康（壮族，1976年10月—1979年12月）。

1979年12月，陆成康（壮族，1979年12月—1984年6月）任局长职务。副局长谢居登（1980年12月—1984年6月）。

1984年6月，谢居登（1984年6月—1987年10月）任局长职务。副局长有杨军（1984年6月—1986年1月）、谢家福（壮族，1985年2月—1987年10月），调研员韦少坚（壮族，1985年1月—1987年10月）。下设艺术科、社会文化科、秘书科。

1998年9月，黄石峰（壮族，1998年9月—2002年9月）接任局长。

·百色市文化局·

2002年撤地设市，百色地区文化局更名为百色市文化局。2002年9月，陈斯图（壮族，2002年9月—2006年9月）任市文化局首任局长。

下设办公室、财务股、艺术股、体育股、文化市场管理办公室、文化市场稽查大队。分工管理右江民族师专艺术专业，右江民族歌舞团、百色地区粤剧团、右江壮剧团等专业艺术表演团体，群众文化工作，公共图书事业，文物博物事业，电影发行放映工作及文化事业，等等。

·百色市文化新闻出版局·

2006年10月，设百色市新闻出版局，局长、党组书记杨明福（苗族，2006年10月—2010年2月），副局长有何海明、梁珀森，纪检组组长吴水金。2011年2月百色市文化局与市新闻出版局合并，设百色市文化新闻出版局，简称市文新局。第一任局长黄如松（2010年2月—2011年2月），第二任局长黄小卡（女，2011年2月—2014年1月）。下设办公室、财务股、艺术股、文化市场管理办公室、文化市场稽查大队。

·百色市文新广电局·

2014年1月设百色市文新广电局。第一任局长李小华（2014年1月—2016年11月），第二任局长刘序畅（2016年11月—2018年11月）。市文新广电局分管文化、新闻、广播电视单位。下设艺术科、社会文化科、秘书科。

·百色市文化广电和旅游局·

2019 年设百色市文化广电和旅游局，局长刘序畅（2019 年 3 月—2020 年 12 月）。

第二节 县（市、区）级机构

·右江区文化体育和旅游局·

1950 年始建，初称百色县人民政府文教科，领导全县文化（文艺）工作，辖下属机构文化馆、图书馆。1963 年 2 月，因文教战线太长不易管理，分设文化科负责全县文化活动。1968 年，县革委会政工组下设文化、教育领导机构。1973 年恢复文化科，后改为文化局。1983 年，百色县改为百色市（县级），该机构改称百色市文化局。2002 年撤销百色地区和县级百色市，设立地级百色市和右江区，百色市文化局称右江区文化局。2019 年 3 月改称右江区文化体育和旅游局。1981 年以前，只配工作人员 2～4 人，后逐年增加人员编制。

·田阳区文化体育广电和旅游局·

解放初期，田阳县工作委员会设立文教股，配股长 1 人。1950 年 1 月改称文教科，设科长、副科长各 1 人。1956 年，设立文化科、教育科。1969 年改称田阳县文教组，主管全县文化教育事业。1979 年恢复机构，文教科再度分开，设文化局，局长、副局长各 1 人，会计、出纳、干事各 1 人。田阳县文化局下属单位有县文化馆、图书馆、博物馆、新华书店、人民礼堂管理站、电影公司及其所属电影院、电影管理站（队）以及全县 15 个乡镇文化站。2005 年，田阳县文化局及下属单位共有干部职工 103 人。2005 年，县城文化中心达到全自治区县城建设检查验收标准，获自治区文化厅（今文化和旅游厅）奖励。2019 年称田阳区文化体育广电和旅游局。

·田东县文化体育广电和旅游局·

1951 年成立，田东县人民政府设文教科。1956 年分为文化科与教育科。1958 年，两科合并为文教科，1964 年，文化科单独设立。1968 年，县革命委员会成立，下设政工组科教文卫小组。1972 年文教局成立。1981 年设文化局，下辖机构有县文化馆、县图书馆、右江革命纪念馆、县博物馆、县电影公司、县文艺队、县剧场和 13 个乡镇文化站。2019 年称田东县文化体育广电和旅游局。

·平果市文化体育广电和旅游局·

中华人民共和国成立后，平治、果德两县分别设有文教科。1951 年 5 月，平治县、果德县合并为平果县，仍设有文教科，负责组织领导开展文化艺术工作。1962 年，成立县文化科，配科长、工作员各 1 人。1971 年，文化科改称文化局。1972 年 7 月，教育局、文化局合并为文教局。1979 年 2 月撤销文教局，恢复文化局，1985—1990 年，局领导由 2 人增至 3 人，财会人员 2 人，秘书 1 人。行使管理文化艺术的职能。2020 年称平果市文化体育广电和旅游局。

·德保县文化体育广电和旅游局·

民国时期，天保、敬德两县文化事业由教育科兼管。中华人民共和国成立后，1950 年 1 月，成立德保县人民政府文化科（天保、敬德两县合并）。1955—1963 年设有文化科，1967 年 3 月设文教办公室，由 1 名副主任管理文化工作。1968—1976 年成立文教组、文教局，先后由 1 名副组长、副局长兼管文化。1977 年成立文化局，下辖机构有县文化馆、图书馆、壮剧团、文物管理所、电影公司和 15 个乡镇文化站。2019 年称德保县文化体育广电和旅游局。

·靖西市文化体育广电和旅游局·

成立于 1950 年，初称靖西县人民政府文教科，下辖机构有县文化馆、图书馆和 23 个乡镇文化站。1982 年起，组织领导县书法工作者协会、文学工作者协会、戏剧工作者协会、曲艺工作者协会、美术工作者协会、山歌协会、摄影学会、民间文艺工作者协会开展文化艺术工作。2019 年称靖西市文化体育广电和旅游局。

·那坡县文化体育广电和旅游局·

中华人民共和国成立后，县文化机构相继成立。1950 年，县人民政府设文教科，1956 年分设文化、教育两科，1968 年，设文教小组，1972 年改为文教局，1973 年文教局分为文化局和教育局。文化局设有局长、副局长、会计、出纳各 1 人。县文化馆于 1952 年成立，工作人员 2 人，馆舍租用民房，占地面积仅 20 平方米。1976 年建了 1 幢二层楼房，面积 720 平方米，工作人员 6 人，设正、副馆长共 3 人，美术、文学、舞蹈辅导员各 1 人。1985 年分管县人民会堂（面积 1204 平方米，有 780 个座位，作歌剧院）。1990 年，全馆有干部职工 8 人，设有美术组、摄影组、音乐组、舞蹈组、戏剧组、文学组，并给各组配备办公用品，

基础设施进一步完善。2019 年称那坡县文化体育广电和旅游局。

1979 年建立城厢、龙合、坡荷、德隆、百合、平孟、下华、百都等公社文化站，1986 年建立百南乡文化站，1990 年建立定业乡、那隆乡文化站。至 1990 年，全县 12 个乡镇有文化站 11 个，配有专干 12 人，其中干部 5 人、工人 7 人。龙合、坡荷、德隆、平孟、百南、百合、百都等乡镇建有固定的文化设施。有龙合、坡荷、德隆、平孟、百合、百南等乡镇已建成集图书阅览室、娱乐活动室、农民科技培训中心于一体的多功能、综合性的文化楼。

· 凌云县文化体育广电和旅游局 ·

1950 年，凌云县人民政府成立文教科。1955 年成立文化科。1958 年，文化科、教育科合并为文教科。1959 年，文化、教育、卫生三科合并为县文卫局。1962 年又重设文教科。1964 年复称文化科。1966 年，文化科被撤销，先后设置“凌云县毛泽东思想宣传站”（代理县文化科工作）、“凌云县革命委员会文教组”等。1972 年，文教组改为文教局。1973 年设立文化局，负责领导全县文化工作。下辖机构有县文化馆、图书馆、博物馆、文艺工作队等，乡镇文化站和新华书店、电影公司及其下属单位电影院（站、队）。2019 年称凌云县文化体育广电和旅游局。

· 乐业县文化体育广电和旅游局 ·

1950 年成立，初称乐业县人民政府文教科。1955 年成立文化科。1958 年，文化科、教育科合并为文教科。1959 年，文化、教育、卫生三科合并为县文卫局。1962 年又重设文教科。1964 年复称文化科。1966 年，文化科被撤销，先后设置“乐业县毛泽东思想宣传站”（代理县文化科工作）、“乐业县革命委员会文教组”等。1972 年，文教组改为文教局。1973 年设立文化局。2002 年 3 月，与县体育运动委员会合并组成县文化和体育局。下辖机构有县文化馆、图书馆、文化市场综合执法大队、唱灯艺术团、业余体校、户外运动管理中心、博物馆。2019 年称乐业县文化体育广电和旅游局。

· 田林县文化体育广电和旅游局 ·

1951 年成立，初称田林县人民政府教育科。1953 年 8 月改称文化局。1973 年 12 月，县文教局分设县教育局、文化局，至 1990 年建制不变。下辖机构有县文化馆、图书馆、文艺队、壮剧团等事业单位。2019 年称田林县文化体育广电和旅游局。

·隆林各族自治县文化体育广电和旅游局·

1951 年，隆林各族自治县人民政府设文教科，专门管理全县文化教育事业。1956 年，文教科改为文化科，管理全县文化工作。1958 年，文化科与教育科合并为文教科，管理全县文化、教育工作。1963 年，文教科改为文化科。1972 年，恢复成立文化教育局，作为县革命委员会管理文化教育的工作机构。1974 年，文教局分设文化局、教育局。1996 年，县文化局内设办公室、财务室、文化市场管理办公室、文化市场稽查大队等部门，在职人员 10 人。2002 年，文化局与体育局合并为文化和体育局，设有办公室、财务股、艺术股、体育股、文化市场管理办公室、文化市场稽查大队，在编人员 13 人。2005 年，文化和体育局内设办公室、财务股、艺术股、体育股、文化市场管理办公室、文化市场稽查大队、“扫黄打非”办公室，在编人员 13 人。2019 年称隆林各族自治县文化体育广电和旅游局。

·西林县文化体育广电和旅游局·

民国二十四年（1935 年），西林县政府设文教科，主管全县文化事业。1951 年 8 月，西林撤销建制，并入西隆县，西隆县改称隆林各族自治县。此机构改称隆林各族自治县人民政府文教科。20 世纪 60 年代初，西林恢复建县，此机构更名为西林县文化局。1968 年，西林县革委会成立，革委会政工组下设文教小组，下辖机构有县文化馆、图书馆、新华书店、电影管理站、文艺宣传队等单位。1972 年，恢复设立文教局。1973 年 11 月，文教局分设文化局和教育局。1997 年，县文化局改为事业单位，仍行使文化管理职能。2005 年，县文化局人员编制有 6 人，配局长 1 人、副局长 2 人。下辖机构有县文化馆、图书馆、博物馆、文化市场管理办公室、民族歌舞团、电影公司和各乡镇文化站、电影站，全县文化系统总人员为 82 人。2019 年称西林县文化体育广电和旅游局。

第二章 事业单位

中华人民共和国成立前，百色市艺术表演团体没有专门管理机构。20世纪50年代末，地区文化局艺术科和县文化局均属各级艺术表演团体的管理机构，对艺术表演团体创编剧目、演出活动等进行规范、组织、协调。至2018年，全市共有群众艺术馆1个、文化馆12个、乡镇综合文化站135个、业余文艺队663个。

第一节 地（市）级事业单位

·右江民族歌舞团·

前身为百色专区文工团。1958年，为开发治理右江，造福老区人民，地委、专署在百色城北8公里处的澄碧河峡谷开始建造澄碧河水库。时任地委宣传部部长朱守刚作为工地指挥长兼任百色师专校长，把学校开办的文艺训练班搬到澄碧河水库工地，学生们边上课边排练节目为工人演出。后又把工地上能编会唱的文化部门干部、青年工人以及移师而来的原百东河水库工地文工团团员和原“凌云钢铁远征军”（“大跃进”调外炼钢铁工人）宣传大队的演员们集中起来，组成了澄碧河水库工地文工团。在工地上，团员们一边参加劳动一边创作演出。编演歌舞、小戏剧等节目100多个。快板书《争取红旗上北京》、荒诞剧《大战澄碧河》、山歌剧《改婚期》和歌曲《向三万方进军》《小小木板车》《右江两岸好地方》以及舞蹈《打破歌》《壮家七姐妹》《采茶摘花》等节目深受工人的欢迎。工地文工团为水库建设做了大量的宣传鼓动工作，效果很好。

1959年3月15日，在水库工地工棚里，朱守刚委派地委宣传部文茂庄主持召开全团大会，宣布“地委关于澄碧河水库工地文工团改为百色专区文工团的决定”，由时任百色师专音乐教师、文艺训练班负责人朱庆伟出任副团长（团长暂缺）并主持工作，人员有60多人。自此，百色地区第一个文艺专业团体诞生了。

1960—1962年，人员从60多人精简为42人。尽管如此，文工团仍坚持每年到农村人民公社演出上百场。自编民族舞蹈《苗寨月夜》等，以及女声小组唱《红水河畔阳春早》、独唱《爱我家乡春意浓》、二重唱《田阳甘蔗上北京》等30多个节目，组成了一台民族歌舞节目。文工团自1962年起成立党支部。1963年3月，应邀赴南宁为自治区成立5周年庆典演出，原计划演2～4场，后增演到10场。同年，北京电视台（今中央广播电视总台）来团拍摄百色民族歌舞专辑，用于与10多个国家做文化交流。

1966年，全团只有欧阳可传、农威言等11人。1970年春与百色地区粤剧团合并，更名为百色专区文艺工作团。原专署文化科科长陆成康任团长，原粤剧团团长潘明训任副团长，人员较少。1971年后，吸收多名文艺专业大中专毕业生进团，人员约有100人，团地址迁移到百色地区体育馆南侧。1976年，分为歌舞、戏剧、粤剧3个队。这10年间，全团工作以编演、宣传戏剧等为主，如《沙家浜》等。

1980年后，全团分歌队、舞蹈队、乐队、创作组、舞美组等。其间，全团组织下乡演出，曾到7个县26个公社65个大队和30多个厂矿、学校、部队演出。1983年初，更名为百色地区右江民族歌舞团，人员有77人。同年，广西电视台（今广西广播电视台）录制该团的《百色民族歌舞》舞台艺术片，被中央电视台（今中央广播电视总台）和全国20多个省区市电视台播放。在1985年的广西首届“三月三”音乐舞蹈节中，《右江风情》民族歌舞有14个项目获节目奖和演员奖；当年11月下旬，到北京演出，并应邀进中南海怀仁堂为党和国家领导做专场演出，受到国内外观众和中央首长的好评。1986年6月，组建的中国广西右江民族艺术团应土耳其和塞浦路斯的邀请，参加利马索尔、伊斯坦布尔、布尔萨、萨姆松等地的国际文化艺术节和国际民间舞蹈节；还应伊拉克文化新闻部的邀请，在巴格达做短暂的访问演出。1988年，参加广西第二届“三月三”音乐舞蹈节，共获21个奖项，涉及作品、表演、演奏、舞美设计、服装设计奖；同年，荣获全国民族团结进步先进集体称号。1989年，右江民族歌舞团创办右江民族歌舞团职业高级班（中专）。1993年，右江民族歌舞团改称右江民族艺术学校。创办初年，招收1个班40人，第二年开始招收2个班，至2005年共培养文艺骨干约1000名（2005年停办）。

表 2-1　右江民族歌舞团 1962—1985 年人数、演出基本情况表

年度	年末人数（人）	演出场数（次）		观众人数（千人）		总收入（千元）			总支出（千元）			自给率
		合计	农村演出	合计	农村观众	合计	演出收入	国家补贴	合计	人员费	业务费	
1962	42	82	33	89	66	14	—	—	37	—	—	37.1%
1963	44	—	—	—	—	—	—	52	—	21	—	—
1964	—	50	32	47	33	40	5	35	38	21	—	13.2%
1971	110	—	—	—	—	—	—	—	—	—	—	—
1973	92	—	—	—	—	—	—	—	—	—	—	—
1974	91	123	—	—	—	—	4	89	94	44	5	6.4%
1975	88	137	—	—	—	—	8	89	93	43	6	8.6%
1976	105	106	—	—	—	—	3	75	79	44	12	3.8%
1977	105	129	56	174	88	—	5	—	97	51	14	5.2%
1978	105	107	21	171	32	133	14	117	128	55	46	12.6%
1979	129	196	83	238	121	112	21	91	116	63	12	18.1%
1980	131	184	91	206	112	214	28	184	202	78	24	14.9%
1981	84	150	119	193	161	126	7	119	117	47	13	6.0%
1982	79	150	136	209	193	135.6	3.3	132.3	147.2	61.6	14.4	2.2%
1983	77	142	116	156	130	127	0.37	126.6	111.4	67.7	15.9	0.4%
1984	77	64	46	124	67	136.5	4.7	124.5	160.8	52.8	13	7.5%
1985	77	45	11	52	21	133.1	28.3	103.3	121.2	35.6	7.9	24.6%

注：此表来自《广西通志·文化志》。

1990 年，受市场经济影响，有些演员离团下海，该团采取定向送演员到广西艺术学院培养的方式，培养演员 20 名，全团有 50 多人。

1991 年，受自治区派遣，赴内蒙古呼和浩特为全国第四届民运会分赛场（赛马）演出。歌舞团再次被评为全国文化工作先进集体。黄汉雄被评为全区文化系统先进工作者。1995 年 8 月—9 月，受当时文化部委派赴加拿大参加多伦多纪念联合国成立 50 周年“环球 18 天”国际文化艺术节。1999 年 3 月，自治区文化厅授予黄汉雄“有突出贡献文化工作者”称号；10 月，《摆嘎摆》舞蹈代表广西壮族自治区到北京参加中华人民共和国成立 50 周年庆典活动、国家民委主办的“团结颂”大型文艺晚会和首都国庆游园演出。2000 年 2 月，应邀赴澳大利亚悉尼市和墨尔本市演出民族舞蹈。是年，经文化部组织专家评定，右江民族歌舞团被评为全国 100 强著名艺术表演团体之一并向世界推介。

2002 年，春节期间，歌舞团到香港海洋公园演出。7 月，赴美国参加爱达荷州的博伊西、雷克斯堡、波卡特洛和犹他州的邦迪福尔市国际文化艺术节。撤地设市后，更名为百色市右江民族歌舞团，致力于民族音乐舞蹈编演。历任领导人有朱庆伟、卢绍学、陆成康、潘明训、张文斌、张玉林、辛荣光、农康武、卢丽明、覃志明、李学伦、农元基、邓锐斌、黄永杰、许超、林燕飞、黄汉雄。

2004 年，歌舞团参加第二届全国舞蹈比赛广西选拔赛，选送节目《青青草笛》获奖。10 月，应邀到北京参加国庆 55 周年游园民族歌舞演出。时任中央政治局常委、国家副主席曾庆红，中央政治局常委、政法委书记罗干等中央领导与首都观众在中华民族园观看演出。

2005 年，歌舞团成功排演“百色盆地旧石器研究暨大陆早期人类迁徙与演化国际学术研讨会”的文艺晚会——“百色民族歌舞晚会”，应邀到南宁为全国水利工作会议演出，文化下乡到乐业、凌云等县演出。

2006 年，歌舞团应越南中华总商会的邀请，赴越南胡志明市、坚江省演出。排演革命情景剧《百色记忆 · 1929》到南宁及百色部分县区演出。参加“广西文化舟”到北京演出。参加百色市首届文艺会演，舞蹈《水》《黑红》《牛犊续》等节目分别获一、二、三等奖。

2007 年，歌舞团应百色市烟草局邀请到武鸣、田东、德保、隆林等县（自治县）参加“天香之夜”文艺晚会。部分演员到南宁为中国—东盟博览会演出。参加百色市成立 5 周年庆典活动“爱心梦园”文艺晚会，歌舞团被百色市委、市人民政府授予市民族团结先进集体称号。

2008 年，歌舞团应邀赴香港元朗区、

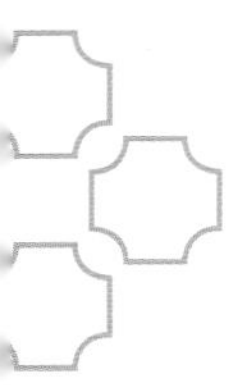

大浦文娱中心、西湾河文娱中心演出。歌舞团参加广西首届农民工题材文艺会演，舞蹈《心在同行》、歌曲《月里桂花香》等节目分别获一、二、三等奖。三人舞《水》、歌曲《同把春光追》获百色市首届“金绣球”优秀文艺奖。大型壮族歌剧《壮锦》经市歌舞团历时约两年的策划创作，12月8日晚，作为自治区成立50周年献礼剧目，在百色人民会堂隆重演出，中央领导在自治区领导的陪同下观看演出，并给予很高的赞誉。歌舞团被百色市委、市人民政府评为北京奥运会火炬接力百色活动先进集体、自治区成立50周年百色庆祝活动突出贡献单位。

2009年，大型壮族歌剧《壮锦》赴南宁演出，自治区两会代表、文艺界同仁观看。6月，《壮锦》下县演出。8月，歌舞团参加全区舞蹈比赛，双人舞《爷孙》获奖。9月下旬，经修改的壮族歌剧《壮锦》参加第七届广西剧展大型剧目展演获桂花金奖。11月，《壮锦》赴厦门参加第十一届中国戏剧节展演，获得中国戏剧剧目奖。此次《壮锦》参加展演的演职人员来自百色本地、广西歌舞团、广西桂剧团、广西壮剧团、广西彩调团、广西艺术学院以及北京、上海等，有230多人。5位主唱中，“阿妈”的饰演者为该团的韦艺。

2010年5月，大型壮族歌剧《壮锦》赴广州参加第九届中国艺术节展演，并参加第十三届中国文华奖评选，获得文华优秀剧目奖。9月，歌舞团参加百色市文艺汇演，黄汉雄为总策划、总导演，创作排演的民族歌舞剧《歌如画》获得创作演出特别奖。10月，歌舞团参加第一届广西舞蹈青年演员大奖赛，获得3个一等奖、6个二等奖、8个三等奖。

2011年，歌舞团随百色市人民政府代表团出访越南高平省进行文化交流演出。参加第六届广西音乐舞蹈比赛，舞蹈《暖》获创作一等奖、表演一等奖、音乐二等奖，《花儿俏》获创作二等奖、表演二等奖。

2012年，大型壮族歌剧《壮锦》2月赴防城港演出，5月赴南京演出。同年，随政府代表出访越南高平省开展文化交流。

2013年10月，歌舞团参加第七届广西音乐舞蹈比赛，舞蹈《心琴》获表演一等奖、创作二等奖，《织梦》获创作一等奖、表演二等奖，歌曲《鹧鸪岭上鹧鸪啼》获创作二等奖、演唱二等奖，《爱在飞翔》获演唱二等奖，《山歌甜甜》获创作三等奖，舞蹈《赶春》获优秀创作表演奖，《千古风流在壮乡》获优秀演唱奖。

2014 年 6 月，黄汉雄团长随市领导出访德国、法国，考察德国城市文化发展成果，出席第九届中法市长文化交流论坛，实地考察蒙达尔纪市“20 世纪初中国留法勤工俭学运动”旧址及相关产业。8 月，舞蹈作品《暖》《心琴》参加在内蒙古举办的全国少数民族优秀舞蹈作品展演，《暖》获得铜奖，《心琴》获得优秀剧目奖。9 月，广西举办第二届青年舞蹈演员比赛，梁琛、陆玉杰等人表演的《进城返乡》获得表演一等奖，杨柳枝、方菲表演的《我们俩》和郑宇、邓钧元、张洋洋表演的《甘霖》均获表演三等奖。11 月 28 日—12 月 10 日，百色市第三届文艺汇演在田阳县及百色市城区举行，百色市传承中心组织创编力量指导县区文艺节目。

2015 年 3 月开始排演的“三月三”文艺晚会于 4 月 17 日演出。10 月，广西举办第八届音乐舞蹈比赛，百色市传承中心、百色市传习所和右江区女演员以及百色学院 5 名艺术生表演的舞蹈《裙兜蜜语》《春糯糯》获得表演二等奖；由黄小鸥、廖智享创作，百色市传承中心、乐业县传习所的演员表演的《猴鼓瑶人》获表演三等奖。

2016 年 3 月，舞蹈《暖》获第七届广西文艺创作铜鼓奖，歌舞团被评为自治区 2016—2017 年度“三八”红旗先进集体单位。6 月，歌舞团参加第六届广西青年戏曲演员比赛，梁凤芝获得演唱二等奖，韦艺获演唱三等奖。12 月，歌舞团参加第三届广西青年舞蹈演员比赛，郑宇、陆玉杰获得表演一等奖，杨柳枝获得表演二等奖。

2017 年 4 月，歌舞团 20 名演员随百色市人民政府代表团赴澳门参加“广西百色市文化旅游（澳门）推介会”活动。同年，歌舞团组织创编人员创作舞蹈《乡音》《捻捻》《在一起》和歌曲《芒果香香》等参加第九届广西音乐舞蹈比赛，《乡音》获得创作二等奖、表演二等奖，《捻捻》获优秀创作奖，《芒果香香》获创作三等奖、优秀演唱奖。8 月，团长黄汉雄，声乐演员韦艺、余夏岚随桂台文化参访团到台湾开展文化交流演出活动。10 月，应澳门—中葡论坛常设秘书处辅助办公室的邀请，以主任黄汉雄、副主任韦志坚为领队的歌舞团一行 20 人赴澳门参加“中国—葡语国家文化周”活动。

2018年，歌舞团组织舞蹈演员参加第四届广西青年舞蹈演员比赛，赵婧、苏东妮、李茜茜表演的三人舞《阿妹开门走叶歌》获优秀奖；策划广西壮族自治区成立60周年一系列文艺活动，组织指导第五届百色市文艺汇演，舞蹈《裙兜蜜语》入选2018年度国家艺术基金资助项目，舞蹈《乡音》入选广西舞蹈提升签约项目，《裙兜蜜语》获第八届广西文艺创作铜鼓奖。4月，应越南社会主义共和国广宁省外事厅的邀请，由百色市文化广电和旅游局副局长吴水金、歌舞团副团长黄觉先、粤剧团团长陈万斌作为带队领导的一行19人于2018年4月26日—29日赴越南广宁省参加“2018年广宁下龙国际旅游年开幕式暨2018年下龙狂欢节”文艺演出活动，开展为期4天的文化交流演出。

2019年，歌舞团组织全团全力投入在百色举办的自治区第十四届运动会开幕式文艺表演工作，开展60场文化扶贫惠民下乡演出活动。时隔30年，再次获得全国民族团结进步先进集体称号，受到国务院表彰。黄汉雄主任（团长）作为代表，前往北京参加表彰大会，并作为全国少数民族观礼团成员参加庆祝中华人民共和国成立70周年大会等系列国庆活动。

2020年新冠疫情严重，全团严格按照防控要求开展相关工作，派出人员参加市防控中心安排的酒店值班。开展民族歌剧《扶贫路上》百色演员的优选和培训，7月，从歌舞团、粤剧团及部分县（市、区）、百色学院等抽选59人，由黄汉雄主任（团长）、钟鸣副主任（副团长）及工作人员覃缨岚带领队伍到中国东方演艺集团排练，历时40多天严格排练。《扶贫路上》历经近3年的策划创作，于2020年9月10日—11日在百色市民族艺术剧院演出，17—18日在广西文化艺术中心演出，10月24日—25日到上海大剧院进行巡演，获得圆满成功。《扶贫路上》作为中宣部2019—2021年全国现实题材及革命历史题材舞台艺术重点项目，是建党100周年进京展演的优秀艺术剧目，入选自治区党委宣传部当代文学艺术创作工程三年规划（2019—2021年）重点扶持项目。

至2020年，团内舞蹈队20人、乐队4人、创作组5人、舞美队9人、歌队7人等，设团长1人、副团长3人；按专业技术职务分，高级24人、中级13人、初

《扶贫路上》剧照（百色市文化广电体育和旅游局 提供）

级 7 人；管理人员 6 人；其他 5 人。2020 年 8 月 10 日，右江民族歌舞团迁至龙景西路，与百色市民族艺术剧院相连，办公环境和排练条件全面提升。

·百色市地方戏曲传习所·

中华人民共和国成立后，以郭民生为主的粤剧戏班共 60 多人于 1950 年 11 月 17 日从越南同登回到中国龙津县（今崇左市龙州县），1951 年 3 月 19 日，在宁明县正式成立胜利粤剧团。1952 年，到崇左、扶绥、隆安、武鸣、平果、德保等县巡回演出，6 月 13 日到达靖西。1954 年 6 月 18 日，胜利粤剧团从靖西出发，到德保、田东、田阳等县巡回演出；10 月到达百色，从此，胜利粤剧团就在百色定居，百色地区自此有了专业的粤剧团。

1954 年 10 月，剧团自筹资金，在

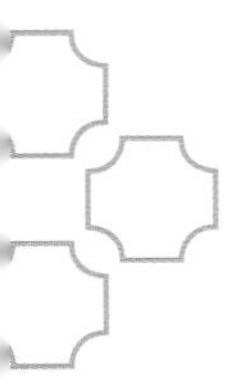

菜市（现百色市妇幼保健院所在地）旁用竹笪搭起戏棚，这是百色第一个专业剧场。剧团当时也得到了百色地委和专署的关心，在各方面业务上得到了大力支持。

1955年，百色专署派肃反工作队进驻该团，进行整顿。此后，百色地区的粤剧事业有了很大的发展，这期间除了上演有一定教育意义的健康的传统剧目外，还积极创作改编和移植大批现代戏。如20世纪50年代，创作、改编《刘胡兰》《应征》《九件衣》《三打节妇碑》《花心萝卜坏人心》，20世纪60年代创编反映百色地区先进人物事迹的《富山风光》，还改编了《红霞》《八一风暴》《三里湾》《雷锋》《南海长城》《千万不要忘记》《夺印》等节目，配合各个阶段的中心工作，通过节目展演对广大群众开展宣传教育。20世纪60年代，改编革命现代戏《红灯记》《智取威虎山》，不断为广大群众开展有教育意义的演出。

1957年，百色专署文化科派干部覃德祥到该团开展整风。次年，任命覃德祥为该团团长，将剧团名称改为百色胜利粤剧团，逐步建立各项规章制度，此后成为百色专署文化科直接领导的民营剧团。1961年，覃德祥调离，任命文化科干部潘明训为团长。

1969年，百色胜利粤剧团解散，团内员工20人并入地区文工团继续进行粤剧的创作和演出，如1973年创编现代粤剧《快马加鞭》参加自治区文艺会演，获得好评。

1981年恢复该团，改名为百色地区粤剧团，是百色地区文化局下属的事业单位。该团有一批有成就的老艺人和中青年演员，如老一辈的艺人有小帆风、戴小猴、岑影霞等7人，中年演员有郭丽明、李笑声、谭庆华、冯声馨等8人，青年演员有梁素梅等6人。1983年，创作剧目《山茶花》参加自治区粤剧会演获奖。1984年以来，创编的传统剧《绣襦记》、《偷看公主》、《汉文皇后》（片段）和现代剧《阿福卖猪》等获广西电视台采编录制。1981—1995年，百色地区粤剧团长期外出巡演，足迹遍布广东、广西两省（区）的大部分城市和乡镇。

2012年9月，成立百色市地方戏曲传习所，编制29人。由于工作任务和目的已经改变，自成立以来，传习所以传承培训为主、演出为辅。开办戏剧表演兴趣班和戏剧演艺培训班，为百色各县（市、区）的戏剧表演人员在化妆、身段、理论等方面进行辅导。深入各县（市、区）进行“戏曲进校园”讲座及师资培训。每年完成各类演出，如参加百色市迎新春群众联欢文艺晚会、春节前后到各乡镇进行文艺下乡演出及戏曲文化进社区演出、欢度“壮族三月三”演出等。此外，还开展文艺惠民下基层演出，端午节民族文化宣传演出，学雷锋活动日、法制宣传日、扶贫济困、捐资助学等公益宣传演出。曾应邀到哈尔滨、南京、香港、澳门等地及越南广宁省等地进行文化交流演出。创作排演反映河池地区东兰县（原属百色地区）第一位出外学习并加入中国共产党的陈洪涛的革命题材山歌剧《热血右江魂》，反映“时代楷模”、全国优秀共产党员黄文秀事迹的情景剧《秀丽芳华》，小戏《回村》《一双绣花鞋》等。有大型壮族歌剧《壮锦》获中国戏剧节剧目奖、中国文华奖；壮剧《一声鸡鸣》获中国少数民族戏剧汇演优秀剧目奖、优秀编剧奖、优秀导演奖、优秀演员奖；排演的壮剧《承诺》、小粤剧《偷鸡》《红棉》《追鞋》《南方妹》《县长钓鱼》《龙门滩》《雷雨》《阿福卖猪》等，参加历届广西剧展，分别获桂花金奖、桂花剧作奖、桂花导演奖、桂花表演奖、桂花美术奖等奖项；小品《好人》《寸土不让》分别获八桂群星奖银奖、铜奖。

2021 年有在职职工 27 人，其中副高职称 5 人、中级职称 10 人。

·右江壮剧团·

前身为德靖壮剧团。1959 年初，该团人员到自治区文艺干校学习，同年 11 月培训结束返回百色，成立广西右江壮剧团。建团后，根据壮族民间故事先后创作、改编古装剧《宝葫芦》《红铜鼓》《百鸟衣》及大型现代剧《水轮泵之歌》等。1965 年 4 月，该团整体上调南宁，成立广西壮剧团。

·百色市群众艺术馆·

1980 年 11 月成立，原名为百色地区群众艺术馆；2002 年，百色撤地设市，更名为百色市群众艺术馆。成立之初，馆址在百色市新兴路 25 号，即原百色地区文化局。1987 年 11 月，迁至位于百色市爱新街 182 号的一栋住宅楼，建筑面积为 1607.08 平方米，其中，多功能厅为 338.99 平方米。2000 年 10 月，在这栋住宅楼楼顶搭建办公用房，内设音乐舞蹈部、戏剧曲艺部、美术摄影部、群

百色市群众艺术馆演员排练舞蹈（百色市群众艺术馆　提供）

文调研部及行政办公室。在一楼修建一个简易的排练场，作为职工办公、培训、排练及开展业务的场所。群众艺术馆主要负责研究和指导群众业余艺术活动、收集和整理民间艺术遗产、辅导群众业余艺术创作、培训文化馆的业务干部及群众文艺骨干等工作。

·百色市图书馆·

成立于2012年11月13日，是百色市最大的综合性公共图书馆，职能：收集、整理与保存文化与地方文献；为本地区的经济建设和科学研究提供书刊资料；传播科学文化知识，向广大群众进行社会教育，提高全民科学文化素质；向本辖区内公众读者提供文化服务，负责编辑和出版各种藏书和目录，为读者提供书目服务；开展图书馆学理论和技术方法的研究，负责对全市各县级图书馆、乡镇文化站的图书室进行辅导、培训等。

馆址在百色市文化科技中心B区，总建筑面积约为1.3万平方米，馆藏纸质图书有24万多册，电子图书藏量达10万册以上，视听文献入藏量600件以上，电子期刊4000多种，每年订购800多种

百色市图书馆外观（百色市图书馆 提供）

报纸、杂志，以及各种地方史志等珍贵文献资料等。

内设成人部、少儿部和 24 小时自助图书馆三部分，共 24 个功能室。馆内还配备了自助办证机、电子书借阅机、数字留声机、CD 唱片借阅机、电子读报机等现代化设备，并为读者提供无线上网服务。市图书馆实行免费开放服务，所有基本服务项目、公共空间设施场地全部免费开放，实现无障碍、零门槛进入。

市民在百色市图书馆内阅读书籍（百色市图书馆 提供）

第二节　县（市、区）级事业单位

·文化馆·

右江区文化馆

1952年1月成立百色县文化馆，1983年10月随县改市称市文化馆，馆址在中山二路文化大院内。2002年改称右江区文化馆，属百色市右江区文化体育和旅游局二层单位。2006年，建立新文化馆舍、艺术团排练场和办公室，面积共1155平方米。全馆编制数12人，实有人数10人；干部6人，工人4人；高级职称1人、中级职称2人、初级职称6人，管理人员1人；本科学历3人、专科及其他学历有7人。馆内有多功能活动厅、文化活动室、展览厅、非遗活动室、档案室、群文培训室、美术室、文学创作室。每周开馆时间56小时。2011年11月被文化部命名为三级文化馆，2012年2月被自治区文化厅授予全区公共文化服务体系建设先进集体荣誉称号。

田阳区文化馆

1950年成立田阳县人民文化馆，馆址在那坡镇，用商号黄恒栈一间房作馆舍，配备馆长1人，干部2人。1954年，随县人民政府搬到田州镇民权街与田州镇文化站一起办公。1955年2月，田州镇文化站并入文化馆。县财政拨款在官塘东面兴建馆房及宿舍，1956年初迁入新址。干部增至4人，设副馆长1人。1958—1964年，配馆长1人，兼管农村文化工作队。文化馆设文艺、文学、美术、图书4个组。1968年建平房6间，形成四合院，中间空地约400平方米，作文艺排练场地。1978年配2名副馆长，设专职会计、出纳，干部增至11人。1979年，自治区文化厅和县财政拨款1万多元，建1栋宿舍楼，面积144平方米。1985年，自治区文化厅和县财政拨款兴建1座3层文化馆楼，面积1024平方米，设有舞厅、录像厅、桌球厅、阅览室、游艺室、文艺室、文学创作室、美术室等。室外有棋艺活动和儿童游乐场地，室内外活动场地面积1700多平方米。1989年2月，县文艺队合并到文化馆。1995年，配馆长1人、副馆长3人，文艺辅导队队长1人，干部增至26人。设有文学、戏剧、音乐、舞蹈、美术书法、摄影、管弦乐队、山歌协会、曲艺画会等10个门类9个工作室。固定资产有服装、表演道具、乐器、音响设备、灯光，摄影、录像放映器材等。1990 年和 1991 年，县文化馆分别被评为自治区先进文化馆和自治区文化工作先进集体。在馆舍院内有 400 平方米的活动场地，常年免费提供给业余团队。办公楼第二、三层有书法室、美术摄影室、舞蹈室、排练厅、群众阅览室、戏剧创作室等 8 个活动室，四楼为音乐创作室、非遗办公室，多功能厅（非物质文化遗产展示厅）。2012 年被自治区文化厅评为全区公共文化服务体系建设先进集体。2019 年，撤销田阳县，设百色市田阳区。田阳县文化馆遂改称田阳区文化馆。

田东县文化馆

1951 年 11 月成立县文化馆，内设阅览室和借书处。20 世纪 50 年代至 60 年代初，馆内工作人员 3 ～ 4 人，1965 年有 6 人，其中馆长 1 名、副馆长 1 名、职工 1 名、勤杂 3 人。1969 年文化馆合并到“毛泽东思想宣传站”，1973 年恢复建制。1978 年县图书馆成立，文化馆不再提供图书阅览、借出服务。1982 年，文化馆有职工 8 人，配备文学、音乐、舞蹈、戏剧、美术、摄影等专职辅导员，负责组织和辅导群众文化活动。1988 年末，有工作人员 10 人。2012 年，编制 29 人，实有 21 人，馆内设办公室、会议室、舞蹈辅导室、声（器）乐辅导室、书报刊阅览室、棋牌阅览室、摄影（美术、书法）辅导室、展厅、小舞台、露天排练场。2010 年被自治区文化厅评为先进文化馆。

平果市文化馆

1952 年 9 月成立县文化馆，编制 9 人。馆址原在马头镇新兴街 178 号，面积 1700 平方米，建筑面积 360 平方米。馆内设舞厅、录像放映室、文艺排练室等。2006 年，迁建于平果县体育馆西侧，建筑面积 3700 平方米，内设演出厅、展览厅、排练厅、影视厅、文学室、戏剧曲艺室、书法摄影室、美术室、音乐室、舞蹈室、办公室，2008 年 6 月建成。2017 年平果撤县改市，平果县文化馆改称平果市文化馆。

德保县文化馆

1972 年成立县文化馆，原有馆内建筑面积、室内业务用房、办公用房面积共 600 平方米，于 20 世纪 90 年代初被有关部门鉴定为危房。根据县委、县人民政府的统一规划，文化馆活动楼、职工宿舍楼等馆舍已于 2012 年 5 月底全部被拆除。2012 年 5 月后，县文化馆借用城关镇人民政府四楼的 2 间房作为临时办公室。人员编制 7 人。

靖西市文化馆

1953年9月成立县文化馆，后曾与县文教科、县图书馆合并，1978年独立设馆至今。1971年在县人民会堂前右侧建馆楼，1987年又在县农贸开发区（今县中山公园）建文化活动楼，占地面积4662平方米，建筑面积1759平方米。有办公室、展览厅、资料室、室外活动场地。1988年10月1日，县文化中心楼建成，内设舞厅、展览厅、儿童游乐厅、办公室、桌球室、棋艺室、文艺辅导室、电子游戏室、冷饮服务室、旱溜冰场兼露天舞场、抛绣球场。1985年起，文化馆设有文学、戏剧、美术、摄影、音乐、舞蹈、书法等辅导组，加强对全县业余作者及各乡镇文化站的辅导。至1990年，全县接受培训辅导的业余作者有2000余人次。1990年，全县有24个乡镇级文化站。1992年，编制14人，被文化部评为“全国先进文化馆”，2010年，先后被自治区文化厅评为“全区公共文化先进集体”“全区非物质文化遗产普查先进集体”等，有18人次先后荣获个人奖项。2015年随着靖西县改称靖西市，县文化馆改称市文化馆。

那坡县文化馆

1953年成立县文化馆，位于城厢镇镇玉街135号。1992年，自治区文化厅和地方财政分别拨款建起了文化馆大楼。文化馆大楼占地面积551.7平方米，馆舍建筑面积1569.11平方米。2003年，自治区文化厅拨款重新修建，公用房屋建筑面积1200平方米，设有展览陈列室、文艺培训室、文艺创作室、歌舞厅、办公室、排练场等多功能群众文化活动设施，馆内配备电脑、数码摄像机等设备。2011年重新修建排练场。县文化馆定编人员7人，2012年有8人，其中中级职称2人、初级职称3人，本科1人、大专4人、中专以下文化程度3人。年度业务经费6万元。2010年12月参加在云南麻栗坡县举行的滇桂两省（区）文化交流活动中，获得5个奖项，其中，参赛书法作品第一名1个，美术作品第一名1个、第二名1个、第三名2个。2011年5月，组织金秋艺术团出国到新加坡参加演出比赛，获得4个奖项，其中获大金奖2个、金奖2个。

凌云县文化馆

1954年，成立凌乐县人民文化馆，馆址在县城中山纪念堂。1959年，馆迁到县人委院内，开展文艺辅导、图书阅览、图片展览等工作。1962年，凌乐分县，凌乐县人民文化馆更名为凌云县文化馆。1964年，馆迁到胜利街，馆舍为2间平房和露天排练场。1972年，馆搬到解放街，有2层砖木楼供办公使用。1974年，迁入原县百货楼空房，2层砖木楼共6间，活动面积400平方米，内设展览室、图书阅览室、美术室、办公室。1976年，由自治区文化厅和县财政分别拨款，在体育场旁建1幢3层文化活动楼，设有综合展览厅。1988年，自治区计委和县财政分别拨款，在县城中心新建面积为1100平方米的3层文化活动楼，1992年底竣工。1993年县文化馆把原馆舍拨给县图书馆，迁入新楼。内设投影厅、舞厅、展览厅、科教室、文学室、摄影室、美术室、哈哈镜房、书库、阅览室、办公室。2012年有编制6人，设有文学、美术摄影、音乐、群众文化四大工作组。

乐业县文化馆

1965年成立县文化馆，编制7人，2012年实有人员6人。原有馆舍面积980平方米，2009年随乐业县文化和体育局迁到文化广场的文化艺术活动中心三楼。2012年底又迁到原县图书馆旧址。设有排练室、培训室、服装室、道具室、档案资料室。存有图书400册。

田林县文化馆

1951年10月成立县文化馆。现馆位于县城乐里镇新市街64号。文化馆楼建于1988年，面积1890平方米，有办公室、多功能活动厅、培训室、排练室、阅览室。编制9人，其中中级职称1人、初级职称4人，高级工2人、中级工2人、初级工1人。1982年、1990年分别被百色地区和自治区评为"先进文化馆"；1991被评为"全区文化工作先进集体"；1993年被文化部评为"标准文化馆"；2004年、2007年、2011年被文化部评为"三级文化馆"。

隆林各族自治县文化馆

1952年成立县文化馆，1995年有干部职工13人。馆内主要设备有录像机、照相机、放大机、乐器、桌球台，主要活动项目有文艺培训、歌舞演出、挖掘整理文化遗产等。新馆建成于2003年，总投资120万元，建筑面积800平方米，内设多功能展厅、排练场、非物质文化遗产保护办公室、文化活动室、行政办公室等。在职人员9人，其中馆长1人、副馆长1人、办公室工作人员1人、舞蹈辅导员1人、美术辅导员1人、戏曲辅导员1人、声乐辅导员1人、摄影辅导员1人、群众文化理论宣传工作人员1人。

西林县文化馆

民国二十四年（1935 年），县政府内设教育科，兼管文化事业。后设民众教育馆，内有报纸和一些书籍，供群众阅读。1951 年，西林与西隆合并后称隆林各族自治县，设有文化馆，隶属自治县人民政府文教科领导。1962 年，西林县文化馆自隆林文化馆分出成立，配文化业务干部 2 人，属事业单位。1973 年，人员增至 4 人。1990 年，全馆有人员 8 人，其中馆长 1 人、副馆长 2 人、其他人员 5 人。馆内设有文艺创作组、美术摄影组、社会文化辅导组等。2000 年，全馆有工作人员 12 人，其中馆长 1 人、副馆长 2 人、其他业务人员 9 人。有办公室、排练室、培训室、舞厅、展览厅。2012 年，被自治区文化厅评为非遗工作先进单位。

乡镇综合文化站

全市 135 个乡镇（街道）均建有乡镇综合文化站，2012 年，全市 135 个乡镇综合文化站编制数 261 人，实有人数 219 人。

· 图书馆 ·

右江区图书馆

1956 年 8 月成立，原名为百色县图书馆，属百色县区文化局领导，成立之初设馆长 1 名、馆员 2 名，有藏书 6000 余册，在县文化馆图书室原有基础上设图书馆阅览室、杂志阅览室、儿童阅览室。

1992 年 8 月，图书馆搬迁至中山二路文化中心大院内并新建图书馆大楼，于 1997 年 3 月正式投入使用。新图书馆大楼建筑面积 2037 平方米，设置流通部、科技阅览室（梁全泰图书室）、社科阅览室、少儿阅览室、读者自修室、期刊库、报纸库、电子阅览室 8 个部（室）。

2002 年百色县图书馆改称右江区图书馆。右江区图书馆拥有藏书 16 万多册，其收藏特点有 3 个：一是珍藏部分革命文献。如《左右江革命史料汇编》《百色起义和龙州起义》。二是收藏方志和地方文献。藏有《百色厅志》《百色组织史》《右江日报》《百色市报》，它们如实反映百色市各个历史时期国民经济发展状况、风土人情，展现了百色老区人民精神风貌，对于研究百色政治、经济、文化等诸方面的历史和现状具有较高的参考价值。三是典藏部分善本古籍。四是收藏部分科技图书。

右江区图书馆全方位为不同层次的读者提供馆内阅览、图书外借、查阅资料、复印资料、跟踪服务、送书上门、邮电借书、电话查询、解答咨询、业务辅导等服务。

田阳区图书馆

1978 年 10 月 1 日成立，位于今田阳区田州镇常安街 4 号，占地面积 2000 平方米，建筑面积 1200 平方米。一楼为电子阅览室、读者活动室和党员学习俱乐部，二楼为图书外借室、综合阅览室、书库，三楼为报纸资料库、宣传辅导室、办公室。藏书总数为 10 万余册。自 2012 年 1 月 1 日起，图书馆实行基本项目全部免费开放。2013 年被文化部评定为国家县级三级图书馆。2019 年田阳县图书馆改称田阳区图书馆。

田东县图书馆

1978 年 10 月成立，初为文化馆内设的图书室，在县城南华街的文化馆内。在一楼阅览室开展图书阅览业务，内设书库、阅览室、外借窗口。总面积 229.6 平方米。1988 年 10 月动工兴建新馆，1990 年 4 月新馆竣工并投入使用，馆址在县城人民路 81 号，建筑面积 1282 平方米，馆内设有办公室、采编室、参考工具书、成人报刊阅览室（外借室）、少儿阅览室（外借室）、开架室、闭架室、过报查阅室、过刊阅览室、文化信息共享工程田东县支中心（简称电子阅览室）。馆内藏书总量为 14 万册。

到图书馆借阅报纸、书刊的读者有机关干部、企事业单位干部职工、学生、居民等。

田东县图书馆先后获得“百色市文化系统先进集体”“全区‘知识工程’活动先进集体”“田东县社会治安先进单位”和“百色市精神文明单位”荣誉称号，此外，于 1998 年、2004 年、2009 年被文化部评定为全国公共图书馆三级图书馆。

平果市图书馆

1979 年 4 月 3 日成立，属平果县文化局领导。成立时馆舍面积为 20 平方米，人员编制 2 人，藏书 9776 册。1989 年，自治区财政厅、自治区文化厅、县财政局拨款建立新馆，馆舍面积 666 平方米，设有综合阅览室、儿童阅览室、采编室、自修室、书库、展览厅、办公室。藏书 31320 册。年平均接待读者 3 万人次。2017 年平果县图书馆改称平果市图书馆。

德保县图书馆

1978 年 3 月成立，属县文化局领导。借用城关镇东安街文化馆内的一楼开展图书阅览业务。1980 年，选定县图书馆地址在县文化馆的左侧，占地面积 500 平方米，建成 1 栋三层图书馆综合楼，建筑面

积480平方米，1992年又建1栋三层图书馆办公楼，建筑面积为550平方米，设有采编、外借、阅览、宣传辅导4个组。至2012年，累计藏书10万多册。

靖西市图书馆

1929年成立，初名为靖西县民众图书馆。1931年更名为靖西县通俗图书馆。其前身是清光绪初年创建的“藏经楼”（后改名为“益书斋”），时有各类图书2355册，工作人员2名。至1949年靖西解放，图书馆由县人民政府接管，更名为靖西县图书馆。2015年5月更名为靖西市图书馆，位于靖西文化休闲广场旁，占地面积2836平方米，建筑面积1535.62平方米。

靖西市图书馆的定位是以数字图书馆为基础，体现知识交互理念，融合传统图书馆功能的县级图书馆。采用开放灵活的藏、借、阅、查、展等服务模式，除了特定或特殊的文献外，藏书全部对读者开放。

靖西市图书馆多次被百色市人民政府授予“文明单位”称号，被县人民政府授予军民共建先进单位。2012年被文化部评为全国文化信息资源共享工程·公共电子阅览室示范点和荣获全区文化系统集体二等功荣誉称号。

那坡县图书馆

1939年成立，当时有图书2000册，1952县文化馆成立，县图书馆属县文化馆管辖，当时有图书3000多册。1968年，县革委会把图书阅览室更名为图书馆，1969年与县文化馆分开，并配备了3名职工，是百色地区较早的县级独立建馆之一。1989年，上级部门重新修建新馆舍，占地面积为1048平方米。1997年，上级部门又修建图书馆大门和1间100平方米的阅览室。2008年，自治区文化厅拨款维修馆舍和扩建书库。现图书馆建筑面积为1758平方米。馆内藏书总数11.05万册，馆内设有电子阅览室、期刊阅览室、少儿阅览室、科技阅览室、外借处、书库、采编室等。该馆通过阵地借阅、读者活动等形式为社会服务。

1980年后，那坡县图书馆连续被自治区、市、县评为文明单位、文化系统先进单位、“知识工程”先进单位。1994年被自治区文化厅评为三级图书馆。1999年和2005年被文化部评为全国公共图书馆三级图书馆。2011年，在《文化共享活跃在基层》专题片拍摄竞赛中获得二等奖。多年来，那坡县图书馆向“以人为本”“以读者为中心”的目标迈进，致力于图书馆自动化建设和文献资源共建共享建设，促进那坡经济建设和社会发展。

凌云县图书馆

1934 年田南日报社（今右江日报社前身）社长黄丕威在凌云县泗城镇东风街开设民众阅览室，室内有报刊供民众阅览。1940 年，由民众阅览室改称为凌云县图书馆，馆址设于县政府大门前的中大街，馆内除原民众阅览室藏书外，还订有数十种报刊。配有管理员 1 人、工作人员 1 人。1946 年，县图书馆迁至县中山纪念堂对面 1 幢 3 间砖木房内，其中 1 间为办公室，2 间为书库，所藏图书为《万有文库》，设管理员 1 人、工作人员 1 人。中华人民共和国成立后，1951 年县人民政府委派农榜标、黎爱昌 2 人，在中大街（现胜利街）林永华家建立图书馆。馆内主要开设图书借阅，还兼管社会文化工作。1954 年，图书馆迁往县中山纪念堂前，原图书馆旧址改设文化馆，馆内设图书阅览室。之后全馆搬到百货公司（今五金公司门市部大楼），用 1 间 50 平方米的房间作书库兼图书借阅处，只设管理员 1 名。1978 年，图书馆与文化馆分设，馆仍设在百货公司大楼内。1979 年，自治区文化厅拨款在体育场左侧合建 1 幢 840 平方米的三层综合大楼，1979 年底迁入。图书馆使用一楼 2 间和二楼，总面积 211 平方米。1979 年图书馆图书总藏量为 3.5 万册。1988 年，自治区计委和县地方财政拨款在县城中心（原县旧市场）兴建 1 幢面积 1000 平方米的三层文化活动大楼，1990 年底竣工。文化馆随后与图书馆分别迁入。图书馆独立在原旧大楼，总面积 840 平方米，设有普通图书书库、杂志库、报纸库、特藏书库、杂志阅览室、报纸阅览室、儿童阅览室、图书外借处、杂志外借处。1990 年馆内图书总藏量为 86450 册。2004 年底，图书馆大楼因已成危房被拆除，图书馆图书大部分打包放在县政协处。在文化馆大楼二楼设图书阅览室，与外借处合在一起为读者服务。读者可在阅览室阅览新订的杂志、报纸，新订的杂志可外借。2009 年 4 月，新图书馆大楼竣工，为二层楼综合楼，面积 2257 平方米，5 月，图书馆搬迁至新馆大楼，6 月 10 日向读者开放，馆内设有杂志阅览室、报纸阅览室、儿童阅览室、电子阅览室、期刊外借室、图书外借室、电教视听室、信息查询室、培训室 9 个对外服务窗口，设报纸库 1 间、杂志库 1 间、图书库 2 间、典藏库 1 间，除典藏库外，其他书库都向读者开放。读者有

机关干部、企事业单位干部职工、学生、居民、外来务工人员等。至 2012 年底，累计藏书 102676 册。

乐业县图书馆

1978 年成立，属乐业县文化局领导。原馆址在同乐镇三乐街，馆舍面积 192 平方米。1987 年，在原基础上加建 2 层，共 3 层楼房。一楼设综合报刊阅览室、资料室，二楼设书库、借书处、采编室、办公室，三楼是职工宿舍。2009 年 8 月乐业县文化艺术中心楼竣工后，乐业县图书馆于 2009 年 10 月 1 日迁至文化艺术中心楼内，文化艺术中心楼共 3 层，图书馆在第一、第二层，馆舍面积 2000 平方米，有阅览座位 470 多个。一楼设报刊阅览室、政府信息公开查阅点、少儿阅览室、观演厅，二楼设电子阅览室、书库、图书借阅处、报纸资料室、杂志资料室、地方文献室、工具书室、采编室、办公室等。读者有机关干部、企事业单位干部职工、学生、居民等。至 2012 年，馆藏书 77235 册。

田林县图书馆

1979 年成立，前身是田林县文化馆图书室。当时藏书不足 2 万册，全馆人员 3 人。图书馆和文化馆共用 1 栋建于 20 世纪 60 年代的 2 层楼房。图书馆在第一层，该馆设书库兼图书外借处、阅览室、办公室兼采编室。馆里除了藏书，没有其他设施。2009 年，有新、旧 2 栋馆楼，总建筑面积 2100 平方米，设有采编室、综合阅览室、少年儿童阅览室、宣传辅导室、图书外借处、工具书及地方文献资料室、读者活动室、报刊资料室、电子阅览室和多媒体室，馆藏图书总藏量 7 万多册。

隆林各族自治县图书馆

1956 年成立，当时是教育局图书室，藏书 2000 册，1960 年图书室并入文化馆，1978 年又从文化馆分出，独立建制。1993 年筹备建新馆舍，1995 年 4 月图书馆大楼落成使用，馆舍占地面积 456 平方米，建筑面积 1251 平方米。馆内设有综合阅览室、少儿阅览室、电子阅览室、报刊室、外借室、采编室兼辅导室等。2008 年 12 月，自治区财政厅下达中央补助地方文化体育与传媒事业发展专项资金用于该图书馆维修改造及配备必需设施设备，2009 年 12 月，图书馆大楼装修完成，部分必需设备同时购置到位使用。馆址位于隆林各族自治县新州镇民生路 225 号，全称隆林各族自治县图书馆，属隆林各族自治县文化体育广电和旅游局领导。

隆林各族自治县图书馆始终坚持“读

者至上，服务第一”的宗旨，在做好阵地工作的同时，组织实施自治县“知识工程”各项工作，开展各种丰富的读书活动和讲座。馆外服务点10个，并与县武警中队共建文明单位。隆林各族自治县图书馆建馆后，在自治县委、自治县人民政府以及上级主管部门的领导和关怀下，多次获得上级部门的表彰。特别是在1998年、2003年的全国公共图书馆评估中，2次均通过文化部三级图书馆的评定。2010年5月，被自治区文化厅授予全区公共图书馆先进集体荣誉。

西林县图书馆

1978年8月成立，建馆初期借用文化馆二楼的旧房作书库和阅览室开展业务。1979年县文化馆拆旧房重建，图书馆搬到县书店租地自搭油毛毡棚一小间作馆舍，1980—1981年文化馆新楼建成，借用文化馆一楼作馆舍，从那时起才能正常开展县图书馆的业务工作。1988年，县人民政府下达给县图书馆基建计划。1989年1月，选定馆址在县人民政府招待所对面，占地1.5亩，1990年1月建成4层馆舍。设有办公室、采编室、外借室、报刊阅览室、资料室、电子阅览室、多功能厅等部门。读者有机关干部、企事业单位职工、中小学生、农民等。至2012年，累计藏书78131册。

第三章 文艺团体

20世纪50年代后，随着社会主义政治、经济、文化制度的建立健全，为满足人民对物质文化生活的需要，百色地、县级建立了文学艺术社团组织，开展形式多样、内容丰富、特色浓厚的文化艺术活动。20世纪80年代后，随着社会经济的日益繁荣，文学艺术社团有了新的发展，文化艺术活动活跃。

第一节 县（市、区）文艺团队

·右江区·

百色县文工团

1958年11月成立，全团人员48人，分为编导组、演出和舞台灯光组。1959年和1960年参加百色地区文艺会演，获团体演出优秀奖，其中创作节目《澄碧河大合唱》获创作表演奖，女声演唱《右江两岸好风光》被广西人民广播电台选中播放。此外，该团还经常下乡演出和辅导业余剧团。1961年9月，因财政困难解散。

百色县文艺队

1965年9月成立县乌兰牧骑轻骑队，有队员15人，在各乡镇演出群众喜闻乐见的文艺节目。1970年2月，在县乌兰牧骑轻骑队的基础上组建县毛泽东思想文艺宣传队，队员增至25人。除排演"革命样板戏"《沙家浜》外，还创作了4场歌剧《向阳村》，参加1972年百色地区文艺会演。1975年改队名为县文艺宣传队，编排演出了独幕话剧《探亲》和独幕歌剧《双代店》，在参加当年百色地区文艺会演中获优秀节目奖。其间，还学习排演了话剧《风华正茂》8场。1970—1975年，文艺队平均每年下乡演出120场以上。1976年，文艺队学习排练大型彩调剧《李双双》，在当地和田林、凌云、乐业等县售票演出。文艺队先后陆续创作演出小歌剧《榕嫂》《同村》，粤剧《仙鹅》，话剧《岳父》，二胡齐奏《春耕忙》和女声二重唱《人大代表回瑶寨》及舞蹈《大碗茶》《澄碧渔夜》等，并均在各届地区文艺会演中获奖。1976—1977年，新创作和恢复了一批群众喜爱的小节目，上山下乡演出260

多场。1978 年后，以排练粤剧为主，先后公演了优秀传统剧目 10 多个。文艺队除在当地演出外，还到田阳、田东、德保、靖西、大新、崇左等县演出。1983 年后，文艺体制改革，大部分队员先后调走。1985 年底有队员 9 人，市文艺队改为市文艺辅导队。

·田阳区·

红专大学艺术班

1958 年 3 月成立，在田阳县红专大学内。学员有 90 余人，大部分为农民和其他社会青年，配备教师 3 人，开设有音乐、舞蹈、戏剧、山歌等课程。艺术班学员统一服装，国家还负责每人每月生活费 2～4 元。办班期间，学校配合党的中心工作，自编自演大合唱《千军万马渡右江》《英雄改造百东河》和壮话快板《真恨旧婚姻》等节目，还深入水利工地、农村、部队巡回演出，受到观众好评。艺术班在 1958 年 7 月停办，部分学员加入田阳县文工团。

县文工团

1958 年 8 月成立田阳县文工团，人员共 90 多人，设创作、剧务、舞美、乐队、演出、后勤等。其间，先后排演大型歌剧《刘胡兰》《刘介梅》、彩调剧《王三打鸟》、舞蹈《花伞舞》以及自编壮话快板《叔等号初爷》等节目，1958—1961 年，在县内外演出 620 多场，观众 62 万多人次。1961 年 3 月停办解散。

县农村文化工作队

1965 年 9 月 10 日，成立县农村文化工作队，队员来自机关单位和田州镇业余文艺骨干，共 12 人。自编自演节目，到农村、学校、厂矿和边远山区为群众演出，节目有壮话快板《破除迷信》《反对买卖婚姻》《婚姻价》、彩调剧《卖杂货》和花鼓戏《补锅》等，共演出 750 场，观众 52.5 万人次。1968 年 8 月停办。

“红展宣传队”

1968 年 10 月成立，全称“红太阳展览”毛泽东思想文艺宣传队，简称“红展宣传队”，队员 25 人，大部分为学校和农村业余文艺骨干。任务是宣传毛泽东思想和进行阶级斗争教育，宣传形式有图片展览和文艺演出。主要演出节目有反映阶级斗争的大型歌舞剧《收租院》。1969 年 6 月停办。

县文艺宣传队

1969 年 10 月成立。通过办文艺学习班挑选队员 15 人，加上原“红展宣传队”队员 10 人，队员共 25 人，后来逐步增

加，最多发展到42人。1984年11月，文艺体制改革，16名队员被安置到县直各单位，8人到百色地区和自治区文艺部门，留队12人。1989年2月，文艺队并入文化馆作文艺辅导队，以演出、辅导群众文艺活动为主。1995年，有队员19人，其中既是演员又是辅导员的15人。1973—1995年，文艺队演出1701场。节目以自编为主，还排演外地优秀剧目。多次参加地区、自治区文艺会（调）演，18个节目得到奖励。

·田东县·

民国时期，先后到田东县演出的专业文艺团体有宣粤剧团、醒国风粤剧团、觉声粤剧团等。

1959年9月田东县文工团成立。主要演出彩调剧《刘三姐》，1961年以后，改演其他短小剧目和歌舞。1964年改为半农半艺文工团。1966年曾一度被撤销。

1968年12月，田东县文艺队成立，先后演出的自编节目有演唱、曲艺、舞蹈、歌曲、歌剧、粤剧等，学习京剧、舞台剧、话剧、粤剧等，除在县内演出外，还到过百色、靖西、德保、平果、田阳、凌云、田林、天等、大新等县演出，并多次参加百色地区专业文艺会演。1978年，在广西壮族自治区成立20周年大庆时，该团曾在县人民政府向中央代表团做汇报演出，节目自编自演，除民族歌舞外，还演出了邓小平在县内开展革命活动的歌剧《夜渡》等。1988年，田东县文艺队有职工23人，其中获得中级职称1人、初级职称6人。2005年以前，田东文艺队有职工23人。

·平果市·

1959年，组建平果县文工团，演员30余人，经费由县地方财政拨款，1961年因财政困难而解散。1965年，成立平果县文艺队，初称平果县农村文化工作队，由自治区拨文化经费扶持。全队12人，后发展到30余人，设有编导组、排练组、服装道具组、台景灯光组、乐器音响组等。1985年6月，文艺队改称“邕剧团”，原文艺队演员大部分调出，另招收一批新演员。1988年3月，加挂了“平果县铝城艺术团”牌子。2005年，全团有演员26人。

·德保县·

县壮剧团

1951年2月组建。人员以德保县城东安街业余壮剧团为基础，是一个半职业性质的城镇剧团，由县文化科兼管，从演出收入中给队员发放生活费。1957年8月，百色专区文化科调靖西县业余壮剧队并入该团，取名德保壮剧团。配正、副团长共3人，演员30余人。1958年，全团赴凌云逻楼公社参加大办钢铁运动。1958年底转国营剧团，人员41人。1959年底，奉百色专员公署令，全团人员调往百色，组建成立“右江壮剧团”。1964年10月，调往南宁，组建广西壮剧团。

县文工团

1960年初组建，全团成员30人，节目多为集体创作、集体导演。演出时多用本地壮话，有时亦壮语、汉语混用。经常下公社、水利工地巡回表演。1960年8月，因经费困难而解散。1965年，成立德保县文艺队，始称德保县农村文化工作队，全队13人，建队宗旨是“一大三小”（即大方向，小队伍、小装备、小节目）。1966年底，更名为德保县毛泽东思想宣传队，自称“红艺兵”，主要上演“样板戏”。1985年，更名为德保文工团。

·靖西市·

罗四邕剧班

清光绪二十六年（1900年）武鸣县（今南宁市武鸣区）邕剧艺人罗立、罗四到靖西县（今靖西市）城组建，后迁到大道圩活动，清光绪三十年（1904年）解散。

胜利粤剧团

1950年流散艺人在天保县（今德保县）自发组成。1951年迁到靖西，戏台搭在今敬老院。1953年巡回演出到百色后转为地区国营剧团。

靖西壮剧团

半职业剧团，1955年组建，当年根据民间故事改编的壮剧《猩猩外婆》获全省首届戏剧观摩会演大会奖。1956年与德保壮剧团合并为“南天壮剧团”，后改为“靖德壮剧团”，1958年转为国营百色地区壮剧团。不久调往南宁称为广西壮剧团。

靖西文工团

1958年组建，1960年解散。

地区半农半艺队

1963年百色专区组建，驻靖西，1966年解散。

县乌兰牧骑队

1966年组建，1968年解散。

边防文工团

1968年组建靖西毛泽东思想宣传队，1977年改称文艺宣传队，1985年改名为边防文工团。1979年到云南文山等地演出彩调剧《刘三姐》《拉郎配》，轰动一

时。1982 年创作的壮剧《还阳棒》、小歌剧《边陲碧玉》分别获地区、自治区文艺会演大会奖。1990 年有演职人员 25 人。

·那坡县·

睦边县文艺工作团

1959 年 1 月成立睦边县文艺工作团，演职员 34 人，演出节目《刘三姐》。1961 年文艺工作团被撤销。1965 年 6 月重新成立那坡县农村文艺工作队，队员 15 人。

县毛泽东思想文艺宣传队

1970 年 8 月，那坡县农村文艺工作队改为那坡县毛泽东思想文艺宣传队。1971—1973 年，全队到广西艺术学院、广西京剧团学习“样板戏”，排演《沙家浜》《红灯记》。曾到云南省文山州广南县、富宁县演出，代表百色地区拥军慰问团到德保、靖西慰问当地驻军部队。1979 年 11 月，派员到北京中央煤炭部文工团学习京剧。

县文艺工作队

1980 年，那坡县毛泽东思想文艺宣传队改称那坡县文艺工作队。1981 年，参加百色地区专业文艺会演，1 人获表演奖，2 人获歌唱奖，1 人获中央、自治区分别授予“民族歌手”“金嗓子”称号。向外输送艺术人才 5 人。

县民族文工团

1990 年 10 月 19 日，那坡县文艺工作队改称那坡县民族文工团，配有演职人员 20 人，设团长兼指导员、文书各 1 人。长期下乡为群众、驻地部队演出，1990 年，参加百色地区文艺会演，参赛 8 个节目获 6 项奖。其中话剧小品《小门卫》获剧本创作三等奖，小门卫扮演者获演员特别奖，《牧牛歌》获创作二等奖和演唱三等奖，彝族舞蹈《腰环舞》获编导三等奖。

·凌云县·

红专文艺宣传队

1958 年 8 月，成立凌乐县红专艺术学校（当时凌云、乐业两县合并），学员 34 人，从社会青年中招收，地方财政负责学员生活费。10 月，组成一支文艺宣传队到“凌凤战区钢铁基地”“上伞炼钢基地”宣传演出，12 月，参加百色专区首届民族民间文艺会演。1958 年底停办。

凌乐县文工团

1959 年 1 月，根据自治区党委、人民政府关于《在全区县以上成立专业文艺表演团队，大力普及“刘三组”》的文件精神，成立凌乐县文工团，以红专艺校部分学员为基础，全团 62 人，设有创作组、剧务组、舞台美术组、后勤组等。1961

年 3 月，贯彻自治区党委、人民政府关于《县（市）一级专业文艺表演团队停办》的文件精神，凌乐县文工团解散，人员由组织人事部门安置。

县文艺队

1965 年 8 月，贯彻自治区党委《在全区县以上普及成立农村文化工作队》的通知，成立凌云县农村文化工作队，全队 12 人。1965 年至 1966 年 9 月，为适应形势需要，该队改为凌云县毛泽东思想文艺宣传队，主要是巡回各乡村宣传演出。1969 年 10 月，县革命委员会决定在原有的基础上，成立凌云县文艺队，人员增至 36 人。建队至 1979 年，没有固定地址，队址先后迁到解放街民房、县人委院内、县人民武装部内。乐器增加手风琴、扬琴、三弦琴，使用汽灯照明演出。1980 年，由自治区文化厅、县财政局拨款新建 1 幢综合楼（与文化局共用），设有办公室、会议室、器材室、琴房等。演出道具、设备有钢琴、架子鼓、电子琴和各种舞台灯光设备、现代化扩音设备俱全。1970—1984 年共演出 1954 场，观众 78 万人次；参加地区专业会演的节目《水源洞》《女人能做男人活》获甲等奖，《汽车凌云》《打山舞》《两个红小兵》《东哈山》《壮乡美》获优秀节目奖，《林海新灶》获创作表演一等奖。《东哈山》还作为地区节目参加全自治区地（市）专业会演。此外，文艺队曾到田林、乐业、百色、隆林、靖西、河池、东兰、凤山、巴马及贵州省的望谟、册亨、兴义、安龙等县演出。

1985 年 6 月，根据文化部《关于艺术表演团体调整改革意见》的精神，将县文艺队改称县文艺辅导队，全队共 11 人，以辅导为主、演出为辅，重点抓乡镇文艺普及工作。

1991 年 9 月，县文艺辅导队改称县文艺队，人数增至 23 人，年演出 120 场。1992 年，县文艺队演出 73 场。1993 年底完成演出任务 46 场，观众 3 万余人次，人员有 14 人。至 1993 年，县文艺队组织举办演出比赛，举办退伍军人、知识青年文艺骨干培训班等文艺学习班 20 期；先后选送演员 161 人次到百色、南宁等地的艺术团队、院校学习业务。

·乐业县·

桂剧班、彩调班

境内桂剧专业剧团有清道光年间组建的“秀字科班”、清同治年间组建的“老刘家中班”和民国四年（1915 年）

组建的“桂字科班”。彩调班有清光绪年间组建的乐业县第一个彩调专业剧团。这些科班、剧团主要活动于湘、桂两省（区），对广西桂剧和彩调剧发展曾有过深远的影响。

县文工团

1958年冬成立，演员18人，均是从农村业余文艺骨干中选拔而来。该团最初由县文化馆领导，担负当地文艺演出和对农村俱乐部进行文艺辅导的双重任务。1959年为排演《刘三姐》，演员增至40人。经济困难时期，精简机构，1961年4月被撤销。

县文艺宣传队

1965年秋建立，属乌兰牧骑式的宣传队。有演职人员18人，设队长、指导员各1人，由县文化科（局）领导。该队常年上山下乡，为广大群众演出短小精悍的文艺节目，还负责辅导农村的业余文化活动。1974年后，逐步实行售票演出。1976年，全国掀起一股上演传统戏的热潮，该队也以上演大型传统桂剧、彩调剧为主，兼演其他剧目和小戏。上演剧目有《秦香莲》《宏碧缘》《四仙姑下凡》《洪湖赤卫队》《新来的欧阳副官》《柜中缘》《三看亲》等。1977—1983年是县文艺宣传队的鼎盛时期，演职人员增至40余人，其中约半数是从农村聘请的临时演员，演出活动范围为湘、桂、黔三省（区）七地区40余县。1982年改名为文艺工作团，同年参加桂林地区专业文艺会演。1984年以后，由于受到电影、电视、录像放映的冲击，戏剧演出上座率很低，售票收入大大下降，无法支付临时工的工资。1985年6月，再改名为文艺演出辅导队，辞退临时工，人员由40多人精减为15人，转由县文化馆领导，以辅导当地文艺工作为主，适当开展慰问演出。1987年1月，恢复文艺队建制，有演员21人（其中从农村聘请临时工9人）。此时演出节目以演小型剧目为主。1988年起，采取横向联系的办法，先后与县计生委、县林业局等单位签订合同，到农村进行以宣传计划生育与造林护林为内容的专场演出。

·田林县·

县文工团

1958年春，县文艺学校成立，学员40人，既学现代戏，又学古装戏。8月，县文艺学校改为县文工团，全团45人。排演古装剧《七姐妹奇缘》《蝶吒与蝶平》《文龙与肖尼》《刘三姐》，现代戏《韦秀娥》《山村探宝》《定安山水》等。1959年，参加地区《刘三姐》会演，荣获第二名（仅次于地区文工团）。1958—1959年，共创作剧目3574个，改编50个，演出227场，演出节目3760个（次），观众132800人次。1959年10月和1960年4月，2次去百色演出《刘三姐》。1962年，因精简机构，县文工团解散。

县文艺宣传队

1965年组建，称农村文化工作队，全队12人。排演现代壮剧《新媳妇》以及歌舞等节目。1967年起，先后改名为毛泽东思想宣传队、毛泽东思想文艺宣传队、田林县文艺宣传队。1969年，全队有23人，增派政治指导员。1970年，成立党支部。1972年，全队人员到广西艺术学院学习，结束后到南宁橡胶厂演出。回县后做好演出，多次被评为地区和自治区文化系统先进单位，1973年和1976年，2次随慰问团到田阳空军驻地和德保、那坡部队驻地进行慰问演出。1980年，有队员32人，排演古装壮剧《文龙与肖尼》，参加百色地区专业文艺团队会演，荣获剧本创作三等奖、音乐设计二等奖、优秀演员奖。1982年，排演古装壮剧《蝶吒》，参加自治区民族戏剧调演，获优秀节目奖。

1978—1982年，演出713场，观众285920人次。1983年，演出124场，足迹遍及10个公社120个生产队和2个农（牧）场，均为义务演出，观众达48200人次。同时，辅导业余文艺队36个，移植小戏4个，给5个小节目配曲，自编歌曲2个、独奏曲1个。1984年，因领导和职工陆续调离，全队仅有20人，演出活动变少。

县壮剧团

1984年12月，县文艺队改建为县壮剧团。1987年9月，招收合同制工人11人，全团共有演职人员20人。1987年10月，选送11名学员到广西艺术学院、广西戏曲学校培训回来后，剧团正式开展业务活动。1988年，有演职人员24人，其中干部5人、合同制工人19人，下设音乐、舞蹈活动小组；10月，与县计划生育委员会挂钩，宣传计划生育；全年演出63场。1989年9月，团内进行整顿，保留演职人员12人、团长1人。1990年，克服经费紧缺、人员少等困难，自编自演一批现代题材节目，参加地区文艺会演，其中小壮剧《村姑》、说唱《壮族八仙鼓》、歌曲

《我是一滴水珠》均获奖多项。

·隆林各族自治县·

隆林文工团

1958年成立，称隆林文工团，演员32人。1961年曾一度解散，1965年恢复组建，改称隆林各族自治县农村文艺工作队。

自治县民族歌舞团

“文化大革命”期间，自治县农村文艺工作队改称隆林各族自治县文艺工作队。1985年始称隆林各族自治县民族歌舞团。1983年8月，赴南宁参加全区“乌兰牧骑式”汇报演出，获得好评。之后作为广西唯一的代表赴京参加全国“乌兰牧骑式”演出，5个节目获奖。1996年有演职人员25人。1997年，获文化部、国家民委授予“全国乌兰牧骑式先进团队”光荣称号，是广西县级文艺团队唯一2次获此殊荣的艺术团体。2000年12月，民族舞蹈《布壮鼓》参加广西民族舞蹈比赛获三等奖。2002年11月，应邀参加南宁国际民歌艺术节的演出活动，被邀请到广西电视台文艺部每周六现场直播的《南疆花月夜》栏目进行仡佬族节目专题表演。2004年5月，受中央电视台《魅力12》栏目特邀，录制了彝族风情歌舞《赶圩归来阿哩哩》、彝族舞蹈《山火》、苗族舞蹈《拐拐脚》、民歌二重唱《锯木歌》等。2004年8月，代表百色市赴四川省西昌市参加四川凉山彝族国际火把节，在服饰大赛中获最美传统服饰、最美创新服饰、最佳服饰表演、最佳组织等5项大奖，演唱的彝族歌曲《锯木歌》获二等奖；10月，代表广西到北京中华民族园参加中华人民共和国成立55周年游园演出。2005年，被文化部、国家民委授予“先进集体”光荣称号。

·西林县·

县农村文化工作队

1965年5月，开始组建西林县农村文化工作队，队员6人，次年增至11人，改名为西林县毛泽东思想文艺宣传队，并随“活学活用毛泽东思想宣讲团”下乡，开展宣讲和文艺演出活动。1969年10月，县毛泽东思想文艺宣传队改称西林县文艺宣传队，同时，调整和充实人员，先后从机关干部和插队知识青年中吸收一批人员。1972年，人员增加到29人。1985年改为县文艺辅导队，人员定编15人，实有9人。县文艺辅导队初建，演出用具只有1张幕布、2盏汽灯、1套锣鼓、1架扬琴、2支笛子、3把二胡，后增加小提琴、琵琶、手风琴、小号等。1974年被评为广西文艺标兵。同年，广西电影制片厂到西林摄制《踏遍青山为人民》纪录片，宣传该工作队先进事迹，提高了工作队知名度。1985年后，在改革和精简机构中，人员定编15人，实有9人，业务上受县文化馆指导。

县民族歌舞团

1987年11月在县文艺辅导队的基础上组建，定编30人，团长由文化局副局长兼任，另配业务副队长和政治指导员各1人，每年定拨给业务经费。1990年，全团有成员25人。新购一批乐器，有二胡、笛子、小提琴、大提琴、扬琴、琵琶、手风琴、电子琴、吉他、小号、圆号、簧管、架子鼓等；演出服装增加壮、瑶、苗、彝等民族服装60多套。1991年后，文艺团体实行体制改革，演出场数逐渐减少。1993年，全团已处于半瘫痪状况。1995—1996年，到海南省、广东省和云南省广南县演出，维持团体稳定。1999年，该团对老队员分流安置，招收15名新队员，经过整顿，提高整体素质。同年，百色地区举行纪念百色起义70周年专业文艺会演，县民族歌舞团参加演出节目6个，其中瑶族群舞《甘泉谣》获创编二等奖，声乐《口弦情话》获创作二等奖，小品《一只鹅》分别获创作、表演三等奖，全队共获奖7项。2001年，该团参加自治区举行的民间音乐、舞蹈表演，独舞《扮》获一等奖，三人舞《银簪击鼓》获三等奖。

第二节　业余剧团和演出活动

明清至民国时期，百色群众文化活动主要体现在南路壮剧、北路壮剧演出及山歌演唱方面。民国初年，田林北路壮剧第八代传人黄福祥组织螺阳剧社，并带领剧社到贵州兴义等地演出，在当地留下了不少佳话。解放初期，百色和全国各地一样，群众自发组织秧歌队、宣传队和文艺队。据不完全统计，1950—1956年，百色全地区有业余文艺队37个、业余剧团84个。20世纪60年代以后，直至2005年，全市业余艺术团体发展迅猛，全市所有乡（镇）、村几乎成立了业余文艺表演团体。这些表演团体较为著名的有右江区业余壮剧彩调团、右江区粤韵业余粤剧团、右江

区壮乡美业余艺术团、龙景街道办事处业余文艺队、柳羊村业余文艺队、汪甸乡汪甸村业余壮剧团、千姿百色业余艺术团、田阳头塘百果文艺队、田阳敢壮艺术团、田东夕阳红艺术团、大西南文艺队、联福村公康屯文艺队、平果红棉文艺队、新安镇道娥村文艺队、榜圩镇平治文艺队、德保云山壮剧团、敬德镇业余壮剧团、那坡城厢业余壮剧团、下华业余文艺队、靖西龙潭社区壮剧团、旧州街文艺队、新圩壮剧团、安德南天业余文化艺术团。凌云沙里村壮族业余文艺队、下甲平怀业余文艺队、田林璐城壮剧团、平坤壮剧团、瑶怒屯瑶族铜鼓舞表演队、隆林鹤彩艺术团、江管业余文艺队、西林驮娘江业余文艺队、那劳业余壮剧团等。这些业余文艺表演团体的演出，不仅活跃了当地群众文化气氛，还给社会注入了正能量，促进百色各地社会和谐稳定。

·右江区业余团队·

1954 年，县文化馆组织干部深入农村筹建业余剧团，年末建团 4 个。1957 年全县业余剧团增至 64 个。同年，举行首届全县群众业余文艺会演，随后组团参加在南宁市举行的群众业余文艺会演。长平村业余壮剧团的《打刀救母》、布林村业余歌舞团的《八角成熟了》获演出奖和创作奖，大旺村业余剧团的梁立华获山歌独唱奖。1959 年，全县业余团队共 78 个，队员 2340 人。1955—1959 年，这一时期是业余团队的活跃时期。1966 年，业余团队基本解散。

1970 年后，百色各地城乡陆续成立一些业余文艺宣传队。1978 年，全县有业余文艺宣传队 30 支，队员 900 人，全年演出 148 场，观众 14.5 万人次。1976 年，文艺获得新生，业余团队活动日趋活跃。1978—1985 年，业余团队保持在 50 ～ 58 个。全县（市）举行一次大型群众业余文艺会演，共有 14 个团队参加；文化部门结合实际开办短期戏剧、音乐、舞蹈学习班，不断提高业余团队的创作和演出水平。有的业余剧团还与邻县业余剧团进行文化交流，互访演出。1988 年，全市业余团队发展到 83 个共 1635 人，其中农村 43 个 947 人、机关厂矿 40 个 688 人。演出活动一般在重大节日进行，除上演一些传统优秀剧目外，还创作演出大量现代题材的话剧、曲艺、音乐、舞蹈等节目。当时百色的福禄、三合、长平、沙洪、阳圩、塘里、布林、里圩、大楞、社马、龙川、拉域等村的重点团队都有较强的编导人员和演员，所演节目丰富多彩，颇受群众欢迎。1988年，举行全市农村业余文艺会演，有12个代表队248人参加，共演出7台晚会计113个节目，其中有35个节目获演出奖，44名演员获表演奖。阳圩文艺队创作的彩调剧《双秤砣》在会演中获演出一等奖，剧本不但获得创作奖，还由市文化馆推荐给各团队排演。

·田阳业余团队·

中华人民共和国成立前，右江沿岸的那坡、百峰、二塘、田州、百育、那满和南部山区的古美、巴别等地自发成立有粤剧、彩调和壮剧队。1952—1966年，那坡、那满、百育、坡洪、五村、玉凤等7个公社建立业余文工团，每团成员20～30人。1966—1976年，城乡普遍建立业余文艺队，先后举行2届全县性的民间文艺会演。1968—1974年，先后举行4次业余文艺会演，有农村、机关、厂矿、学校业余文艺队50多个共1200多人参加，演出节目200多个，演唱刘三姐歌曲和革命歌曲。1976年，业余文艺出现新的局面，各地举行群众性的业余文艺会演，全县有80多个文艺队参加，后挑选优秀节目及演员，组成18个代表队480多人开展演出。1977年，举行文艺会演，10个公社代表队260多人参加，演出包括戏剧、曲艺、音乐、歌舞、民歌等节目。1978年春节期间举行游行表演大型活动，由地区、县直属单位、中小学校及田州公社各大队业余文艺队27个850人参加游行表演。春节后召开劳模大会，组织16个业余队396人为大会演出8场共108个节目。同年6月，从当时的凤马、龙河、隆平、驮莀、平坡5个业余文艺队抽调演员，组成县代表队，参加百色地区举办的文艺会演，回县后下到各公社演出20多场。年底，举行县直部分单位、厂矿、学校文艺会演，11个业余文艺队270多人参加，演出3台58个节目。1968—1978年，举行全县性大型业余文艺会演18次，历时最短的3天，最长的7天，一场演出中节目少的37个，多的108个，参加演出人员均在200人以上。

·田东粤剧班·

田东平马、思林、祥周的粤剧演出已有100余年历史。1920年，恩隆县（今田东县）升平粤剧班就已经演出粤剧《黄花山》《定军山》等传统剧目。1931年，平马镇庆平街组成一个国乐剧社，戏班师傅为南宁艺人添仙（花名顶童）。国乐剧社主要演员为陆仁德（文武生）、翁

苏（文武丑生）、曾同（小生）、郭敬扬（帮生）、翁文光（正花旦）、梁荣（二花旦）、黄彬（三花旦）、卢己友（女丑）等。该团演出剧有《黄凤鸾伶》《佳偶兵戎》等。除在本县演出外，他们还赴田阳、果化（今平果市）、百色等地演出。1932年，平马镇乐善街组成文艺剧社，主要演员有黄柱才（文武丑）、邓吉庆（文武生）、梁松（武生）、扬庆（正花旦）、黄丁右（二花旦）、何允（须生）等，演出剧目有《奇好》《战海情波》等。文艺剧社部分演员在国乐剧社，因他们是乐善街人，故乐善街文艺剧社成立时，他们亦来参加演出。1936—1944年，平马镇庆平街又组织了安乐剧社，此剧社亦全是男班，艺术师傅为孙英贤，主要演员有黄宝弟（文武生）、李其昌（正花旦）、曾世珍（小生）、罗伟民（二花旦）、马明（帮生）等，演出粤剧剧目有《冰山火线》《红粉困金龙》等。该社演出时间不长，仅两年就自动解散。1951年，平马镇南华街组成了同乐剧社，该社全是女班，师傅为翁苏、黄彬，主要演员有罗初（文武生）、孙玉桃（正花旦）、苏群弟（小生）、孙珍桃（武生）、廖锦珍（帮生）、戴子庄（二花旦）、沈凤珍（丑生）等，演出粤剧目有《九件衣》《千里寻夫》《英雄襟上大平花》等。当时，外地粤剧团亦巡回到田东演出，可因为经费有困难，同乐剧社便主动拿出演出收入支援外来演出的兄弟团体。1952年，平马镇庆平街又组织群乐剧社，该剧社亦全是女班，师傅为梁组生、吴振声、隆安道等，主要演员为李晚弟（文武生）、黄文姬（正花旦）、肖小群（小生）、卢爱芬（二花旦）、黄雪影（须生）、李莲秀（花旦）、梁燕莲（丑生）等，演出的粤剧剧目有《三打节妇碑》《多情燕子归》《红娘子》《英雄襟上大平花》等。后来又有一批男演员加入该剧社，壮大了该剧社的演出阵容。自此，群乐剧社便由原来的女班转为男女班，演出的粤剧剧目有《断臂说文龙》《鸳鸯剑》等。此外。群乐剧社还义演了2场，将全部演出收入用于赞助南德庆小学修建教室。中华人民共和国成立初期，田东县思林镇有2个业余粤剧团：一为“民生粤剧团”，二为“中山粤剧团”。戏台就建在思林镇街中心，2个剧团经常轮流演出。1958年，这2个粤剧团合并为“思林粤剧团”，1979年又改为“思林文化站粤剧团”。该团除在本镇演出外，还先后到田东县平马镇，以及平果县果化镇、山心村等地演出。迄今，思林镇粤剧团尚有演员唐尧忠、覃有林、黄德耀、陈奖伦、彭梅芬、陈启玲等仍活跃在思林镇上，指导青少年学习粤剧。该团演出的粤剧剧目有《三凤求凰》《搜书院》《借女冲喜》《女巡按》《张飞审瓜》《千里送京娘》《蒋门神》《中秋之夜》《雨夜出诊》等。此外，1978 年，田东县总工会业余粤剧团成立，师傅为杨国保、吴振声、孙英贤等，主要演员为苏群弟（文武生）、孙玉桃（正花旦）、黄天智（武生）、黄丽娟（二花旦）、梁桂发（小武生）、谢柏灵（花旦）、孙瑞发（须生）等，演出的粤剧剧目有《秦香莲》《宝莲灯》《三凤求凰》等。该团除了在本县演出外，还到田阳、百色等地演出。与此同时，田东县航运公司又于 1982 年成立了青年业余粤剧团，该团由职工林志文个人投资组建，师傅为梁燕馨、农斌等，此外还聘请了百色师傅梁少全，主要演员有何翠莲（正花旦）、黄玉英（二花旦）、林振辉（文武生）、何翠云（小生）、何世华（武生）、黄桂冬（丑生）等，演出的粤剧剧目有《穆桂英大战洪州》《如冰心三气过具租》等。该团还到田阳、靖西、德保等地巡回演出，深受人们欢迎。

·田东仑圩邕剧班·

邕剧在田东县仑圩演出已有 90 余年的历史。清光绪三十四年（1908 年），田东平马镇仑圩街岑世文向外地来的艺人小金学邕剧，在仑圩组织了一个邕戏班——恒乐社。由小金师傅传授邕剧各种唱腔及表演形式。戏班得到了当地群众的募捐支持。之后，他们又到广东购置了一批戏服与乐器，加强了该剧社的演出实力和影响力。该剧社除了在本地演出外，还受到附近的万冈（今巴马）、东兰、凤山等县的邀请，前去这些地区巡演。演出路线与习惯一直保持至今。由于该剧社外出演出的时间较长（一般每年春节后外出巡演，一直到四月初方往回转），故其演出之报酬相当可观，有时一天能收入 2000 斤大白米。解放初期，“恒乐社”更名为“仑圩农民剧团”“仑圩剧团”，演出人员亦几经变动，然演出的热情不减。多年来，该粤剧团坚持业余演出活动，曾赴百色参加地区文艺汇演，并取得不俗的业绩。1982 年 11 月，在田东平马剧场为百色地区文化工作检查团演出邕剧《错赠袍》，受到热烈欢迎和极高评价。

·田东福旺彩调戏班·

民国九年（1920 年）于田东县组建，

至今已传了4代。该戏班除在本地演出彩调剧外，还多次到田林县乐里镇、潞城瑶族乡和田阳县（今田阳区）玉凤镇以及本县义圩、朔良、那拔、六州、百敏与附近河池地区巴马县凤桥等地演出，深受群众喜爱。

·平果业余剧团·

20世纪20年代，果化镇有“艺志”社，玻琍街有“永世和”邕剧班、“西兴”粤剧团，堆圩有“堆金凤”邕剧班。榜圩、海城、旧城、马头等圩镇，民国时期，曾组织有邕、粤剧戏班。中华人民共和国成立前，这些戏班在当地圩镇上演传统剧目。中华人民共和国成立后，榜圩、果化等地的戏班仍有活动。1952年，建立县文化馆后，马头、龙马、果化、榜圩、堆圩、新圩、海城等乡镇新建立俱乐部，其中有演出队，节目多是就地取材，自编自演，演唱爱党、爱国、爱社，歌颂好人好事等短小节目，活跃城乡文化生活。马头镇俱乐部业余剧团学演彩调戏《王三打鸟》《龙女与汉鹏》，受观众赞赏。1966年起，各社队涌现了300余个毛泽东思想业余文艺宣传队，其中有黎明队，春德、乐圩、隆足队，上林、仕仁、堆圩队，那海、贵良队，兴宁、教美队，龙马、贤强、印山队，雅龙、同仁、陇来队，新安、龙王、西兰、太平、新圩、古案队，果化、永定、陇色、平中、榜中、太中、马头队，等等，活动比较正常，节目多是“样板戏”“批修批资”“农业学大寨”的内容。20世纪70年代后期，随着各社镇文化站的建立，各业余文艺演出队得到整顿，每个文化站都建立1个重点团队，创编演出一批配合计划生育和精神文明建设教育的新节目。榜圩业余邕剧团、玻琍业余粤剧团还排演了一批传统剧，受到中老年观众的积极支持和欢迎。1979年秋，县文化馆派员与海城文化站合作，创编的传统山歌剧《智夺金猫》和《打砻舞》同年冬参加百色地区业余文艺会演，受到广泛好评。1981年，榜圩镇文化站为该业余邕剧团编导一出反映计划生育思想斗争的现代邕剧《芙蓉初放》，先后参加百色地区、自治区会演，分别获创作和表演三等奖。1990—2018年，每个乡镇文化站指导1～2个业余演出团队坚持。

·德保马隘土戏班·

南路壮剧戏班，亦名“马隘‘呀哈戏’班”。清道光二十八年（1848年）成立于天保县马隘乡。其时，天保县南隆街黄现炯外出当兵，后到南宁戏班当厨师，随后跟班主拜师学艺，清道光十六年

（1836 年）回乡后，即与媳妇回到马隘街组织戏班演出，但因本地人不会讲官话，所以首次演出失败。2 年后，又重新组班，改用本地土话演出，不期获得成功，人们称之“马隘土戏”。因马隘调多用衬词“呀哈嗨”，故人们又称“呀哈戏”。清咸丰五年（1855 年），黄现炯曾率戏班到天保县汉龙乡汉亭村（今德保县东关乡汉龙村）演出，又带动当地黄念初等人组建“汉亭土戏班”。清光绪三年（1877 年）到附近田东县江城乡演出，并传授技艺，促成了黄锡文等人组建“江城富贵班”，清光绪二十六年（1900 年），戏班又到天保县爱和村演出并传授技艺，又促成韦文章等人组建“爱和土戏班。”该班演出的剧目有《七贤卷》《何地》《麻疯女》《一木值千金》《龙凤粽》等。

·靖西足院土戏班·

南路壮剧戏班。清光绪十一年（1885 年）组建于靖西县化垌足院屯。创始人为韦公现、李瓜迭（原为木偶戏师傅），成员有 20 余人。在演出中，该班充分借鉴与吸收靖西木偶戏唱腔和过场音乐，用本地壮语进行演唱，唱做分开。因其唱腔多以衬词“呀哈嗨”收腔，故又名“呀哈戏班”。清宣统三年（1911 年）传至第二代戏师农寿山、韦爷欢、李大新。民国十年至二十年间（1921—1931），该班经常到天保县燕垌乡，以及靖西县新兴、岳圩、泗明乡等地演出。民国三十七年（1948 年）传至第三代戏师李世朝时，已做到唱做合一进行表演。1956 年传到第四代戏师李建成，仍坚持如此演出。该班历年上演的剧目有《瑞娘盗令》《四姐下凡》《白蛇传》《三侠明珠宝剑》等。

·那坡那桑庆华班·

北路壮剧土戏班。清咸丰三年（1853 年）组建于镇边县（今那坡县）城厢镇那桑村。当年村人黄家兴在南宁、桂林应试期间，为戏曲所迷，他边看边学，久而久之终学到了家，返乡后他出卖了一块祖田，加上本村人乐于捐助，他便组织演出了“哎依呀”土戏，建起了“那桑和平戏班”，自此代代相传。至第三代戏师农善国、黄安义时改称“那桑庆华班”。全班有成员 20 余人。之后演出曾一度中断。1955—1978 年，该班已传至第五代，1979 年更名为“那桑业余壮剧团”，除在本地演出外，还经常赴云南富宁壮族村寨去演出。历年演出的剧目有《辕门斩子》《打刀救母》《夜审郭槐》《八仙闹海》等 40 余个传统壮剧。

·凌云泗城业余剧团·

1954年，在凌云县文化馆负责人李传基、馆员黎爱昌的协作和指导下，组建成立泗城业余调子戏剧团。1954—1955年由李树芳任团长，劳继合任副团长，劳振家为编导。1956—1958年由唐远明任团长，周朝坚任副团长。全团演员最多时达50多人，是20世纪50年代凌乐县演出水平较高、活动较正常的一支业余文艺队伍。1954年，该团第一次在县体育场上演大型民间传统剧《梁山伯与祝英台》，连演3场，观众达万余人次。1955年初，参加全县文艺观摩会演，演出调子戏《三堂会审》，获表演二等奖。同年8月，参加凌乐县业余文艺会演，调子戏《梁山伯与祝英台》获优秀节目奖；10月，由文化馆黎爱昌带队参加百色专区及桂西壮族自治区群众业余民间观摩会演，唐远明自编自演的壮族民歌独唱《情比天还净》获一等奖，由郑秋梅创作、岑董玲演唱的《荷花》获二等奖。1956年春，泗城剧团《西厢记》调子戏参加凌乐县民间业余剧团文艺会演，获优秀节目二等奖。该团排演的《姐妹采花》调子戏，参加百色专区业余文艺会演获优秀节目奖。1957年，凌乐县举办规模较大的群众业余文艺会演，由该团劳振家编剧，唐远明、罗秀清主演的《水仙花》《龙女与汉鹏》《十二月花》均获优秀节目奖。1958年“大跃进”时期，剧团被扣上所谓“劳动避难所”罪名，剧团被迫停止活动。1978年获得恢复，并先后上演《西村五姐》《蒙以尤和黄氏以》《三分银》等自编剧目。1982年，由唐远明创作的壮话快板《独个孙子好》和民歌独唱《步步跟党走》参加全县业余文艺会演分别获得优秀节目一、二等奖。进入20世纪80年代，演员老化，部分老艺人先后逝世，1985年因无人组织辅导而停止活动。

·凌云伶兴业余剧团·

凌云县伶站乡解放初期建立调子戏班，1966年被停演。1975年组建伶兴业余调子戏团，原戏班吴英雄任团长，演员由罗国珍、卢忠仁、谭胜利、邱伍、邱正会等原戏班热心老艺人和部分男女青年组成。逢年过节为群众搭台唱戏，排演《打刀救母》《烈女会夫》《大闹杨家庄》等20多个民间传统调子戏，除在当地演出外，还先后到县城、百色、龙川、田林等地演出，多次参加县里举办的业余文艺会演和调演。1980—1986年，当地老艺人在伶兴村部举办夜校戏剧培训班若干期，课时共计10个月，旨在把传统戏剧艺术传给年轻人，得到乡人民政府、文化站的支持。农闲时传授，参与者前后有300多人次，学成者50人。1980—1993年，每年春节，剧团在当地或应邀外出演出达200多场（次）。

·凌云新寨业余文艺队·

凌云县逻楼镇新寨屯蓝靛瑶业余文艺队于1979年建立。1980年，参加镇业余文艺会演，《龙凤舞》《铜鼓舞》获表演一等奖。1981年，参加县文化馆举办的业余文艺调演，《丰收舞》《环圈舞》被评为优秀节目。1982年，由文化站带队，到沙里、东和、加尤、央八、堡上等地演出20多场，并参加县业余文艺会演，《龙凤舞》《丰收舞》获表演二等奖，《铜鼓舞》获演出三等奖。1983年，由县体委组织，代表县到百色参加百色地区第一届少数民族传统体育运动会表演比赛。1985年，参加广西首届"三月三"歌节，献演《龙凤舞》《丰收舞》《双铃舞》等节目。1986年，参加田林县首届"瑶族盘王节"，表演《龙凤舞》《铜鼓舞》《丰收舞》《环圈舞》，被各级报社、电台、电视台采访和录像播出。自建队至1993年，共演出68场。

·乐业逻沙唱灯班·

清光绪五年（1879年）创办，属松散的半职业组织。忙时务农，闲时从艺。设有总管1人、师傅1～2人，管理服装、道具、财物，平时物色演员，组织排练，联系演出和平时教戏等。中华人民共和国成立后，该戏班还办班排练节目，外出演出。除参加县文艺会演外，也应结婚人家的邀请前去演戏。1966—1976年，人员解散。1978年后，在县文化部门及乡文化站的组织下，恢复活动。

·田林同乐调子班·

民国二十九年（1940年）组建于田林县，是一个半职业戏班，班主为黄康心，总管简四，有成员21人。次年又招收8名少女随班艺徒。自此成为百色地区最红的彩调班子。该班除在本地演出外，还曾到贵州省板程、乃言、者香，以及云南省剥隘、者桑、金屯、广南等地演出。演出的剧目有《瞎子闹店》《孟良搬兵》《陈世美不认前妻》《包工审石头》《卖杂货》《娘送女》等彩调戏、桂剧和粤剧。民国三十六年（1947年）因班主汤炳病逝而解散。

·田林三乐彩调班·

民国七年（1918年）于田西县（今田林县）创办。由王启伯、覃士贵、覃士英等主持。前期成员有10多人，后期成员

有8人。戏班内设老生、老旦、文武生、花旦、瑶旦、丑生等。由柳州等地来的张穆远等4位师傅负责传授，定人扮演各个角色。也有人学多种角色并吹奏乐器。最初是借私人普通服装演戏。民国二十四年（1935年）成立田西县府后，在群众的迫切要求下，县府拨公款添置部分服装道具，但主要是靠演出时“打家官”乐捐所得逐步购置，不幸于民国三十七年（1948年）三乐街遭受火灾，服装一并被焚。每次演戏不计报酬。演出的大剧目有《凤凰记》《四姐下凡》《卖身葬父》《三娘教子》《白蛇传》《桃园失子》《浪子回头》等。该戏班正常活动到民国三十七年（1948年）止。

·田林平塘仁和班·

北路壮剧土戏班。清道光四年（1824年）建于田林县平塘村，由村人龙显康组织学演《定国珠》一戏而创立。至清光绪年间由第五代传师陆凤吟掌管时，每年春节期间除在本地演出外，还应邀至西林、隆林等县进行演出，演出的传统剧目有《卖水记》《仁宗不认母》《卖花记》《十二寡母》等。然民国年间该班演出活动不正常。1949年后始得复兴，编演了一批新剧目，培养了一批女演员，彻底改变了过去以男扮女之旧习惯。“文化大革命”期间改为文艺宣传队，演出短小歌舞节目。1980年恢复“仁和班”原名，全班演员30余人，常演的剧目有《二度梅》《董永卖身救父》《十五贯》《陈友章告老回乡》等。

·隆林壮剧团·

清嘉庆五年（1800年）创建，已有200多年的历史。19世纪中期，民间曾出现半职业性壮剧团。1949年，全县共有14个民间业余团队，28名艺人。主要在壮族聚居的村寨成立壮剧班和八音班，除在县内演出外，还到贵州邻县南盘江两岸一带演出，颇有影响。中华人民共和国成立后，壮剧有新的发展和提高，由传统演出（没有剧本，由班主临场题词）到有剧本、有导演，使古老的壮剧演出科学化、现代化。1995年，全县有民间壮剧团（班）36个，其中较大的有兴隆壮剧班22人、江管壮剧团28人、者浪壮剧团28人。

·西林卡麦苗族业余文艺队·

1985年9月在西林县组建，有队员24人，之前被县民委选派到云南省文山州学习苗文。排练和演出芦笙集体舞、芦笙双人舞、戏剧小品、苗语相声等。至2005年活动正常开展。

·西林石炮苗族业余文艺队·

1985 年 9 月由西林县石炮苗族村组建，有队员 21 人。利用工余进行学习和排练，每年演出 35 场，观众达 10000 余人 / 次。1987 年 10 月，自编自演小品《酒的自由》获演出二等奖。1990—1992 年，先后有中央电视台民族部、广西电视台文艺部、《广西日报》、《右江日报》等新闻媒体到石炮村，对该业余文艺队进行采访与报道。2005 年以前活动正常。

第三节 文艺活动

·活动与交流·

百色专区文联 1960 年成立后，主要是参加上级文联活动，配合上级文联开展一些必要的活动，鼓励各族文学爱好者创作，在《右江日报》等刊物发表。20 世纪 70 年代，展开文艺活动逐渐增多，组织各族文艺爱好者参加上级文艺展演，观摩、交流文艺活动情况。1972 年，创办《右江文艺》，引起社会各界关注，本地区发行很快超万册，最高发行量单期超 100 万册，百色地区文联设有《右江文艺》10 万元永久性创作基金。此基金为表彰有成绩的文艺工作者。同时，在《右江日报》上公布《右江文艺》基金奖励办法。1987—1989 年，百色市本土作家周广生、黄莺、姚茂勤、黄爽等 200 余人荣获该项奖。

20 世纪 80 年代后，百色市文艺创作活动比较活跃。结合节庆和重大历史事件纪念日，开展文艺展演活动。1985 年，组织美术家、摄影家到北京举办大型活动“右江流域民族风情美术摄影展览”。1992 年，为纪念毛泽东同志《在延安文艺座谈会上的讲话》发表 50 周年活动暨“保险杯”美术摄影展，百色市文联组织举办了“四教授速写展”“书画艺术展”“道路交通美术书法、摄影作品巡回展”活动，观众达 20000 人次。1993 年，为百色地区残联创作小品《自立商店》，该小品录像后上送北京参加全国残联录像文艺节目比赛，分别荣获创作奖、演出奖和辅导奖 3 个奖项。与此同时，该年还为百色地区中级人民法院创作、排练话剧《法官风骨》，后参加全区政法系统文艺汇演荣获一等奖。1995—2005 年，除了春节期间在百色人民公园举办“莫若莹画影回顾展”，还参加中国美协、广西美协、百色地区文化局

联合举办的为庆祝百色起义66周年“托起辉煌”美展，在北京展出80余幅优秀作品。此外，1997年举办了“红五月”迎香港回归书画展，展出作品200余幅，观众达30000余人次；2005年2月，举办了百色元宵“诗画家园”诗歌朗诵会等。

组织诗人开展诗歌创作活动。1995—1997年，组织百色地区诗联学会会员和本土诗人开展旧体诗词创作，并出版了2期《诗联报》和《群文园地》，收入新创作的旧体诗词310首。同时，还编辑出版了诗集《右江红浪》，收录作品共700首。此外，还收集、整理传统优秀民歌104首。并将其收录于《九子狂吟集》中，与此同时，1997年，组织百色本土诗人创作旧体诗170首，在广西《八桂诗词》和《右江日报》、《澄碧湖》文艺副刊上发表。百色诗联协会还组织有关人员撰写诗歌创作函授教材——《写诗歌的常用艺术表现手法》，并讲授30节课，指导函授学员创作诗歌14150首，在市诗联内刊《诗联报》上发表。2001年11月，荣获“广西文联先进单位”。

2001年11月，赴贵州黔西南州文联开展联谊活动。2002年9月，组织作者11人赴兴义参加滇黔桂西部文学座谈会。进一步组织落实中共百色地委的相关文件精神，督促德保、平果、靖西、乐业、凌云等县成立文联机构和进一步完善各县区文联工作三落实。先后在凌云、平果等县召开（百色文坛）组稿座谈会。

2004年10月，在百色召开诗歌创作研讨会暨“百粤坡”诗会，广西知名作家黄佩华、凡一平、黄承基、杨长勋、陈祖君等莅会指导，并为百色诗歌作者、右江民族师专师生作主场讲座，研讨会期间还成立了“百色诗歌学会”。

举行百色市首届签约创作活动。2003年6月23日，在百色市文联第一次代表大会闭幕前，举行百色市首届签约作家创作活动，姚茂勤、黄爽、钟锋、杨文嘉、陆毅、杨建伟、冯森、曾炳光、黄志元、许雪萍、罗皓予等签署了创作协议。

2004—2005年，由广东省文联专职副主席陈中秋率领广东省文联“珠江行”文艺采风团（25人）先后到百色市开展为期7天的文艺采风创作与交流活动，开启了广州文艺帮扶百色文艺创作活动的序幕。达成了广州市文联对百色市在文艺人才培养、项目合作、作品推介等多个方面的帮扶协议，同时，还为百色创作了2首歌——《我心中的歌》（黄碧功词，刘长安曲）、《广西百色你真美》（包以璐词，张金盛曲）。

2005 年 3 月，广州帮扶百色第一期文艺培训班在广州市委党校举行，百色市 12 个县（区）文联主席和市直文联机关、市文联各协会主席一行 30 人赴广州参加培训。

2007 年 7 月 21 日，邀请中国作协作家在百色市委小礼堂举行文学讲座会。中国作家协会《民族文学》杂志社原主编、中国少数民族作品研究中心主任特·赛音巴雅尔，中国作家协会《民族文学》杂志社编辑室主任齐丹和来自《小说选刊》《诗刊》《人民日报》的作家、编辑在座谈会上发言，并对部分作者的作品进行了点评。10 月 21 日，在百色学院举行全国名刊编辑、名作家百色文学讲座会，邀请《中华文学选刊》《作家》《花城》《诗歌月报》等区外名刊编辑、名作家、诗人、评论家到会开展讲座；11 月 12 日—18 日，组织举办广州文联帮扶百色第三期文艺培训班。以开班专题培训，到百色学院、右江民族医学院 2 所高校作专场报告会和深入县区具体指导等方式，对百色文艺进行帮扶。全市各县区文学、戏剧、舞蹈等文艺工作者和驻百色市区院校师生 200 余人参加培训。

2011 年，多次派员到西林、田阳、水利系统等县（系统）举办摄影培训班授课、普及摄影知识；与广西文学杂志社联合举办“重返故乡”采风创作、文学创作培训班，开展摄影书法献艺交流活动。4 月中旬，在百色举办笔会活动，来自区内外的知名作家、编辑及百色籍作者近 50 人参加了活动，经与会名作家、名编辑指点修改后推荐上送国家级、省级文学刊物作品 25 件；举办广州百色两市文艺协作摄影培训；5 月，率队参加广西首届作家节暨贺州采风创作活动；6 月上旬，与广州市文联共同举办为期 6 天的摄影培训活动，并深入到右江区及田林、隆林、西林等县（自治县）开展采风创作；7 月，组织各县区文联主席参加全区文联系统文艺家读书班；10 月中旬，与广西文学杂志社联合举办“重返故乡”采风创作、文学创作培训班，开展摄影书法献艺交流活动；市曲艺家协会组织会员参加广西文联、广西曲协组织的赴钦州采风活动，参加广西曲艺发展状况研讨会。11 月，织各县区文联主席到河池市开展采风创作、工作交流等活动；组织重点作者参加德保红枫旅游文化笔会；组织市文艺骨干及部分县区文联主席到广州参加广州市帮扶百色第七期

文艺培训班，观摩中国音乐金钟奖比赛活动，并与广州市文联部门进行学习交流；6人被广西作协、广西音协吸收为会员，重点作者、青年作家陶丽群参加2011年鲁迅文学院高级研讨班学习。

2013年，推荐黄微、罗南、梁颖武、潘小楼参加2013年鲁迅文学院少数民族文学创作培训班；推荐罗南参加《民族文学》多民族作家改稿班，农绍福参加第十一期广西青年文学讲习班，车海朋参加广西“80后”作家小说创作恳谈会；不定期举办《百色文艺》组稿培训会，文艺志愿者协会联合在田东县举办乡村艺术教师培训活动；面向田东县98名乡村艺术教师举办了为期10天的美术、音乐专项培训，采用讲座、公开示范、实践体验、后续结对帮扶等方式，为田东县各中小学专职艺术教师进行培训；争取中国摄影家协会“曙光课堂”项目落户右江区、靖西县、隆林各族自治县3所中小学，3所中小学获赠价值10万元的摄影器材及辅导书，成立了“摄影兴趣小组”，项目的落户有力提升了3所中小学生的美育教育；与广西文联联合举办广西音乐家采风创作培训活动，收集民间音乐素材，整理创作了一批极富百色地方特色的民族音乐作品；组织本市摄影文艺志愿者与广西摄协文艺志愿服务团深入到田东县、隆林各族自治县开展文艺志愿服务活动；组织市摄影协会会员深入百色学院、田东县、右江区举办讲座5次，听众达2000多人次；作家协会先后到乐业县、西林县、右江区等指导开展文学创作活动；美术家协会会员多次到靖西为农展画家授课。

2015年，在面向基层会员开展业务培训的同时，主动联系上级文联，积极推荐骨干会员参加高等级的文艺培训。分别在田东、田阳、隆林等县举办3期文学创作培训班，派出作家授课，对90余名县级作者、文学爱好者开展面对面创作指导培训，有效提高他们的写作水平，从中发现、培养了一批文学新人，并积极选送他们到国家级培训机构学习。一年来，陶丽群、蓝瑛、饶珍珠、农绍福、车海朋5位作家（作者）分别被选送到鲁迅文学院全国青年作家重点班、少数民族作家培训班、西南青年作家培训班等学习和深造，黄立平、王迅等戏曲骨干参加中国少数民族戏剧创作培训班、广西戏剧院“三区”人才戏曲培训班培训。

2016年，举办全市“千村万户文艺惠民工程”农村文艺骨干培训班。6月，聘请广西文艺家为县（市、区）文艺村、文艺户文艺骨干授课的同时，组织学员赴右江区永乐镇濑浩村现场观摩学习及进行文艺交流演出，提高基层文艺工作者的综合素质；举办全市书法创作提高班。邀请广西书法家协会常务副主席刘德宏老师及书法博士韦渊老师以文艺志愿者身份对百色市重点学员进行集中培训，带动、提高全市的书法群体辅导水平以及整体的书法创作水平；举办全市文联系统综合素质提升班。邀请相关领导、专家为市、县（市、区）文联机关干部授课，进一步贯彻落实《中共中央关于繁荣发展社会主义文艺的意见》，适应新常态，做好新时期文艺服务工作；组织市文艺家协会骨干深入基层采风创作、培训。组织音协骨干参加“美丽南方·广西”系列文艺精品创作活动；组织市级知名文艺家、县（区）文联主席、文艺骨干深入德保县开展专题采风创作活动；组织戏剧、曲艺骨干到右江区、田林县等的边远村屯为农村文艺团队授课；选送文艺骨干参加自治区级以上培训机构学习、赛事活动。选送西林县农民作者黄志伟、靖西籍作者赵永鸿参加鲁迅文学院少数民族作家培训班，组织书法、篆刻骨干30人参加广西文联举办的冲刺全国书法篆刻作品展培训班，组织文艺骨干20人分别参加广西文联举办的全区美术创作骨干提升班、广西地方小戏小品高级研修班、广西曲艺人才创演培训班，组织各县（市、区）文联主席参加全区文联系统文艺家读书班，组织会员参加中国摄影家协会副主席、第九届中国摄影金像奖获得者、第十届中国摄影金像奖评委雍和的纪实摄影讲座，推荐潘刚卡参加中国文联文艺志愿者一对一文艺培训活动等。

2017年，选送文联干部、文艺骨干参加自治区级以上培训机构学习。选送李小华、陆春安参加中国文联第11、第12期全国地县级文联负责人专题研修班，选派青年作者杨彩艳、廖远广参加鲁迅文学院少数民族文学创作培训班。选送王迅等5人参加“一带一路”广西戏剧人才提高班，黄立平、梁智精、韦超等8人参加广西青年曲艺骨干创演研修班，农正甫、李萍等人参加广西民协专题学习研讨班，谢碧章等50多名山歌手参加“广西山歌之乡”歌手提高班。

·作品发表·

2009年5月，隆林各族自治县作者赵素君与人合作的电影剧本《金画眉》完成拍摄，并在国内外发行，实现了百色市

作者首次与影视的“触电”；9月中旬，田林籍作者左绍忠著的长篇侦探小说《生死特工》公开出版发行，在不到2个月的时间里已2次印刷出版。

2011年，广西作协、音协6名会员创作的小说《漫山遍野的秋天》在国家级文学刊物《民族文学》发表，散文《夜色里，那些关于村庄的记忆》在《边疆文学》发表。

2013年，罗南、黄爽、潘小楼、马元忠、陶丽群、许雪萍、梁会平、饶珍珠等人先后在《民族文学》《广西文学》等省级、国家级文学刊物发表作品20多篇；靖西县推出散文集《流金岁月》，诗词集《风景这边独好》（赵继荣），长篇小说《南天霹雳》（蒙秀峰）、《生命的悲欢》（唐泽完）、《指点江山》（梁福昌）；隆林各族自治县推出《人与山河共妩媚》（田茂华）、《检旅之恋》（陆秀兰）、《风卷残云》（杨春寿、邵顺新）、《我在高原》（黄青山）、《大山情韵》（吴俸学）；那坡县推出报告文学专著《黑之灵》（英汉对照）。

2014年，50多名文艺爱好者加入市各类文艺协会，30人被广西作协、摄协、舞协、音协等上级协会吸收为会员，王政林、郭荣武获批加入中国书协。市重点作者马元忠、黄爽、陶丽群、潘小楼、车海朋、罗南、饶珍珠、黄微、黄诚专等人的作品先后在《民族文学》《小说选刊》《青年文学》《广州文艺》《广西文学》《南方文学》《草原》等刊物发表，陶丽群的散文《逆行时光》获广西青年文学年度奖，潘小楼的小说《秘密渡口》获第五届广西文艺花山奖。黄志伟、岑斌、卢思雨、苏明周等近20名作者出版个人作品集。

2015年，短篇小说《柳姨的孤独》在《民族文学》2015年第1期发表，短篇小说系列《苏姗女士的初恋》《夜行人咖啡馆》《走影》在《广西文学》2015年第3期发表，散文《逆行时光》获广西青年文学奖。散文《一头是龙洞一头是逻楼》在《民族文学》2015年第4期发表，散文《从这里到那里》在《作家》2015年第8期发表，散文《豁口》在《广西文学》2015年第9期发表，散文《奔向那地》在《广西文学》2015年第10期发表，散文集《穿过圩场》入选中国作家协会2015年度少数民族文学重点作品扶持项目。短篇小说《像飞碟一样晃悠》在《文学界》2015年第3期发表，短篇小说《七月》在《作品》2015年第6期发表，短篇小说《被导演的人》在《广西文学》2015年第

10 期发表。

2016 年，吕嵩崧、陶丽群、罗南、车海朋、蒙政伟、谢家敏等一批文艺人才脱颖而出。一批作品在《人民文学》《民族文学》《小说选刊》《广西文学》《青年作家》等有影响的刊物上刊发。吕嵩崧著的《桂西高山汉话研究》（中国社会科学出版社出版）、黄龄著的《跨境中的边界：中越跨境民族文化比较研究》（人民出版社出版）引起广泛关注；蒙政伟的书法作品入选第八届中国书坛新人新作展；邓彬的《多情的土地》（国画）、谢家敏的《乍暖还寒》（国画）入选美丽南方·广西——中国美术作品展，何鸿延、邓玉恒 10 人的书法、篆刻、美术作品入选广西艺术作品展；田东唐皇《新村美》、壮话快板《芒果畅销到世界》，田阳壮话快板《娅皮与娅辽》，隆林八音坐唱《八音当酒敬亲人》《阿瓦的故事》入选首届广西曲艺展演。

2017 年，陶丽群的小说在国家级文学刊物《作品与争鸣》《小说选刊》等刊出，罗南的散文集《穿过圩场》入选 2015 年度全国少数民族重点扶持作品项目，并于 2017 年 6 月被广西师范大学出版社作为重点选题正式出版发行。

·评奖·

2008 年 3 月—5 月，市文联开展百色市首届“金绣球”优秀作品评奖活动；2009 年 2 月，组织开展“诗画百色”诗歌大赛和“唱响百色”原创歌曲电视展播，有 11 首优秀诗歌获奖，有 12 首原创歌曲被评为优秀作品奖；9 月中旬，田林籍作者左绍忠著的长篇侦探小说《生死特工》公开出版发行，在不到 2 个月的时间里已 2 次印刷出版；10 月中旬，百色市首部壮族原生态歌剧《壮锦》在第七届广西剧展中获桂花金奖，并获准参加第 11 届中国戏剧节展演，歌舞剧《谷魂》获第七届广西剧展桂花银奖；年内，报告文学《世纪丰碑》、诗集《河水倒流的声音》、文艺理论评论集《中国当代流行歌曲的文学阐释》、小说集《广西当代作家丛书·岑隆业卷》、小说集《一个夜晚》5 部作品获第三届广西文艺花山奖，中篇小说《回家的路亮堂堂》获第五届广西青年文学奖，戏剧《姐姐电话准时来》荣获中国戏剧文学奖小型剧三等奖，小小说《长满苞谷的山寨》荣获由《民族文学》和《人民文学》主办的象山杯“我与奥运”全国征文大赛小说类唯一的二等奖（一等奖空缺）。

2010 年，大型壮族歌剧《壮锦》获第

十三届文华优秀剧目奖；黄之林创作的小品《保安》、黄立平创作的小品《三袋杂粮》获第七届广西曲艺文学奖三等奖；何泓延、麦志等 21 人在广西首届“银嘉杯”书画摄影作品展中分别获书法作品、摄影等类的一、二、三等奖；田东县龙舟队在中国第二届民俗龙舟展演赛中获金奖。

2011 年，许雪萍的作品获广西青年文学奖作品奖，诗集《河水倒流的声音》荣获第六届壮族文学奖；黄兰芬等人创作的《凌云泗城壮族巫调》、大型壮族歌剧《壮锦》获得第六届广西文艺创作铜鼓奖；余执的《好心人》、欧阳惠月的《布柳河·神仙桥》荣获第二届壮文文学奖；陆如刚的《女儿的婚事》获第四届广西文艺花山奖；黄文勇的书法作品入选全国第十届书法篆刻国展；林肯、黎程学、李前峰、黄海峰等人的作品在自治区举办的庆祝中国共产党成立 90 周年书画摄影比赛中获优秀奖（美术类）；在“童心向党——广西第四届‘八桂画童’美术书法摄影大赛”中，百色市选送的作品中有 1 件获金奖，6 件获银奖，4 件获铜奖。

2013 年，田林县庞建锦的长篇小说《叶家老大是农民》荣获第七届壮族文学奖，吴鸿村的诗歌《命运》获“华夏情”全国诗歌散文大赛一等奖，陈道平的诗联在广西春联征集评选活动中荣获金奖；右江区的李向阳撰写的《人类文化学视野下的城市歌圩及流变——以百色城市歌圩为例》获广西群众理论优秀论文评奖活动一等奖，黄立平的论文《浅谈群众文艺创作人才的挖掘和培养——以小品创作为例》获三等奖；靖西县壮族末伦《壮锦梦》获第五届全国少数民族曲艺展演节目二等奖，末伦《请襄亥》荣获第七届广西音乐舞蹈比赛优秀奖；田东县作登农民金锣舞表演队获邀参加广西文联、广西电视台元宵晚会，“君升流派”参加了广西电视台春节晚会、元宵晚会的演出及中央电视台《争奇斗艳》栏目（获优秀奖）；田林县的《瑶族铜鼓舞》应邀到北京人民大会堂参加全国鼓舞邀请赛表演，并荣获激情之鼓奖，闭克坚荣获第二届中华非物质文化遗产传承人薪传奖，黄志元创作的小品《政法委书记到我家》参加 2013 年广西“纠风惠民保民生”主题大赛荣获曲艺类一等奖；西林县的罗皓予创作的歌词《和谐幸福路》作品获第二届“放歌中华”全国大型音乐展评银奖；李永锋作品《神圣的跳弓节》和隆国锋作品《壮族“捡金”习俗》参加由联合国教科文组织和中国民俗摄影协会联合主办的第八届国际民俗摄影人类贡献奖大赛，两位作者的摄影作品双双荣获本届人类贡献奖中的节日文化类和传统礼仪类纪录奖；摄协会员李晋、李金龙、龚汉顺、黄招然在国家级刊物上发表摄影作品 23 幅，李晋的 20 幅摄影作品入编《美丽中国多彩大地——中国国家地质公园》；梁红卫作品《牵手七十五年，幸福一辈子》参加广西新闻奖（广播电视作品）新闻摄影类获三等奖。

2014 年，在第二届广西刘三姐民间文艺奖民间文艺评选活动中，百色市《布洛陀史诗》（壮汉英对照）、《靖西民间故事选编》、《靖西台阁艺术》、《右江壮族岑王庙会》、《靖西壮族八音》、《三余庙会》、《靖西绣球》7 件作品入选，获奖数量为全区之首；舞蹈《心琴》《暖》在全国首届优秀舞蹈作品展演中分别获得优秀奖和铜奖；在广西舞蹈演员比赛中，舞蹈《进城返乡》主演梁森、陆玉洁、常飚获表演一等奖，舞蹈杨柳枝、方菲获三等奖；舞蹈《心甜甜 · 米甜甜》获广西小戏小品曲艺及舞蹈电视比赛三等奖；《百色好人》《同心来圆中国梦》入选 2014 年广西文艺界大型联欢晚会；黄志元的曲艺作品《百色明天更美丽》获广西第二届多彩金秋文化活动周表演二等奖；德保的末伦《祈福谣》参加“思古幽情”广西首届乡土文艺展演活动获一等奖，舞蹈表演《红枫林秋韵》获三等奖；德保马骨胡乐队在北京举行的全国非物质文化遗产博览会上获得优秀展演奖；黎程学等 10 位农民画家的 50 件作品入围广西美术展览活动；百色市摄影家协会作为广西壮族自治区唯一的基层摄影协会代表，出席中国摄影家协会基层工作交流会并作典型发言；周信实的摄影作品《闹元宵》获第七届中国西南六省（区、市）摄影联展一等奖；肖发凌的《一线天》获“世外桃源 · 地母圣境”云南广南全国摄影大展铜奖，黄启学的《碧水青山》获优秀奖；韦从克的《雪中》、周信实的《龙腾欢舞》、韦海清的《抢花炮》、林斌的《黑黑的祝福》、孔兵的《农村集市》、李永康的《百年杜鹃映日红》、农承珍的《边寨早春》、岑西龙的《乐开花》、李琪春的《彝族摔跤》、杨建粟的《牧归》入选第七届广西摄影家协会会员精品展。

2015 年，小说《秘密渡口》获第五届广西文艺花山奖；罗皓予原创歌词《梦美中国》在“2015 放飞中国梦相聚在北京”全国大型音乐展演盛典中荣获作词金奖；

在广西音乐舞蹈比赛中，壮族女子群舞《裙兜蜜语》获创作二等奖、表演二等奖，瑶族男子群舞《猴鼓瑶人》获创作三等奖、表演三等奖，女子群舞《秀媚》获表演三等奖，歌曲《大梦故乡》《矮马之歌》获创作三等奖、演唱三等奖；小壮剧《一声鸡鸣》《灵燕戏虎》参加全国少数民族戏剧会演荣获优秀剧目奖、优秀演员奖、优秀编剧奖等多个奖项；小品《好人》参加广西第十七届“八桂群星奖”评奖活动并荣获银奖；小壮剧《承诺》、小品《边关情》、小品《借钱》入选第九届广西剧展小戏小品展演；黄玲、吕嵩崧的作品《文化遗产关键词：书法》在2015年第3期《民族艺术》刊出；论文《从群众喜闻乐见的节目中思考曲艺的发展》获广西群众文化理论优秀论文一等奖；韦从克、黄启学等8名会员加入中国摄影著作权协会，周信实被聘为该协会首席代表；《龙腾盛世》荣获中国大众摄影“感动典藏”摄影展三等奖；《东兰蚂蚜节》等获第9届国际民俗摄影人类贡献奖；《九龙瀑布》入选第二届中国园林摄影大展；《乡村趣味竞技活动》入选美国国家地理摄影大赛（中国赛区）；《奇花异果》入选首届中国蔬菜摄影大展；《大地礼物》《一个能与山水对弈的地方》入选寻找中国西部最美景观拍摄点展览；《吉祥三宝》荣获中国白马文化节摄影比赛金奖；《对歌》获中国摄影报“走进高原水乡——丘北联谊赛”三等奖；《古塔晨曦》《八角金顶》获“雪花纯生·中国古建筑摄影大赛古建·传承类”入围奖；《苗家娃娃》《风情万种苗家女》获“秀美融水·风情苗乡”全国摄影大展优秀奖；《瑶族孩童读书乐》获广西“八桂书香”摄影比赛一等奖；《休闲的慢生活村》获广西“富裕移民新生活”摄影大赛三等奖；黄绍春、莫立强、刘欧、谢佩霞等会员的8件作品入选第六届“美丽神奇的广西”摄影大赛；何泓延、梁朝钧等14人的书法作品及邓彬的国画、黄凤同的版画入选广西第三届艺术作品展，其中何泓延、邓彬的作品被评为优秀作品；林肯的油画《百色起义》参加“漓江画派”在中国美术馆展出；黄凤同的国画《瑶山秋色》获第九届全国交通运输职工书画巡展暨第三届广西交通运输职工书画展全国三等奖，国画《修通家乡路》获广西一等奖。

2017年，胡耀南的作品在广西高校廉政文化作品征集评选活动中获二等奖；杨华海、潘恺、黄文勇、韦灵忠、黄灵忠、周爱传、郭荣武、韦从克、周信实等36人的作品入选“迎十九大”——广西美术、书法摄影作品展；方寿忠、何耀平、胡耀南、黄福龙、黄会雯、黄金标、黄世强、梁文化、卢集东、农健、唐云龙、徐魁峰、张配配、周盛坤等的作品入选“园丁杯”广西教育系统第二届书法篆刻作品展（教工组）。

李永锋的摄影作品《壮族丧葬礼俗》获联合国教科文组织（UNESCO）、中国民俗摄影协会（CFPA）主办的第十届国际民俗摄影人类贡献奖（HPA2017）年赛文献奖；在第七届“美丽神奇的广西”摄影大赛中，冯凯的摄影作品《壮乡互通起晓》《云端看天路》《环湖公路骑行乐》分获一、二等奖及优秀奖，黄颖、施永洪等10多人的作品获优秀奖，任小婴、李宗鸿等20多人的作品入围。

黄吉超、农逵的作品参加中国—东盟博览会广西工艺雕刻作品展览并获奖，其中农逵作品获银奖，黄吉超作品获铜奖；农逵制作的石雕在第十八届中国工艺美术大师作品暨手工精品博览会上获百花杯中国工艺美术精品奖铜奖。

2016年，陶丽群创作的小说《母亲的岛》获第十一届全国少数民族文学创作骏马奖。周信实的摄影作品《饮酒》入选中国摄影家协会举办的中国彝族摄影大展。黄启学的摄影作品《苗家姐妹乐赶圩》入选中国西南六省（区、市）摄影作品展览。

2017年，陶丽群的小说《母亲的岛》、罗南的散文《穿过圩场》、市民族文化传承中心的群舞《裙兜蜜语》、罗兰和韦善明参与创作的小品《懒汉扶贫记》获第八届广西文艺创作铜鼓奖。杨彩艳的作品《我们的童年谣》、陶丽群的作品《赤红色的墙》分别获广西文学优秀小说奖、散文优秀奖。《在一起》《捻捻》《乡音》3个舞蹈作品分别获第九届广西音乐舞蹈比赛表演二等奖、创作二等奖和优秀创作奖。莫掩策作曲的歌曲《三月山歌顺水来》在广西“壮族三月三·八桂嘉年华”主题歌评选中获三等奖，梁洲利、廖海燕、廖美艳、黄淑贞、黄晓琼、杨静、梁玉梅等组合参加大地飞歌南宁赛区比赛获得冠军。

2018年，黄汉雄、陈万斌、黄晓汇获（首届）广西八桂文化艺术奖；陶丽群、韦志坚获广西文艺花山奖新人奖；百色市地方戏曲传习所的小壮剧《小事化了》和田林县壮剧保护传习中心的音乐壮剧《瑶

娘》入选第十届广西戏剧展演大型剧目展演，其中《瑶娘》获桂花铜奖；百色市民族文化传播中心创作、百色市地方戏曲传习所共同表演的《鹧鸪岭上鹧鸪啼》作为广西地方剧团的唯一代表作品，在第二届全国少数民族优秀声乐展演中获优秀演唱奖，并到北京参加汇报演出；农逵的作品《虎溪三笑》获全国“百花杯”铜奖；陈万斌在中国—东盟戏剧周戏曲比赛中获三等奖；杨文升获中国作协少数民族重点作品扶持项目扶持，杨彩艳获广西“文学桂军”新锐作家扶持项目扶持。陶丽群、马元忠、罗南等中青年文学作者的文学作品在《民族文学》《中国作家》《广西文学》等省级以上文学刊物发表。

·文化惠民活动·

2009年，分别开展田林壮剧艺术节、田阳布洛陀文化旅游节、凌云茶文化节、平果“壮乡天籁”歌圩音乐节、靖西县端午药市、全区“拔群杯”篮球邀请赛颁奖晚会、德保红枫旅游节等固定的大型节庆。既繁荣了民族文化，也提升了文化品牌的层次。

2007—2011年，市文联连续5年在春节前夕成功举办迎春诗歌大赛及朗诵会，为即将来临的新春佳节送上高雅的文艺大餐，得到社会各界的好评。2010年下半年起，牵头组织市摄影家及爱好者深入生活，用手中的相机记录新百色新农村建设，创造出一批真实反映新农村建设成果的佳作。2011年3月，“新百色·新农村”摄影比赛暨作品展在百色举行，取得了良好的社会效益。

2011年春节期间，多次组织书法家先后深入到田东县百谷红军村、隆林各族自治县德峨乡、乐业县甘田镇大坪村等地为群众义务书写春联3000多副，为基层群众送去了祝福和欢乐。协办百色市元宵节大型民俗文化游艺展演活动及摄影比赛，民俗游艺展演活动内容丰富、阵容宏大，亮相的国家级非物质文化遗产就有6个，如此隆重地集中展示国家级非物质文化遗产在百色尚属首次，吸引了区内外的300多名摄影爱好者。据统计，此次摄影比赛共收到作品2000件，为收集、记录本土民俗事象提供了很多珍贵资料。举办第六届广西音乐舞蹈比赛百色赛区预赛、初赛活动，活动期间共收到各类艺术作品100多件，其中有19个优秀节目入选第六届广西音乐舞蹈比赛总决赛，并在比赛中获得各类奖项23个。

2013年春节前夕，组织书法家、摄影

家协会会员近100人先后深入到田东县、田阳县、隆林各族自治县、凌云县等地为群众义务书写春联5000多副，现场拍摄制作全家福照片300多张，把关怀送到千家万户，为广大人民群众送去了祝福和欢乐；举办全市书法家年会、摄影嘉年华等活动，评选年会书法作品并举办作品展；在全市全面推进千村万户文艺惠民工程创建工作，班子领导多次组织协会文艺骨干深入各县（区），开展千村万户文艺惠民工程专项调研、指导工作，全市每个县（区）均有村、户获自治区命名的文艺村、文艺户称号。

2014年春节前夕，组织书法家、摄影家协会会员近100人先后深入到右江区、田阳县、凌云县等地，为群众义务书写春联、现场拍摄制作全家福照片，举办摄影嘉年华、猜灯谜、文艺演出等活动，为基层群众送去了祝福和欢乐。2014年，推进千村万户文艺惠民工程，通过举办文艺村文艺户辅导员培训活动、召开全市千村万户惠民工程推进会等，提高文艺村、文艺户辅导员队伍的政治思想素质及新形势下做好文艺惠民工作的能力，努力培养高素质的基层文艺辅导员队伍。百色市有12个文艺村、12户文艺户获广西文联命名，同年，又有12个文艺村获广西文联命名，36个文艺村获市级命名。在已获自治区、市一级命名的文艺村、文艺户的辐射影响作用下，各县（区）的文艺村、文艺户创建工作迈上新台阶，繁荣了农村文化事业，在百色市非物质文化遗产的保护与传承工作中发挥了重要的作用。

2015年6月30日，全区文联千村万户文艺惠民工程工作交流观摩会在百色市召开。市文联、田东县平马镇四平村作为全区千村万户文艺惠民工程工作的先进代表在会上作经验交流发言。会议期间，与会人员到田东县平马镇四平村、田阳县百育镇九合村观摩文艺村的文艺活动情况；由自治区文联命名的文艺村、文艺户有36个（户），百色市文联命名的12个。在已获命名的文艺村、文艺户的辐射影响作用下，全市千村万户文艺惠民工程迈上新台阶，繁荣了农村文化事业。因此，百色市的工作经验也在全区得到推广。

2016年，推进千村万户文艺惠民工程文艺村、文艺户创建工作。田东县广养村等24个村被命名为全区千村万户文艺惠民工程文艺村，甘桂朝等17户被命名为全区千村万户文艺惠民工程文艺户。右江区、田阳、田东等11个县（市、区）分别

被命名为“广西特色曲艺之乡”“广西山歌艺术之乡”等，获命名个数（16个）居全区首位。

2017年元旦、春节期间，组织“我们的中国梦”——万名文艺家送万“福”进万家系列文艺志愿服务活动，为群众义务书写春联、现场拍摄制作全家福照片，举办文艺演出，普及文艺知识，丰富基层群众的文化生活。5月11日，为百色市首个农民诗社——德保贝侬诗社揭牌，并向诗社赠送文学书籍一批。组织百色籍著名作家、广东省社会科学院文学研究所副研究员黄承基以及市、县两级作协骨干近20人到德保县农民诗人黄新闻的家中，与该县30多名农民诗歌爱好者面对面交流指导、修改作品。5月18日，到田东县思林镇坛乐村，为该县农民手机摄影学会揭牌，为村民讲授手机拍摄技巧。5月20日—26日，市作协、书协及西林县文联组织骨干到西林县那劳村农民文学社、木顶村农民书画协会指导农民文学创作、书法创作，进一步提高他们的创作水平。“5·23”中国文艺志愿者服务日前后，根据百色市文化需求、资源特点及文艺现状，整合全市文艺资源聚焦脱贫攻坚精心策划活动。在组织文艺志愿小分队深入边远山区、贫困一线村屯开展慰问演出、辅导、讲座等文艺志愿服务活动的同时，组织各县（市、区）文联广泛开展文艺志愿活动，以丰富多彩的内容、喜闻乐见的形式，为当地群众送上精彩的文化大餐，让其感受传统艺术的魅力。5月24日，到田阳县头塘镇新山村，向村文艺队赠送化妆品一批，与当地村民开展文艺联欢演出活动。6月1日，与市教育基金会到凌云县下甲乡念恩小学开展主题活动，与该校小朋友一起表演文艺节目，赠送一批爱心美食和学习生活用品。9—12月，成立调研组深入田林县、西林县、凌云县、平果县开展专题调研活动，为当地提高文联工作、提升文艺品牌把脉问诊。

·主题性活动·

2013年，依托重大主题文艺活动，大力弘扬时代主旋律。举办中国“温暖边疆”摄影作品巡展（广西站），展现祖国边疆地区，特别是新疆、西藏、云南、广西、辽宁、吉林、黑龙江、内蒙古、甘肃等省（区）的建设辉煌成就和人民群众积极向上的精神风貌；“五一”国际劳动节期间，举办百色首届书画奇石艺术精品展览，为广大市民送上一份丰富的文艺盛宴；国庆期间，举办书法、美术、篆刻比赛及展览活动，展出近两年来新创精品200多件；协助举办小平廉政风范文化展；举办“红色印迹”图片展，再现百色起义和右江革命根据地斗争的壮丽画卷，隆重纪念百色起义84周年；协助举办百色市捐资助学文艺晚会，营造全市捐资助学良好的社会氛围。

2014年，协助举办纪念百色起义——缅怀世纪伟人广州、深圳图片展和小平的足迹——“漓江画派”走进百色美术作品等在全市开展的纪念邓小平110周年诞辰系列活动；开展“中国梦”主题文艺创作“农民心中的中国梦”采风创作活动，组织文艺骨干对中国“最美基层干部”吴天来进行采访，从多方面描述“最美基层干部”吴天来的“农民心中的中国梦”；组织开展百色文艺边关行大型采风创作活动，通过组织文艺家深入边境县靖西、那坡采风创作，以多种艺术形式展现近几年来百色市实施全区“兴边富民”大会战取得的成果；举行2014年广西曲艺采风创作笔会活动，挖掘百色民间丰厚的民族曲艺资源；承办第五届园博园书画摄影作品展，为广大市民送上一份丰富的文艺盛宴；指导、协助各县（区）分别开展了右江区“中国梦——右江端午诗会”、田林壮剧艺术节、田阳布洛陀文化旅游节、凌云茶文化节、靖西县端午药市、德保红枫旅游节等固定的大型节庆，既繁荣了民族文化，也提升了文化品牌的层次。

·文艺志愿服务·

2014年3月，成立百色市文艺志愿者协会，同时，启动全市文艺志愿者服务活动。市、县两级文联组织充分发挥工作优势，积极挖掘和整合各艺术门类优秀人才资源，依托各县（区）文联、市直各文艺家协会、各行业文联等单位，将知名文艺家、中青年文艺工作者和文艺爱好者作为开展文艺志愿服务的主体力量；根据不同区域、不同群体的文化艺术需求，结合志愿者的专长，组织开展多层次的文艺惠民服务。摄影家、作家、书法家、音乐舞蹈家、民间文艺工作者等门类的文艺志愿者深入基层开展“送欢乐、下基层”的服务活动，做好慰问演出、展览展示、专业培训、辅导讲座等志愿活动，为基层人民群众送欢乐、送温暖。据不完全统计，全市共组织开展文艺志愿服务活动120多场（次），参加人数达4000人次，受益人数达250000人次；组织市、县两级文艺志愿者协会以不同门类的文艺志愿者服务团队为基本队伍，开展慰问演出、文艺

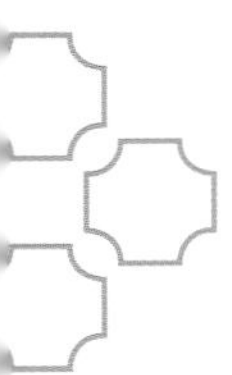

培训、文艺支教、基层慰问、展览、展示等文艺志愿服务活动；在“中国文艺志愿者服务日”前后，组织开展“到人民中去”一系列文艺志愿服务主题活动，使广大人民群众真正受益、受惠；春节前夕，组织市、县两级书法家、摄影家协会会员近1000人深入全市基层、边防连队等地，为群众义务书写春联、现场拍摄制作全家福照片，举办摄影嘉年华、猜灯谜、文艺演出等活动，为基层群众送去祝福和欢乐；作协多次为县（区）及乡村文学爱好者进行面对面的点评指导；组织音乐骨干参加“美丽南方·广西”主题系列歌曲采风团，到平果、田东、田阳、德保、靖西等县（市）开展音乐采风创作活动；指导“文艺名家凌云行”大型文学采风活动举行；全市广大文艺志愿者深入边境、农村、社区、厂矿等共举办展览近40场，讲座、培训、采风、笔会90多次，文艺表演、曲艺讲座和演出60余场，免费赠送书籍、光盘、画册近万册，惠及群众25万多人次。那坡县文联主席李永锋被评为全国“到人民中去”文艺志愿服务活动表现突出的文艺志愿者。

2016年春节前夕，先后组织市文艺家协会会员、书法家、摄影家协会会员近1000人深入全市基层、边防连队、厂矿等，为群众义务书写春联、现场拍摄制作全家福照片，举办摄影嘉年华、猜灯谜、文艺演出、农民画展等，丰富基层群众的文化生活；“5·23”中国文艺志愿者服务日、“12·5”世界志愿者日前后，组织开展“到人民中去”一系列文艺志愿服务主题活动，使广大人民群众真正受益、受惠；组织市摄影家协会骨干到田阳、右江区、凌云、隆林等地开展摄影技术培训，邀请浙江省摄影家杜剑辉副教授来百色开讲风光摄影课，为边远山村群众拍摄制作全家福照片；举办南部三县组稿会，隆林、西林、乐业、田阳《百色文艺》改稿会，激发基层作者的创作热情，提高其写作水平；组织书法骨干到百色八一希望小学等中小学及那坡县、西林县等地授课；组织专家到靖西市为农民画作者授课。

2017年4月，启动“1+2”文艺帮扶项目，整合市、县两级文艺人才资源，组织100名文艺志愿者以“1+2”的形式对以文艺村、文艺户为主的乡村有潜质的文艺骨干或文艺社团进行有针对性的辅导，不断完善“送、帮、建”的帮扶模式；全市150多名乡村文艺骨干快速成长，成为当地文化活动的“领头羊”，并在县（市、区）文化活动、赛事中崭露头角，甚至走上更大的舞台。隆林各族自治县农村文艺户梁智精在辅导老师的指导下完成的壮族八音坐唱节目《借鸡》修改汉语版唱词获专家肯定，其作品作为优秀曲目受邀参加在四川遂宁市举办的第二届中国西部优秀曲艺展演，成为广西参加这次国家级展演活动的3个节目之一；靖西市黄金亮、农明芳等10人的农民画入选百色市“喜迎十九大　描绘新百色”美术作品展；田东县平马镇四平村等村文艺队组织近50人在2017百色·田东芒果文化活动月“百姓大舞台”演出；隆林各族自治县、田林县的30多名文艺村骨干参加县壮剧展演、主题文化活动及街道文艺展演活动；德保县农民诗人黄新闻、西林县那劳农民文学社黄志伟等人的作品在《百色文艺》《右江日报》《百色早报》等刊出。田东县那拔镇六洲村等9个村被命名为广西文联千村万户文艺惠民工程文艺村，陆益等10个家庭被命名为广西文联千村万户文艺惠民工程文艺户。

2017年，启动传统艺术进校园活动，弘扬优秀传统文化艺术。5—12月，贯彻落实中央《关于实施中华优秀传统文化传承发展工程的意见》，组织开展传统戏曲演出进校园，戏曲、篆刻艺术欣赏讲座进课堂，读国学诵经典等弘扬优秀传统文化活动。市曲协、剧协组织骨干到平果县、乐业县等开展戏曲演出进校园、戏曲知识进课堂等内容丰富的传统戏曲进校园活动达60人次；百色印社文艺志愿者到百色实验小学举办中国篆刻艺术欣赏讲座；市摄影家协会骨干到市六中曙光课堂为师生上精彩的摄影艺术欣赏课；影视家协会的主播、记者走进靖西市、平果县校园与学生互动，丰富校园生活。

2018年元旦、春节、“5·23”中国文艺志愿者服务日活动前后，开展“文艺助推精准扶贫”文艺下乡活动。春节前夕，组织市书协、美协、摄协120多人到右江区、靖西市、田林县、隆林各族自治县、乐业县开展精准扶贫书画下乡活动、迎新春送春联等活动5次，现场为群众赠送春联、书法作品、绘画作品5000余份。“5·23”中国文艺志愿者服务日活动前后，组织文艺志愿者组成27支文艺志愿小分队进军营入村屯开展文艺志愿服务活动，先后到那坡县边防部队、田林县利周乡和平村、靖西市龙邦镇、乐业县同乐镇武称村等地开展活动，形成全市一体、覆盖广泛、上下联动的文艺志愿服务格局。

与广西文联联合举办千村万户文艺惠民工程——庆祝改革开放40周年及自治区成立60周年暨百色市文艺村、文艺户展演活动。9月20日，举办广西首届“中国农民丰收节”百色“新三农”摄影展，展现百色农业形象、乡村美丽风景、农民美好生活。9月26日—29日，第三届全国曲艺理论学术研讨会、2018年广西中青年文艺骨干（曲艺理论学术）高级研修班在百色举行，来自全国曲艺界、教育界和宣传文化部门的专家学者60余人参加了研讨会，全区50多位中青年文艺骨干和市剧协、市曲协的25名骨干参加了学习。10月15日，广西青年作家创作会议在南宁举行，百色市组织青年文学代表团参加会议。在此次会议上，还举行了“文学桂军”新锐作家项目签约仪式，百色市青年作者杨彩艳榜上有名。11月21日，举办庆祝改革开放40周年、自治区成立60周年、百色起义89周年“卢奇、子清联合书画展”，展出的书画精品通过中介拍卖，拍卖所得善款将捐赠给百色教育基金会。12月10日，举办百色市庆祝改革开放40周年暨广西壮族自治区成立60周年摄影作品展，讲述百色老区的历史变迁，描绘新百色建设的美丽画卷。12月17日，来自各县（市、区）的12支文艺村、文艺户代表队在百色森林广场为广大市民送上一台乡土气息浓郁的文艺演出，展示百色市千村万户文艺惠民工程建设工作成果，展现农村新面貌；举办系列主题书画、摄影作品展。协助开展广西2018年乡村学校少年宫艺术辅导员培训计划百色项目点的培训活动，通过精准文艺培训，提升乡村文艺老师、少年宫辅导员的艺术水平和素养，积极助推全市乡村学校少年宫艺术教育工作。10月中旬至12月下旬，来自全市12个县（市、区）的近500名乡村文艺老师、少年宫辅导员参加了培训活动。

第四章　群众文化传承发展

中华人民共和国成立之前，群众文化活动由民间社团自发组织开展，处于无组织、无次序状态。

清道光年间，百色城镇艺人组成业余戏班，演出“广腔戏”。清宣统二年（1910年），广州新康年粤剧班来百色演出粤剧，深受群众喜爱，广为流传。

民国后，相继有颂康年、别有天、醒环球、铜雀台、大逸乐等“广班”前来演出，服装新艳、有西乐伴奏的朱剑秋、花弄影戏班更是誉满全城。民国二十一年（1932年）后，本地民间艺人相继组织音乐社、丽梨社、娱乐社等业余粤剧团，在城镇轮流上演传统粤剧。抗日战争期间，百色各学校进步师生为了宣传抗日救亡，组织歌咏队和话剧团，在校内和街上演唱抗战歌曲，公演《三江好》《中华民族的子孙》《风雨归舟》《杏花春雨下江南》《雷雨》等进步话剧。由农民自发组织的业余剧团，演出传统剧壮剧、粤剧、师公戏等；舞蹈以采茶舞等喜庆类舞蹈为主，多在节日进行。百色乡村群众历来有对唱山歌的习俗，在每年的农历二至三月间举行，形成歌圩，遍布右江沿岸各县。

中华人民共和国成立后，各地文化活动内容丰富多彩、形式多样、范围宽广。由于唱山歌的习俗延续传播，壮族歌圩遍布各地，1990年，百色市（县级市）有歌圩53个、靖西55个、德保33个。传统节日，各地演出壮剧、粤剧、师公戏等。

百色是少数民族地区，居住着壮、汉、苗、瑶、彝、仡佬、回等民族，各少数民族共同创造了灿烂多姿的文化，有着自己独特的民族文化传统，各民族的歌舞、戏曲流传不衰。2010年后，为贯彻落实自治区人民政府关于建设“和谐文化”的指示精神，百色市积极推动群众文化工作的开展，对全市开展“和谐文化在基层——千团万场”作出了详细的安排和部署，制定了工作方案和实施细则，落实责任，由市群众艺术馆、各县（区）文化馆负责实施指导，以各市直单位、各县（区）、各乡（镇）、各村屯业余文艺团队为基础，组织开展形式多样、内容丰富、群众喜闻乐见的群众文化演出活动，形成了“周周演”“月月比”“季季赛”“年年奖”的群众大文化活动氛围。

第一节 节庆文化活动

在长期的历史发展进程中，每个民族都形成了自己独特的传统文化和民族节日。在百色，各民族的传统文化有各自的文化形式：壮族的文化形式有山歌、抛绣球、民间舞蹈、壮剧、师公戏、粤剧等，苗族有跳坡节，彝族有火把节，仡佬族有拜树节，瑶族有盘王节，汉族有唱灯戏，等等。民族节日中，各民族人民在纪念祖先、欢庆丰收、开展社交中，都要开展丰富多彩的民族传统文化活动。

中华人民共和国成立后，在民族节日中开展的传统文化活动得到政府的支持。歌圩是壮族地区在特定的时间和地点举行的活动，又是壮族青年男女群体开展社交活动的场所，通过唱歌来交朋结友，欢会情人，寻求配偶。歌圩以唱歌为主，随着历史的发展，活动内容不断变化和丰富。人们在歌唱的同时，还以多种方式进行社交，开展多姿多彩的游艺文体娱乐活动，是节日性、群众性、自娱性的民族文化活动的集中表现。1976 年后，恢复歌圩活动，每逢农历二至三月间举行，群众盛装从四面八方赶来参加，连续几天热闹非常。白天，业余剧团演出文艺节目；晚上，男女青年分帮结伙，在屋边、路旁、山头对唱山歌，为分胜负甚至通宵达旦。对歌除保留传统的爱情、生活等内容外，还增加了歌颂党的富民政策和劳动致富等新内容。1983 年，自治区在首府南宁举办第一次“壮族三月三”歌节活动。1983 年，自治区人民政府作出决定，将每年农历三月初三定为壮族的歌节。歌圩活动风行壮族地区。政府提倡举办节庆文化活动的举措使传统文化活动得到传承发展。1984 年，自治区又在南宁举办规模盛大的“壮族三月三”歌节。1985 年，壮族歌圩兴起。境内歌圩有 230 多个点，百色市（县级市）曾有 70 多个，塘兴、阳圩、布林、汪甸、大楞、泮水等大歌圩，每个点参加活动人数为 5000 ～ 15000 人，小歌圩活动的参加人数也有 1000 人以上。平果县山心歌圩达 3 万人。2010 年后，歌圩活动有新发展，由政府多部门承办的民族节目规模大增，涉及经济活动等方面。田阳敢壮山祭祖布洛陀节日，是集祭祖、唱山歌、商品交易、旅游于一体的盛会，每年有 1.5 万人次参加活动。

· 传统节日活动 ·

春节

各地的春节活动稍有不同。总的来说是文化习俗活动丰富多彩，全市各县（市、区）均举办文化习俗活动。农历腊月二十六至二十八杀年猪。大年三十当天，各家包糯米粽粑，乡村各户普遍贴春联。除夕夜家家团聚守岁，长辈给孩童压岁钱，至零时，家家燃放鞭炮、烟花，迎接新年到来。各家各户除夕夜香火不熄灭，寓意家里的火气延年相传，以前是烧柴火、木炭，现在则是点蜡烛、香火。除夕夜守岁到五更或天明。吃完年夜饭不得洗碗。初一早起，有的结伴而行，朝当年大吉大利的方向出游。长辈给儿孙发红包。除夕夜不收祭品，农历正月初一早增添肉类、糖类、果类和粽粑、糍粑等祭品。有的除夕夜饭前，全家男女老少到祭桌前坐下或跪下，并手持燃烧的香，由家中老人领念祖传的祭词，内容是歌颂祖德、保佑平安、五谷丰登、丁财两旺等。过节期间不讲不吉利的话，不骂人打人。农历正月初二，已出嫁的女子携夫带子回娘家拜年。各地农村，邀请

百色部分地区群众喜迎新春活动场景（百色市文化广电体育和旅游局 提供）

文艺业余团队到本村演出，节目有壮剧、木偶戏、舞春牛、舞鸿鹄等，形式多样；组织舞龙、舞狮队，逐家逐户去拜年；组织各种体育活动，有篮球赛、抢花炮、抛绣球等。凌云县的壮、汉、瑶族春节期间举行山歌对唱、抛绣球、提猪头、水上抢活鸭、踢鸡毛毽子等系列文化活动。每年春节至元宵期间，田林、隆林等地乡村搭台唱戏，欢庆新春。戏台一般是搭在集市平地，每次演戏少则3天6场，由当地和附近的业余壮剧团演出壮剧。观众很踊跃，有的从偏僻村落翻山越岭来观看。平果市城区及新安、太平、果化、坡造等部分乡镇的群众聚集文化公园，开展各种丰富多彩的文化娱乐活动，有大型游园、文艺演出、嘹歌比赛、广场舞表演、焰火晚会等。田东县除夕黄昏时分，户户泼新水，荡污除旧，称“辞旧年”；村头屯尾三岔路口，人们插香火，抛旧铜钱，嘀咕招六畜之魂；晚上，人们煮柚子叶水沐浴隔晦，以图新年吉利。

元宵节

农历正月十五，百色市各县（市、区）各族均有过元宵的活动，只是有些区别。一般是农历正月十五前一天包粽子或做糯米馍、米粉、米花糖，正月十五当天杀鸡、宰鸭，有的祭祖，晚间家庭聚餐。娱乐活动有唱戏、舞狮、采茶、下棋等。正月十五至二十，分别轮流走亲戚，各村日期参差，以便交叉往来。因此，从正月初一至二十，各村镇自成歌圩，男女青年到山林、田野、树旁、村边、圩镇对唱山歌。中华人民共和国成立后，各乡村多在元宵节前后举行山歌、球类、棋类比赛。

群狮贺元宵（百色市田阳区文化馆　提供）

“壮族三月三”

简称“三月三”，是百色地区壮族祭祀祖先的传统节日。每年农历二月初一至初三是壮族祭扫新坟的时间，农历二月中旬至谷雨时节则是扫墓祭祖。其间，家家户户都会带上五色糯米饭、烧肉、鸡鱼等佳肴前往祭祖。百色地区壮族在这期间举行歌圩，所以又称歌圩节。

百色群众举办“壮族三月三”歌圩（百色市文化广电体育和旅游局　提供）

清明节

百色各族都过，主要是城镇。除祭祀亲人外，清明节这天，机关工作人员、企事业单位员工、学校师生、群众、驻地官兵等，都有组织地到百色起义纪念碑、各地烈士陵园扫墓，在纪念碑前举行缅怀先烈的活动。靖西市、那坡县的烈士陵园埋葬着数千名在1979年对越自卫反击作战中为国捐躯的英烈，人们来到这里祭扫，在墓前，摆祭品、烧冥纸，表哀思；还有拉大横幅标语，举行宣誓仪式，歌颂祖国、歌唱解放军等，表达爱国情怀和对烈士的怀念之情。部分县的烈士陵园也有类似活动。

壮族岑王庙会

每年农历三月初六至初九举行，历史溯至元朝。庙会祭祀集桂西土司各历史时期的重要人物事迹于一身的“英雄神”，桂西壮族历史上的“岑王”。民间流传着大量关于岑王诸神的故事和传说。庙会活动遍布壮族村屯，大的庙会在右江区、田阳区的部分乡镇，每年农历三月初六至初九必会举行一次。岑王庙会是壮族地区一项有重要价值的非物质文化遗产项目。庙会活动展示民间手工艺，开展艺术表演，对传承传统表演艺术形式、保护民间文化具有重要作用。

农历四月初八

此日牛不使耕，不能打牛，要烧香祭拜水牛，用糯米饭喂牛。此月正值雨季来临，家家做汤圆，还杀鸡到田头供神，叫“拜当”，此日有“百卉皆可食”之说，老人或民间医生当天都上山采药。

端午节

农历五月初五，作为中华民族传统节日，也是百色各族的传统节日，各地庆祝程度不同。家家户户包牛角粽、三角粽、茅芒粽。农村家家把艾叶插在房门前，门口挂菖蒲，还在房屋四周遍撒雄黄，喝雄黄酒；在柱头用雄黄水写上“五月初五”等字，有些地方还在小孩额头写“王”字，借以防邪和驱虫蚊，祛邪治病。城区内举行龙舟比赛。右江端午赛龙舟是百色市区最具人气的民间传统活动。从 20 纪 80 年代起，右江区每年都在农历五月初三至初五举办端午龙舟赛，这也是右江区能够在全国蝉联“全国游泳之乡”的一个重要因素。2007 年开始，右江端午龙舟赛首度移师大码头三江口，并由右江区委、区人民政府主办。随着活动内容的整合，活动改称为百色右江端午龙舟文化节，由百色市委、市人民政府主办，右江区委、区人民政府承办，活动突

百色右江端午龙舟文化节活动（百色市文化广电体育和旅游局　提供）

出了“百色市”和“右江河”。经过多年的品牌打造，百色右江端午龙舟文化节已成为百色市地标性的文化旅游品牌、对外宣传的重要窗口。百色市区、靖西市区晚上有放灯的习俗。

牛魂节

每年农历六月初六，多地壮族群众都会举办的牛魂节，已经延续100多年。当天，人们举行祭拜活动，祈求风调雨顺、国泰民安。还有以农历六月初六为庆丰节的习俗，各地农村都过。这天家家做米粉庆五谷丰登，有些地方翻箱柜里的衣服晒太阳，据说，此日晒衣服，虫不蛀。

农历七月初七

各地群众都过。传说当日天仙在水之源头洗澡，仙气使水清澈圣洁，所以当日凌晨人人争着挑水放在坛罐，一年放一点，据说水不变质也不臭。

农历七月十四

中元节，各地群众大多在农历七月十四过节，是个较隆重的节日，仅次于春节。有过一天的，有过三天的，也有些过五天的，右江区龙川乡汉族从农历七月初一算起至农历七月十六结束。尽管各地时间长短不一，但正式过节多在七月十四当天。传说七月十四是祖先回家的日子，所以初一便开始烧香等候祖先，在厅堂摆祭品供祖宗。农历七月十二至十六是最热闹的几天，家家户户做芭蕉叶包的馍馍，用五色纸做衣、裤、鞋、金元宝、银元宝等冥品供奉厅堂，这几天内各户烧香并插到门外及村路口，泼撒饭菜祭祀神灵。

中秋节

农历八月十五，各地群众自己做月饼或者买月饼，用月饼和水果供祖宗，还馈送亲友月饼。入夜，全家老少团聚赏月，露天设案，摆上月饼、柚子、芋头、瓜子之类的食物供月；城里扎编兔、鸟、鱼、莲花、马、坦克、飞机、导弹等模型的花灯，由儿童拉到户外，集中玩乐、巡游，非常壮观，同时，还放孔明灯。青年男女欢聚，弹琴唱歌，品茶嚼饼，通宵达旦。有些妇女深夜在竹竿上插大柚子，在柚子上密插点燃的香（称求子香）。靖西市的许多乡村，在那几天还组织请月姑活动，老、中、青女性集中在请月姑的地方，邀请月姑下凡唱山歌，俗称“请囊亥”。

重阳节

农历九月初九，城镇乡村部分地方过，以老年人为主，一些老人登山游览风景。有些包粽粑，一般不聚食。

十月丰收节

农历十月初举行，壮族农村大多数地区过，家家蒸卷粉、做油炸糍粑。用即将成熟的可食糯穗连续炒熟，再用石臼舂多次，脱出其糠壳，即成“吼母”（壮语音译，形容扁形颗粒软香糯米），经舂9次而成，是一道味香可口的糯米干软食品，以此来庆贺五谷丰登。

“丰收节”上群众欢快地庆贺丰收（蓝庆侃 摄）

2022年百色市右江区庆祝“中国农民丰收节”活动表演（蓝庆侃 摄）

冬至

二十四节气中的第二十二个，每年12月21日—23日。各族各地有些区别。汉族有“冬至大过年”之说，富家杀猪庆祝，还喜包大粽奉献祖先，一般人家晚餐吃得较丰盛。

小年夜

农历腊月二十三，百色市各县（市、区）均有过小年夜的传统，那坡县尤为隆重，人们采艾草和着糯米饭（粉）做糍粑。早上煮红蛋给小孩吃。

·各县（市、区）节日文化活动·

右江区

制作麽乜　右江壮族地区在端午时节，制作用于祈福、除邪秽等的饰物，以艾叶、菖蒲、苍术等为芯，缝制吉祥图案成布包挂球状香囊。

壮家麽乜（百色市文化广电体育和旅游局　提供）

阳圩山歌节　右江区阳圩山歌节，起源于清乾隆年间，至今已有200多年的历史。每年的农历三月十五，右江区都在阳圩镇举办阳圩山歌节，正是基于阳圩镇这一深厚的民族底蕴，从2007年起，右江区委、区人民政府将阳圩歌圩列入右江区重点保护、传承和开发的民族传统文化项目，截至2012年，已经连续举办了6届，成为右江流域源头地区壮族同胞的节日盛会。

田阳区

百色市布洛陀民俗文化旅游节　布洛陀民俗文化旅游节始于2004年，后数次举办。由百色市人民政府、广西壮学学会主办，田阳区人民政府承办。通过举办布洛陀民俗文化旅游节，传承民族精神，保护民族文化遗产。布洛陀民俗文化旅游节主要活动内容有文化旅游节开幕式、“布洛陀之夜”文艺晚会、布洛陀祭祀大典、布洛陀文化与学术研讨会、文化旅游业项目推介会、布洛陀山歌比赛、狮王争霸赛、歌圩体育运动会和

壮族始祖布洛陀祭祀大典活动现场（百色市文化广电体育和旅游局 提供）

旅游商贸活动等，参加活动人数为1万～1.5万人。

春晓岩歌圩 每年农历三月初七、初八、初九举行。春晓岩，位于田阳区百育镇六联村那贯屯后背山上，离城区约6公里。据说，以前附近村屯有一对青年男女酷爱山歌，经常对唱山歌到大半夜，久而久之，彼此情投意合，订下百年之好。双方父母认为对歌定终身伤风败俗，极力反对这门亲事。那对男女于农历三月初八夜晚登上春晓岩，对了一阵山歌后携手跳崖。为了纪念这对青年男女，每年农历三月初七、初八、初九，附近男女青年成群结队上春晓岩对唱山歌，春晓岩歌圩由此形成。春晓岩歌圩持续3天，其中第二天人数最多，故有“初七人初聚，初八人满山，初九人渐散”之说。山歌对唱形式多样，有小组对小组、个人对个人的，也有一人对数人的。对完山歌，男女双方你送我一双鞋子，我送你一条毛巾。20世纪80年代，每逢农历三月初七至初九，成千上万的男女从四面八方涌向春晓岩，山下停放着上百辆机动车和上万辆自行车，小摊点数不胜数。第三天，年轻人有的唱起流行歌曲，有的伴随收音机跳舞，有的举照相机拍摄，有的在树下弹吉他，有的登高远望，欣赏右江盆地的秀丽风光。

桥业歌圩 每年农历三月十七举行，传统歌圩日。桥业歌圩位于桥业乡人民政府所在地，规模大，赶圩人数多，是百色地区较大的壮族歌圩之一。来自田阳区、德保县、右江区共13个乡镇的男女老少，3万多人，穿着新衣服，成群结队，从四面八方进入圩场，一路歌声不断。从下午7时左右开始，群众性的自发对歌到处摆开战场，他们通宵达旦对唱到次日下午4—5时才各自散去。桥业歌圩以唱德保县山歌为主，其次唱县内古美山歌，歌词内容广泛。有些青年男女通过唱山歌，建立恋爱关系，寻找侣伴。桥业歌圩历史悠久，民国三十三年（1944年）以前，原有驮架圩（今大架村），每年农历三月十八为圩诞日。驮架与桥业两圩互相竞争，桥业圩日渐繁荣，驮架歌圩销声匿迹。“文化大革命”期间被禁锢。1978年中共十一届三中全会后得到恢复。1981年后，桥业乡人民政府对桥业歌圩采取积极引导的方针，歌圩活动得以顺利开展。《广西日报》、广西电视台都先后报道过该歌圩的消息。

田东县

百色—田东芒果文化节 1996年首次在田东举办。由自治区商务厅、自治区农业农村厅、百色市人民政府主办，百色市商务局、百色市农业农村局、田东县人民政府等单位承办，每年芒果成熟季节在“中国芒果之乡”田东县举行。主要活动有芒果文化节大型文艺晚会、芒果产业论坛、芒果交易、芒果品尝、地方美食展示等。

芒果文化节活动现场 （百色市文化广电体育和旅游局 提供）

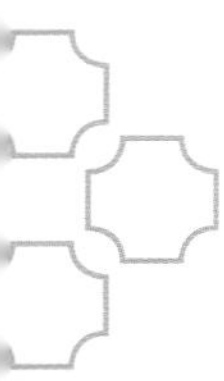

仰岩嘹歌节 每年的农历二月十九举行。据史料记载，仰岩嘹歌节是一个具有270多年历史的民俗文化节日。相传明弘治年间及以后，每年的农历二月十九，神秘的思林仰岩里就传出悠扬动听的歌声。人们根据“嘹”音和主要传唱地，把这种歌曲称之为“嘹歌”。从此，在思林仰岩就形成了一个传统的歌圩，使得嘹歌迅速流行。歌圩当日，邻近四乡的亲友、游人纷纷涌到仰岩，祭拜歌仙，对唱嘹歌，以歌传情，流传持久，形成仰岩嘹歌节。

岭南商旅福神祭祀大典 祥周镇每年农历三月二十八，在祥周镇祥周村都举行中国田东·岭南商旅福神祭祀大典。2012年的祭祀大典分为恭请福神、舞龙娱神、游街等。穿着传统服装的旗手、骑马手、护卫在爆竹声中缓缓地抬出福神金像到主会场，来自福建、湖南、广东、浙江等地的商会代表和田东县各乡镇商会的代表及广西其他地区商会的代表向福神敬献花篮、烤猪等祭品，烧香跪拜，祈求福神庇佑。祭祀活动时，护卫和道士抬着福神巡游接受各辖区善男信女的祭拜。路上家家户户点燃鞭炮、舞龙舞狮。

朔良镇百灵歌圩 每年农历三月初三后的第一个圩日定为歌圩日。歌圩吸引田东县、平果市和河池市的巴马瑶族自治县、大化瑶族自治县的众多歌手，他们以歌会友，结缘聚福。山歌一般以“贝侬喂喂”起头，七字一句，有情歌、苦歌、古歌、农事歌、花歌、盘歌等，歌词有韵，能唱，易记，赋、比、兴的艺术手法极为丰富。未婚青年在歌圩上自由表达心声，以歌传情、以歌为媒，唱到情真意切时，便互抛绣球或赠送礼物，建立恋爱关系，喜结良缘。

义圩镇七里彩调文化节 义圩镇福旺村彩调戏班是七里彩调的代表戏班，有着100多年的历史。2012年，义圩镇七里彩调文化节吸引来自田东、田阳、凤山等7县的山歌手聚集演唱彩调。同时，举行特产七里香猪选秀及走秀比赛，重操旧纺纱机、织布机以及犁耙等农耕农具，展示绣花鞋、绣花枕套、门帐帘头等民间手工艺品，还有花样繁多的打陀螺比赛以及当地香鸭及五色糯米饭、油馍馍、沙糕等各种民间作坊小吃。

江城镇牛魂节 上百年来，当地的老百姓在每年农历六月初六都会举办牛魂节，举行祭拜活动，祈求风调雨顺、国泰民安。2012年，牛魂节吸引了来自大新、天等、德保等地的山歌手同台竞技。牛魂节举行招牛魂、祭田魂、拜八仙等祈灵福传统活动。

那拔镇七夕情人节 2012年，棋盘滩七夕情人节活动在棋盘滩景区开展，主要内容有漂针乞巧、穿针验巧、刺绣竞巧、纺纱赛巧、纳鞋比巧、织衣秀巧、弈棋争巧、捉鱼斗巧、套鸭示巧、抛球演巧、爱人珍巧、赛舟显巧等内容丰富、形式多样的乞巧、赛巧活动。该节是由传统的那拔壮族歌圩演化而来的。

田东棋盘滩上的文艺表演（百色市文化广电体育和旅游局　提供）

唐皇文化节 唐皇在田东县民间流行已有400多年的历史，是一种坐唱形式的民间说唱，在林逢镇几乎人人会唱唐皇。每年到农历的十月初十，人们在家打糍粑、包粽子、唱唐皇，以这种方式庆祝当年的丰收以及祈求来年五谷丰登。

平果市

平果歌圩 农历正月初七是果化镇山营村山心歌圩节。这天，平果果化、马头、新安、太平、坡造、旧城等部分乡镇歌手以及田东县思林镇歌手汇集山心街，举办丰富多彩的群众文化活动，有嘹歌比赛、文艺演出、舞龙舞狮等。农历二月十九是太平、玻琍歌圩节。这天，平果太平、马头、新安、果化、坡造、旧城、海城等部分乡（镇）的群众以及田东县思林镇的歌手齐聚歌圩欢度一年一度的歌节。有文艺演出、山歌擂台赛、楹联比赛、篮球赛、象棋赛、拔河比赛等。农历三月十五是太平镇耶圩歌圩节。这天，太平、马头、坡造、新安、果化、旧城、海城、同老等部分乡镇的群众从四面八方云集歌圩对歌，举办嘹歌比赛、文艺演出等

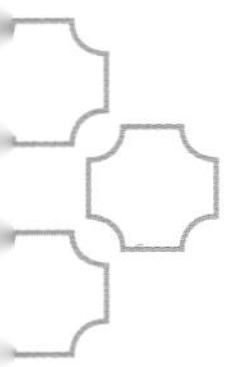

活动。

壮乡天籁·歌圩音乐节 从2007年开始在平果举办，至2011年已经连续举办5届。它以到平果赶歌圩、唱嘹歌、听音乐为宗旨，从首届起，其活动一直坚持4个版块：一是音乐盛典（包括主题音乐、原生态音乐、时尚音乐）。二是歌圩活动（包括歌王赛事、日常歌圩）。三是歌圩文化论坛。四是旅游经贸活动。

欢乐朋友节 欢乐朋友节是平果市特有的一个地方节日。每年农历五月十三，平果人民都会呼朋唤友，欢聚一堂，共叙友情，经过时代演变，成为当地独具特色的民间民俗欢乐节庆。如今的欢乐朋友节，不仅是展现平果人民热情好客形象的窗口，更成为平果与社会各界朋友加深友谊、共谋发展的纽带。

德保县

初七“人日” 俗称“人日”，同大年初一一样供祖，没有禁忌，拜天地、祖先、父母。乡村延续春节进行舞狮、舞龙、斗鸡、赛棋等活动；县城除舞龙、舞狮外，还唱采茶戏、游台阁。1985年又增加舞象项目。县城和各乡镇人民政府所在地举行文艺演出，以及篮球、山歌比赛等。

投绣球比赛 流行于巴头乡一带，今全县有部分乡镇举行。民国十九年（1930年）多敬乡开始这项活动。投绣球活动多在歌圩日或春节期间举行。投前，先在一块指定地上竖一根约10米高的木杆，木杆顶端镶上一个直径为70厘米左右的圆圈，圈的两边各悬当地最俏俊的少女亲手做的一只布鞋。绣球圆形，重0.1～0.2千克。比赛时，男女分开，人数相等，每次一男一女为对手赛，投者手持绣球飘带，旋转绣球，摇到作用力平衡时，对准杆上圆圈投去，穿圈而过为胜者，赠以圈杆上的布鞋。败则送女队与鞋子价值相等的手帕、毛巾等物。

台阁 县城和兴旺街春节开展此项活动（兴旺歌圩节也开展活动），相传100多年前从广东传入。台阁游架，用两根钢条曲折成，又能保持一定重心的架，镶接在托举者坐着的木桶内。用小孩扮成剧中的人物，有许仙借伞、铁弓缘等。许仙借伞造型为许仙坐在“船”上，白娘子坐在“骨架”顶端，用袍服遮没坐垫，假肢露在外面，由抬着罗伞和金扇子者跟抬游者随行。铁弓缘则一个扮成武士坐在弓上，“骨架”顶端坐着白娘子。1987年春节，县城举行台阁许仙借伞增添白娘子散花。2012年，百色市举行端午节民族文化展示活动，德保县派出台阁方队参加游街展示。

德保红枫旅游节 德保境内遍布枫林，风景优美，每年12月是观赏红叶的最佳季节，2010年起，德保县每年都举办“红枫旅游节”，吸引了大量的游客到德保观光旅游。

靖西市

正月晦日 正月最后一天为农村“米马节”（壮语），家家采白头翁、艾草（壮语“诺马”“夏节”）和做糯米糍粑。旧时还以鱼虾祭畜栏，意为收鸡鸭魂。

端午药市 靖西端午药市始于唐宋，盛于明清，有千年历史，是靖西独特的民族医药习俗。清《归顺直隶州志》记载：“五月初五日，家家悬艾虎挂蒲剑，饮雄黄酒，以避疠疫。”据习俗可知端午时节的草药根叶肥茂药力大、疗效好。据说这天游药市，饱吸百药气，可以不生病或少生病。当日，远近村寨和周边那坡、德保、大新等县及云南富宁县等地的草医药农以及稍懂一方一药的群众纷纷将自采的各种中草药（含药用动物、矿石等）拿到集市出售，年复一年以至成俗。近年来，每年都有数万名群众参与药市，入市交易的药材种类多达1000多种，成交量超过400吨，药材主要有灵芝、鸡血藤、田七、岩黄连、何首乌、金银花、麝香、蛤蚧、硫黄等。

靖西壮族端午药市活动（靖西市文化体育广电和旅游局 提供）

浴佛节 农历四月初八，城区居民以糯米做成汤圆，壮语称“米劳”节，相传此日食后明目，故有“四月八，米劳抓，不吃光眼瞎”之说。现仍沿此习。

霜降节 以二十四节气中的霜降作

盛大的一年一度跳弓节活动场面（百色市文化广电体育和旅游局 提供）

为节日，庆贺粮食登场。城区群众做小粽粑，谓之迎霜粽，乡村群众则做糯米糍粑，谓之洗镰。糍粑除自家食外，还馈送亲友。中华人民共和国成立后，城区此习已少，农村仍沿此习。

冬至节 以二十四节气中的冬至作为节日，群众在农事闲隙，选定此日作小节日，城乡群众多做糯米汤圆。今部分群众仍沿此习。

送灶神 农历腊月二十三为送灶神节，城乡居民家家杀鸡祭拜。今部分群众仍沿此习。

那坡县

补年节 农历二月初十、十一两天举行，彝语音译为“麻龙头”。流行于那坡县彝族，是彝族的一个传统节日，彝家宰牛、杀猪、杀鸭、杀鸡庆贺。

跳弓节 那坡县彝族村寨最为隆重的节日活动。每年农历四月初十举行。跳弓活动：各家各户蒸糯米饭、熬制苞谷酒，男女老少穿戴节日盛装，欢聚于村寨中央的一块平地上，宰鸡杀猪，举行祭祀，并跳《五芦舞》《铜鼓舞》《二胡舞》《扇子舞》《盾牌舞》《铜仙舞》等舞蹈来叙述古代先民作战归来的情景，以及祈求风调雨顺、五谷丰登的美好意愿。那坡彝族跳弓节已被列入自治区、市、县级非物质文化遗产代表性项目名录。

祈雨节 每年农历三月二十四至二十六举行，是那坡县彝族的重大节日。活动期间，彝族群众穿着节日盛装，家家蒸有五色糯米饭，招待来参加求雨仪式的客人。全寨备有1头牛、1条狗、1头猪、1只鸡作为求雨的祭品。宰牛前先在寨子周围各处路口堆放一些生树枝，宰牛后将牛血撒在树枝上或者路口，意在驱邪消灾，也提示过路客人今天是彝族的节日，共同求雨。参加求雨仪式的客人围成一个大圈圈，随着阵阵的铜鼓声，挽手踏着铜鼓的节奏跳起求雨舞。那坡彝族祈雨节已被列入自治区、市、县级非物质文化遗产代表性项目名录。

花炮节　农历五月初五举行，是那坡龙合乡龙合街世代相传的民间庙会。由原来的以纪念石马大王、祭祀神灵为主逐步发展成集纪念、祭祀、文艺、传统体育、民间杂技、饮食、商贸为一体的民族节日。此节已被列入自治区、市、县级非物质文化遗产代表性项目名录。

闹会　流行于那坡县，农历三月下旬逢街日即为闹会。这天家家户户像过年一样，蒸五色糯米饭，煮红蛋，杀鸡杀鸭，款待远近前来赶热闹的亲友。圩场人流如潮，熙熙攘攘，各种商品琳琅满目，老年人赶闹会，属为散心，儿童则去买玩具吃零食。青年男女是闹会的主要角色，他们谈情说爱，互诉相思，互赠礼物，散会后各邀意中人到家做客。党的十一届三中全会后，闹会成为宣传党的方针政策、法律知识，歌唱新社会生活的场所。

凌云县

“抢头鸭”活动　正月初五举行，源于正月初五的旧说“财神生日”。《古禾杂识》记载：“初四日午后接灶，至夜则

争先恐后“抢头鸭”（百色市文化广电体育和旅游局　提供）

接路头，大家小户门前各悬灯二盏，中堂陈设水果、粉团、鱼肉等物，并有路头饭、路头汤，鄙俚之至。”“路头”即民间所说的“五路财神”，凌云壮族主要以稻作为生，派生而出的养鸭业也很流行，把水乡养鸭业与民俗传统文化体育竞技活动有机结合，是地方百姓聪明才智的体现。据地方民间传承及史料记载，凌云县泗城古府百姓以开财门、“抢头鸭”作为传统求财的吉兆意念，以求来年财源茂盛，谁抢到“头鸭”，谁就获头彩，说明来年财源滚滚，求财之源如河水一样顺顺利利，于是老人们就在“财神生日”正月初五这天，择良辰把鸭子放到河里让各家各户的儿孙们去抢，谁家抢到“头鸭”谁家就福气临门，同时，也检阅着各家年轻人的健康体魄。谁家的小伙子抢到“头鸭”，谁就获得姑娘的爱。农历正月初五“财神生日”水上“抢头鸭”活动从清朝时期流行传承至今。

茶文化节　每年4月22日左右举行，为了依托资源优势，充分挖掘凌云县优秀的历史文化，提高凌云白毫茶的知名度，县委、县人民政府每一年都要在4月22日左右，举行各种大型的茶事活动，推介凌云白毫茶，打造茶乡文化。先后举办了“万人品茶大会”、“广西第一茶街”开街篝火晚会、“春茶擂台赛”、开山祭茶、欢乐乡村行等大型活动。每年节庆活动期间举行大型文艺晚会。以本土民族文化资源为素材，以地方民俗茶文化为亮点，展示凌云壮、汉、瑶等民族的生产、生活、劳动、风俗、娱乐等民族风情。

“吼喊”歌圩节　农历三月初八举行。凌云朝里壮族“吼喊”歌圩中的“吼喊”一词是壮语音译，意为“进岩洞”，源于当地壮族民众在举行歌圩之前常常要到岩洞中进行祭祀的习俗。相传宋朝年间，岑将军随从狄青平定广源州蛮王有功，官府在朝里乡六作村那巴屯建岑将军庙以记其功。此后，每年农历三月初八，各族群众都来岑将军庙祭拜。由于农历三月初八还没有月亮，拜完庙回家路很难走，大家便商定再加一个8天，农历三月十六晚上就有月亮，好走夜路，于是庙会改期为农历三月十六，赶庙会的男女青年人数剧增，成千上万的男女青年在朝里那巴河沿岸举行山歌对唱、壮剧展演等活动。后来，庙会逐步演变成以歌传史、以歌交友、以歌传情的歌圩，歌圩举办地从最初的那巴村传承举办到朝里乡沿青龙河谷各村屯联合甚至全乡举办，人员从最初的一屯数户人家参加发展到成千上万的民众参与，参加的族群从最初的壮族发展到壮族、瑶族、汉族群众一起参加，在众多壮族歌圩中尤具特色。

牛王节 沙里牛王节是凌云县沙里瑶族乡各民族群众的民间传统节庆活动，活动的主要内容有祭牛王、母牛选美、公牛争霸、牛王牛后合影、山歌对唱等。一是祭牛王。民间老人到牛王庙念“牛经”，年轻牛哥草妹给牛王祭草，群众上香许愿。二是母牛选美。对参赛的母牛进行公开、公正、公平的竞选，从牛的毛色、体态、走路姿势、四肢、牛角等多方面进行综合评价，获最高分的为牛后。三是公牛争霸。公牛争霸是“牛王节”的核心内容，牛主与养牛协会签订生死状，把公牛编号，由牛主随机抽签，进行淘汰赛，赛到最后的公牛为本届牛王。四是牛王牛后合影。本届的牛后成为本届牛王的配偶，牛王和牛后一起生活一年，待产下牛“太子”后才能回到各自的老家。五是山歌对唱，以牛传情。

乐业舞龙节的舞龙少年 （百色市文化广电体育和旅游局 提供）

送灶王节 农历腊月二十三，家家户户杀鸡、煮水圆或备糖果，有的下河捕鱼虾作为供品，供于灶前或祭神台的“东厨灶王神位”，鸣炮三响，说是送灶王回天庭汇报年成。送灶王后，即动土建新灶，修理屋舍，打扫卫生，准备过春节。

乐业县

舞龙节 乐业县甘田镇的文化习俗，经久不衰。该地历来就有壮族舞龙灯的习俗，沿袭至今形成了每年春节“寨必一龙”（有些寨有两条）的态势，2010 年春

节达到20条龙共舞，很是壮观。这个活动吸引了区内外众多媒体的镜头，甚至也吸引了外国宾客的参与。至2018年，甘田镇舞龙队连续2年参加百色市元宵民俗游艺展演和百色市农村业余文艺会演都获得了一等奖。

唱《薅草锣鼓》 中华人民共和国成立前，人们在地里耕作，通常是主人与别人换工。每天若有三四十人在一起耕作时，便由主人请会说唱《薅草锣鼓》的人在前面一边打锣鼓一边说唱，鼓舞劳动者精神振奋，为劳动者增添干劲。中华人民共和国成立后逐步失传。《薅草锣鼓》的唱词一般为七字句，顺口易唱。如：

清早天晴无云彩，薅草锣鼓唱起来。
今天我俩当鼓手，薅草大地摆歌台。
八鼓乐琴遍地排，不等人齐歌就来。
八鼓乐琴遍地拖，不等人齐就扬歌。
红旗插在山地上，脱了鞋袜下地来。
…………
锣鼓打得真热闹，大家做工莫潦草。
左右上下检查好，免得查出脸发烧。

八仙致贺 县内各民族群众每逢结婚都要请唢呐队来吹奏贺喜。少数老人去世也要吹唢呐哀悼，以寄托人们的哀思。中华人民共和国成立前，唢呐队一般为8人，即“八仙”。其中2人吹唢呐，2人吹长号，1人打鼓，1人敲钹，1人弹月琴，1人拉二胡（或敲渔鼓）。中华人民共和国成立后，多数为4人，2人吹唢呐及长号，击鼓、钹各1人，有的仅2人，仍沿称“八仙”。新婚喜事时男方去女方家接亲，需要唢呐队去“接”。接回男方家后，再吹1天半，叫“坐堂八仙”。如亲戚朋友抬猪等大的礼物来贺喜时，需请“贺客八仙”。当“贺客八仙”来到村旁，“坐堂八仙”要到屋外吹唢呐迎接。有时，“坐堂八仙”和“贺客八仙”比赛吹或边吹边唱。定输赢后，多数和气解散，少数“记恨在心”，以后寻机再比。唢呐调的内容多表现生活、风俗礼仪。他们边吹边唱（或念），唱词口语化。虽艺术性不高，但生活气息很浓，从中可窥见当地的风俗习惯。调子很多，汉、壮、瑶、苗等民族有不同的调子。

酒会 亦称“作夜言”“闹六明宴”。举行酒会、唱酒歌，是汉族地区结婚时盛行的一种庆贺新婚的活动。入夜，在新婚之家的厅堂上摆上两排一高一低的桌子。桌上摆满丰盛的菜肴，到大家吃得差不多时，再上糖果、饼干之类的食物。几支“万年灯”（像蜡烛一样的灯）明亮辉煌，正面坐着女方亲属（即送亲客），东面坐着本村老人和“红叶大人”（即媒人），西面坐着本地比较尊贵的客人，下首坐着从本寨或外寨请来的唱酒歌能手。等吃到半饱后，酒会即开始。内容主要有唱酒歌、背诵或即席赋诗、行绕口令及猜谜等。对不能对出或出不了“令”的，即罚喝酒。

讲花文　汉族老人去世后，主人家把棺材放在堂屋中间，请人手击鼓、锣、钹、木鱼，一边唱一边跳舞（俗称“串花”），人数为 10 人左右。舞后，接着讲花文。花文是一些顺口溜，是一种说唱艺术，其目的是逗乐。

百色乐业国际天坑旅游节　中国百色乐业国际天坑旅游节是由国家体育总局登山运动管理中心、百色市人民政府等主办的观光、旅游、探险活动。

2009 年 4 月举办首届，以后每年一届，为期 1 周左右，日期不定。旅游节吸引了来自瑞典、芬兰、德国、美国、法国、韩国等国家及国内数百名专业登山探险人员参与，游客可以在乐业县体验万人登山盛况。

乐业县地处中国广西大石山区，风光美丽而奇险，被誉为“世界天坑博物馆”和

摄影爱好者在拍摄神奇的大石围天坑（百色市文化广电体育和旅游局　提供）

“野生兰花园”，具有丰富的户外运动资源，乐业天坑群更是世界顶级探险旅游胜地，是登山者的最优选择。天坑旅游节期间，举行山地越野比赛、自行车比赛、攀岩比赛等户外赛事，还有乐业养生论坛、图文网络大赛、乐业县广场文化节等精彩活动。

田林县

抛锦包 流行于田林县蓝靛瑶村寨。每年的农历正月初二至十五期间举行。抛锦包的人约定聚集地点（或是树林中草地，或是山间垌场）。绣球由妇女备办，一般每人制作 4 个，大小如拳头，呈扁圆形或菱角形，内装玉米粒，用红、黄、蓝、绿等各色布片缀缝而成，每个角缀几条彩色飘带。男女双方每人两手握 2 个锦包，面对面排开。一声令下，各人同时将右手的锦包抛给对方，随即将左手的锦包换到右手中，以腾出左手接住对面抛来的锦包。如此一抛一换一接，循环往复，直到一方锦包落地，就算一个回合结束，再接下一回合。若男女青年看上对方，可单独邀约抛锦包或对唱山歌相互传情。

壮族祭瑶娘 每年农历正月二十五，田林县潞城瑶族乡弄光村弄光屯举办祭瑶娘活动。弄光屯虽为壮族聚居地，但当地人却一直将一位瑶族女子视为本村始祖，称“娅瑶”，建有祖亭，名为“亭娅瑶”。农历正月二十五这天，弄光屯的人们都要准备丰盛

瑶族抛锦包（百色市文化广电体育和旅游局 提供）

祭瑶娘活动（百色市文化广电体育和旅游局 提供）

的供品，到祖亭祭拜瑶娘，并举行一系列的文化娱乐活动，有舞狮子、打陀螺、抛锦包、抛毽子、山歌对唱等，晚上戴起刺竹笋叶面具，载歌载舞。该民俗活动吸引了附近的壮、瑶族群众前来共同参与。

盘王节 每年农历十月十六举行，又称为“做盘王”“祭盘古”等，是田林瑶族人民祭祀祖先的传统节日，也是瑶族最隆重的节日。节日期间，瑶族山寨歌声阵阵，无论男女老少都身着节日盛装，载歌载舞，热闹非凡。瑶族人民信奉盘王，把他视为本民族的开山始祖。当地民间传说古时候评王和高王打仗，久战不休。评王张榜悬赏，谁能打败高王并取回其首级，就给予重赏并许三公主为妻。瑶族始祖盘瓠勇敢应榜出战，打败高王并取得其首级，立了战功，评王即招盘瓠为驸马并封他为“南京会稽山十宝殿王”。盘王与三公主成亲后生下六男六女，传下瑶族十二姓。后来，盘王在打猎中不幸被羚触下山崖而死，其子女为了报仇，猎取羚后将其皮制成长鼓，击鼓歌舞以祭盘王。久而久之，便成为瑶族的传统节日。因此，每逢盘王节，瑶族人民都要盛装打扮，唱《盘王歌》，跳长鼓舞，娱神娱人。

隆林各族自治县

跳坡节 农历正月初二到十四，是隆林苗族的跳坡活动举办时间。苗族跳坡节有着悠久的历史，是苗族人民盛大的传统节日，不论民族，不分男女老少均可参加。苗族跳坡节具有浓郁的民族特色，是保存较完好的古老风俗，吸引了成千上万的旅游爱好者、各类艺术家来参与其中。德峨乡桥峨坡场是当地规模最大的坡场，2000 年，隆林各族自治县人民政府拨

跳坡节爬坡杆竞技（百色市文化广电体育和旅游局 提供）

款在桥峨坡场举办了首届隆林德峨苗族跳坡节。这个活动蕴含着深厚的民族文化，具有较高的娱乐价值、文化价值、经济价值，成为隆林各族自治县各民族的盛会。跳坡节也是西林县苗族最为隆重的传统节日，西林县普合乡新民屯从农历正月初四开始过节，持续 10 多天。爬坡杆是节日的中心内容，苗族群众围着坡场中竖起的一根高约 10 米的坡杆，随着笙歌翩翩起舞，为比赛助威喝彩。参赛者则一一展示其强健的体魄和过人的爬杆技巧，那些动作优美、在杆顶畅饮美酒、摘取红腰带和腊肉的小伙子是坡场上的英雄，赢得比赛的同时也赢得姑娘的芳心。坡场上，各族群众共同参与，苗族的芦笙、唢呐、口琴、快板，彝族的打磨秋、抱腰，仡佬族的八音齐奏，壮族的对歌等，无不表达了对丰收的喜悦、对幸福的向往和各民族间的深厚情谊。夜幕降临，人们意犹未尽，烧起熊熊的篝火，围着火堆尽情地唱歌跳舞。

隆林仡佬族尝新节仪式（百色市文化广电体育和旅游局 提供）

尝新节 每年农历八月十五，庄稼成熟即将收割时，仡佬族群众便选择一个日子进行“吃新”（也叫“尝新”），祭祀祖先，感谢祖先的恩德，保佑来年风调雨顺，这就是仡佬族的尝新节。因各村寨和姓氏的习惯不同，节日的时间各地并不一致，而德峨乡仡佬族的尝新节几乎都在农历八月十五这天举行。

仡佬族过尝新节有杀牛的习俗，节前大家筹钱买来黄牯牛一头，以供节日时祭祀用。杀牛的当天要吃一餐午饭，每户派一个代表，路远的每个寨子来三五人带牛肉回去，然后参加过节的户平均分牛心，分好后，由一个穿戴蓑衣斗笠的人爬上屋顶歌唱。那人高声唱道：

今年去，明年来，
冷的去，热的来，
饿的去，饱的来，
老天呀老天，祖宗呀祖宗！
保佑凡间的儿女吧！
让来年风调雨顺，
谷子扭成绳，
苞谷像牛角，
我们有吃又有穿。
我们怀念天上的老人，
我们怀念天上的老人。

此人唱毕，大家领回分到的牛肉，将牛肉割成小肉块，用小木棒串挂在火炕上熏烤半干留到过节时用。

尝新节这天，全寨男女老少都停止干活，人人穿上新衣服，高兴地去到田地里采“新”，不管是谁家的谷物都可以摘一点，大家并不见怪。采来“新”后，把原先烤的牛肉、牛心拌新瓜菜煮成一碗，装小半碗甜酒，事先已蒸好的香米饭和采“新”得到的米煮成的米饭各装一碗摆在神台下的四方桌祭祖。再选 3 穗最长最大的稻谷和 2 穗小米挂在灶堂上，以示丰收。祭祀完毕，人们开始尝新庆贺节日。

火把节　彝族火把节，一般在农历六月二十四至二十六这三天举行，是彝族重要的喜庆节日，如同汉族的春节一样，特别隆重，历史悠久。彝族人有句谚语：“火把节没有看错了的，彝族年没有过错了的。”过节的时间有时也略有提前或推后，这要

隆林彝族火把节（百色市文化广电体育和旅游局　提供）

由寨子里德高望重的长辈按照古老的计时历法来确定。它源于彝族先民对“火”的崇敬。隆林彝族每逢火把节日，由毕摩在祭祀的地方念经文然后杀牛，各家各户用青苦蒿沾上牛血插到自家的田中以防病虫害，然后分牛肉。煮牛肉前，先割一小块牛肉串在一根马桑树枝或苦蒿秆上烧焦然后插在香炉上敬祖宗。下午，全寨老少到山顶给布谷鸟送饭。随着社会的发展，火把节的内容也越来越丰富，具有了明显的社会活动性质，如围绕篝火唱歌跳舞，举行赛马、斗牛、摔跤、打磨秋等活动。

拜树节　农历八月十五是仡佬族的拜树节。相传仡佬族祖先从贵州迁徙到隆林时，因为没有地方放祖宗的灵位，只好在寨子旁的两棵青冈树上凿洞以安放祖宗的灵位。隆林的仡佬族将每年农历八月十五定为祭祀祖宗的节日。节日当天清早，各家各户准备米酒、肥猪肉、糯米饭、红纸、鞭炮、柴刀、锄头，先拜屋前屋后的果树而后拜远山的树木。祭拜时，由年长者持刀在前砍树木两刀，并问：“长不长?”众人答：“长。”年长者问：“高不高?”众人答：“高。”拜果树时问：“果子甜不甜?”“果子落不落?”最后，将一小团糯米饭和一块肉塞进刚砍的刀口处，并喷上一口酒，接着贴上一张红纸，表示来年树木长得高大，最后用锄头刮去树四周的杂草和枯枝败叶，培上新土。

隆林仡佬族拜树节 （百色市文化广电体育和旅游局　提供）

西林县

捶背节　农历七月十五及以后的一段时间内皆可举行。主要流行于西林县。壮族人家里杀鸡杀鸭，采来香茅草垫笼底，蒸新糯米饭。吃完新糯米饭后，青年男女主动聚集在一起，在月光下相互嬉戏。你踩我的脚我碰你的跟，你拍我一掌，我捶你一拳。如果男女双方互有爱慕之情，便会互相追逐出场外，到村头寨边吹木叶、说情话，播下爱情种子。当地的风俗是认为拍背表示求爱，男女双方拍背意味着情投意合。此后，如双方有意，第二、第三晚再来捶背，加深感情。节日期间，有的村寨还举行“审卜样”（壮语音译）游戏。活动前，男青年砍来竹子，破成篾条，编成一个小猪笼样式，然后交由手艺精巧的姑娘们用红、绿布缝裱，加鼻点眼，成为一个布娃娃。晚上，先由一个男子背布娃娃游寨一圈，其他青年跟来后，集中到一个场地上，进行捶背游戏活动，深夜方才散去。

送大脖子节 大年三十晚，壮族称“小年”“黄饭节”或“送大脖子节”。这天，妇女上山采集密蒙花来染制黄糯米饭，男人下河筑坝引水灌田，然后在水坝下游打鱼捞虾。当晚，全家合欢进餐，吃黄糯米饭。餐中，青年和小孩边吃边把一点饭菜装进一只空蛋壳内，饭后大家聚集于村头，三五成群来到河边，各自摸着自己的脖子喃道：“大脖快脱落，大脖丢下河，流到下游去，送给水妖婆……”喃完一齐把盛有饭菜的蛋壳扔到河中，然后各自拼命地跑回家，意为已送走“大脖子”，如谁落在后面就会生大脖子。中华人民共和国成立前，山区交通不便，盐价昂贵，山区人民吃盐困难，加上土质和水分缺碘，许多人得大脖子病（医学上称甲状腺肿大）。在缺乏科学知识的年代里，人们对大脖子病无从解释，认为是河中的水神作怪，因此每年都要来河边祭水神。中华人民共和国成立后，党和政府对大脖子病采取积极的防治，今大脖子病基本消灭，“送大脖子节”习俗渐少。

上梁仪式 起新房的一个特别仪式。西林壮族传统房屋为干栏式建筑，有三柱四瓜、四五瓜等几种类型。起新房时把排楼立起来后，选吉日良辰上梁。上梁时，杀鸡供摆，柱头贴对联，梁木涂上红颜料，中间挂1张筒式红布，内装1本黄历书，红布上写“上梁大吉”或“丁财两旺”等大字，红布两头各悬挂1根谷穗、1支棉纱、1串铜钱等。在鞭炮声中，众人一齐动手，用绳子将梁木吊上，当梁木装正后，屋主将1个糯米糍粑撕成四片，分别向东、西、南、北四向丢去，同时，选2位木工师傅各带一些小糍粑、谷种、棉种、铜钱，上柱顶从上往下撒，众人在下面争着用衣兜接住。此时，燃烧纸钱，鸣放鞭炮，在热闹中把梁架扣稳在柱上，上梁仪式即结束。

第二节 民间歌谣

·右江区·

卜牙调

起源于右江区龙川镇，是广西百色地区流传已久的民间曲目，也是百色市右江区龙川镇壮族民间流传下来的唯一的一种口头曲艺，主要流传于广西百色地区的右江区、凌云县，河池地区的巴马一带。“卜牙”，是壮语对老公公、老婆婆的俗称。卜牙调，顾名思义，是一种以一男一女两位老人对唱的形式展开的壮族山歌剧，是基于当地民歌而又带有舞台演唱形式的综合性的戏曲艺术，由当地民间艺人以本地壮族山歌作基调发展而成。其产生的准确年代是民国九年（1920 年），但是作为一种戏曲艺术来说，当时只是具备了雏形，直到民国十一年（1922 年），该曲种才正式形成，并且逐步向独立的舞台戏曲艺术发展，最后发展成为壮族山歌剧。卜牙调的创始人是凌云县泗城府人梁海波，他自幼即喜爱民间音乐。民国九年（1920 年），他与罗伯冀等 8 人一起到龙川“树德高等小学”任教，接触到龙川壮族山歌，并开始了卜牙调的创编，民国十一年（1922 年），他根据龙川壮族山歌的特点，结合戏曲艺术，完成了卜牙调的创编。

布林调

是流传于右江区的一种壮族单声部山歌，属于传统的壮族民歌种类之一，主要流传在百色市右江区阳圩镇的布林村、汪乡村、达江村、那等村、伦楼村、昂里村、孟沙村、巴部村、白兆村等地。布林调的起源较早，早在清光绪年间，布林调就已经在右江区阳圩镇布林村等地流行，距今已有 100 多年的历史，但其具体源流已无法考证。

布林调的曲调为小调，旋律委婉动听，以布林迎客歌为代表曲调。演唱时使用地方方言。歌词由最为简洁的民间四句式构成。歌中的衬词很有特色，使用“乖呀咧”一词，在壮语中是很好、很听话、很聪明的意思。通常布林调演唱的时候都用这个衬词来表达美好的愿望。

最早时，村民们唱布林调是为了寻欢解愁，调剂生活，后来，演唱范围逐渐扩大，如今，布林调不仅在劳动时唱，更成为民间婚庆、小孩满月、庆祝丰收、迎

布林山歌演唱现场（百色市文化广电体育和旅游局 提供）

接贵客等活动仪式中不可缺少的演唱节目。目前，布林调的传承人有布林村的骆桂花、卢贵鹅，汪乡村的韦美新，及孟沙村的韦美珠等。这些歌手多次参加了百色市、右江区的演出以及山歌比赛等，并多次获奖。

瑶族云梯歌

是瑶族特有的一种歌曲，属于瑶族民间传统歌谣。在右江区，云梯歌主要流传于汪甸瑶族乡瑶族聚居的地区，长平村感怀屯及附近几个村屯。云梯歌主要靠瑶族歌手一代代心口相传，没有歌本记词记谱，其具体源流已不可考。

云梯歌演唱的内容为描述一对男女从最初结识，到共结鸳鸯，再到结伴登云梯上天堂的全过程。男女初相识时很客气，歌词为投石问路式的试唱，经婉转的试探，感情逐渐接近，之后两人情投意合，共结连理，最后一起登上十二层云梯到天宫云游，共同祈求太上老君的赐福，然后再逐级通过十二层云梯返回人间，安享人生。云梯歌的曲调较为单一，无论唱什么内容都套用同一曲调。它的歌词也有自己的特点，除首句为三字一句外，其余为七言句，四句为一组，押尾韵。

瑶族开天辟地歌

为盘古瑶长篇创世史诗，全诗有 406 行。史诗主要记述造世主盘古如何开天辟地，如何造物、造人，如何把子嗣诸神分到各方给混沌洪荒之地和管理衣食不着的人民的故事。

瑶族谜语歌

龙川镇瑶歌，谜面较单纯，几组歌词缀成一组歌，一组歌有四句。

瑶族歌堂

最早意指瑶族社交、恋爱、婚嫁、娱乐、节庆、礼俗等的场合。散居在右江边沿山区的瑶族流传该习俗。歌堂源于先民的创世神祭祀活动，经过不断发展，既成为恋爱、交友、婚礼仪式及节庆娱乐的场合又成为众人学知识展才华的场合。

· 田阳区 ·

田阳山歌

在田阳区流行的山歌有巴别山歌、田州山歌、古美山歌等。巴别山歌流行于巴别、桥业、洞靖、波洪等乡镇。对唱时每队歌手 5～10 人。其中 1 名歌师，1 名歌手唱高声部，其余歌手唱中音部。歌词以七言为主，押腰尾韵，现编现唱，以南壮方言演唱最有韵味。田州山歌也叫“欢岸”，流行于田阳田州及田东、百色、凌云等北壮方言地区。立体、押腰韵，以排歌形式居多。男女对唱时每边两人，每有歌王相会，对唱通宵达旦，难分难解。古美山歌流行于波洪、古美及洞靖、桥业、五村等北壮方言地区。古美山歌是双声部民歌，在全国享有盛名。男女对歌时每边两人，1 人唱高声部，1 人唱低声部，旋律优美，百听不厌。

《布洛陀圣乐》

是田阳区重要的民族音乐，《布洛陀圣乐》共 4 个乐章，第一乐章为亘古歌魂，第二乐章为开天解地，第三乐章为创造万物，第四乐章为祈祷造化。用二胡、竹笛、石琴、螺笛、鼓、钹等民族乐器演奏，旋律优美、气势磅礴，展现了壮族原生态民间音乐的魅力。

· 田东县 ·

壮族排歌

属自由体诗，主要流行于右江区、田阳区、田东县、巴马县等地，其中以义圩镇一带为代表，习惯上称为“欢岸”（壮语，意为龙眼树下的山歌）。壮族排歌一般为一排十句，其特点是以“乖列咤晚呢嗬”开始，以“乖列嗬”收尾，有独特的艺术构思和表现方法。其内容丰富多彩，有传授历史知识和劳动生产知识的排歌，也有记录生活习俗的排歌。壮族排歌用鲜明的艺术形象来表达思想感情和体现壮族人的性格特点，情真意切，委婉细腻和悱恻缠绵的格调，使之成为壮族文学的瑰宝。其特点是句不定字，段不定行（句），首不定段（章），押韵宽松，中间也可变韵，一排接一排连唱，颇有气势。排歌用结构相同或语气一致的句式来描述客观事物，表达思想感情，使语句整齐匀称。用于叙述，可以把客观事物描写得细致充

壮族排歌演唱（百色市文化广电体育和旅游局 提供）

地位，其内容涉及壮民族生活的各个领域，可以说是壮族生活的百科全书。其中，表现爱情及婚嫁内容的排歌在壮族排歌中占据有重要的分量，如见面歌、求歌、接歌、对歌、交情歌、定情歌、誓盟歌、思恋歌、离别歌、相约歌等；还有部分是传授历史知识的，如古歌布洛陀的创天地和乜渌甲造人的排歌；此外，还有表现壮民族生活生产知识的排歌，儿歌和壮戏都广泛运用排歌的表现手法。其所展现的内容丰富多彩、艺术形式绚丽、结构灵活多样，堪称壮族民歌的奇葩。

分；用于抒情，可以把感情表达得酣畅淋漓。“排歌似布匹，丝线接着来。”排歌就像壮族民歌里的机关枪、连珠炮，具有火力密集的优势。排歌明快流畅、回肠荡气，体现了壮族各式民歌的共有的纯朴含蓄、刚健清新、豪爽风趣、韵味浓郁的民族风格。

壮族排歌既可以男女对唱的形式出现，也可以讲述或诵唱的形式出现。歌圩和歌会是壮族排歌的重要载体。通过这个载体，壮族人追思先圣，拜祭祖先；以歌交情，唱歌求偶；赛歌赏歌，比智赛艺，游艺自娱。

排歌在壮族民歌中占有极其重要的

瑶族山歌

有《情歌》《婚事歌》《游村歌》《七月丰收歌》《春乐歌》等，歌手随编随唱。瑶族人民除平时唱山歌外，有时还摆开歌场，日夜对歌。未婚青年男女在对歌中如互相钟情，在歌场散后，则你送我，我送你，边送边唱，反复相送后仍难分难舍，最后女方干脆到男方家结为夫妻。

平果壮族嘹歌大赛（平果民俗文化传承展示中心　提供）

汉族民歌

有蔗园民歌、平马白话民歌。蔗园民歌流传于右江沿岸蔗园人聚居的地区。歌手往往在田垌上、山坡上边劳动边吟唱。平马白话民歌流传于平马镇城区，对唱多在结婚迎亲时进行。赛前，男女双方均请来众多歌手，你问我答，歌声此起彼伏，场面颇为热闹。

· 平果市 ·

嘹歌

在平果市，嘹歌普遍流传于马头、太平、海城等11个乡镇，并流传于邻近的田东县思林镇和红水河流域的马山县、大化瑶族自治县以及属邕江流域的武鸣区境内，是由两男两女对唱的一种古歌，包括《三月歌》《日歌》《行路歌》《贼歌》《房屋歌》5部长歌和《进村歌》《水旱歌》《时辰歌》《见月歌》《惜别歌》《盼望歌》《宴席歌》《浪花歌》等短歌。嘹歌有“哈嘹”、“嘶咯嘹”、“底格嘹”、“那海嘹”、“长嘹”（欢弄）、“哟依嘹”、“喝酒嘹”7种曲调。“哈嘹”传唱于太平、城关、果化3个乡（镇）的平原（土坡）地区。“嘶咯嘹”即“欢橹”（船歌），传唱于太平、城关、果化3个乡（镇）的平原（土坡）地区。“底格嘹”传唱于耶圩、同老2个乡和田东县思林镇的半石山半土坡地区。“那海嘹”传唱于海城乡那海街一带的石山区。“长嘹”（欢弄）传唱于太平、旧城、城关、耶圩4个乡（镇）的部分石山区。“哟依嘹”传唱于太平、马头、果化、新安4个乡（镇）的半石山半土坡地区。“喝酒嘹”传唱于新安镇西兰、都先村一带的山区。2008年6月被列入国家级非物质文化遗产代表性项目名录。

· 德保县 ·

南路壮剧歌

德保壮剧不断吸收兄弟剧种长处，其中大量唱的表演形式歌谣十分丰富。传统剧目有《宝葫芦》等。2012年，德保县《喜看我的呀哈嗨》荣获广西第十六届“群星奖”。

· 靖西市 ·

末伦调

德保县、靖西市独特的一种民间坐唱艺术。壮巫是壮族原始宗教的一种形式。壮族末伦，“末”者，“巫”之谐音，“伦”者，有叙述和论说之意。“末伦”即用巫调来叙说，“伦”还有“滚”的意思，即不间断地接连唱下去。德保巫伦曲谱是羽调式，各唱段以“种”声起腔，用“哎你呀”（“哎杯呀”“哎侬呀”）结尾。表现叹、诉、怨的内容，亦可表现其他内容。末伦有独特的语言结构和韵律，五言、七言体，每首句数不限，末句字押前句腰韵（五言体为三二句式，押第三个字韵，七言体为五二句式，押第五个字韵），平仄交叉形成

德保南路壮剧表演（百色市文化广电体育和旅游局　提供）

靖西末伦调演唱 （靖西市文化馆　提供）

连环结构。

靖西山歌

靖西山歌分下甲山歌、上甲山歌、武平山歌、偕乐山歌、安德山歌、义兴山歌等 6 个歌种和上甲末伦、下甲末伦、鸿鹄调、蜻蜓调等 8 个曲艺民间小调。

靖西山歌就现代来说流行的种类有两类 7 种，一类是流行于靖西西北部地区（安德、南坡）的“伦”，另一类是流行于靖西各地的“诗”。“诗”又分 6 种，即流行于下甲地区（古时以州城为界，东南地区称下甲，西北地区称上甲）的下甲山歌，流行于上甲地区的上甲山歌，流行于武平乡义兴栋本一带的义兴山歌，流行于龙临偕乐一带的偕乐山歌，流行于操左州话村屯的左州山歌，流行于渠洋、大道、岜蒙、魁圩、新圩一带的“诗渠洋”，其曲调与德保北路山歌相类。

靖西山歌的种类是按其曲调、语言、歌唱特点的不同来划分的。对唱时，各人按歌唱内容唱一段（不固定字句），互表衷情，娓娓道来，整个过程舒坦、平和。

义兴山歌、偕乐山歌、上甲山歌、下甲山歌这 4 种山歌除曲调各异外，都操“央话”，歌词均是七言体，韵律上押脚腰韵，上下句结构，曲调二乐句结构。其韵律上句尾字（脚）押下句的腰，腰位死定在第四位，而下句的尾字韵即为脚韵（“诗韵”）。歌唱时，男女对唱，各方两人，其曲调是双声部，一人唱高声部，一人唱低声部，俗称“一过高，一过低”，夹成合声。

左州山歌，操左州话，单个唱，七言，每首四句，押脚韵，也有对唱的，多是叙事抒情的内容，歌唱程式比较单一。

“诗渠洋”即渠洋山歌，歌唱的特点除了韵律上腰位不固定在第四位（从第一到第五位均可）和对唱双方人数各至少 4 人以上且男女方人数不一定相等，歌唱时一人唱高声部，其余人唱低声部之外，其余特点跟上、下甲山歌相同。

·那坡县·

伦·过山腔

属那坡壮族山歌，唱词结构多为五言、七言两句或三句一首，一般都是上句的尾韵押下句的腰韵（第三或第七个字），起音末字平声，落音末字仄声。

虽敏山歌

属那坡壮族山歌，七言四句为一首，押尾韵，4 个乐句，第三、第四句歌词重复第一、第二乐句。一方必须分有高、低两个声部，一方唱完四句一首后，对方才亮嗓答歌，且答方一定接原韵对歌，诗韵要统一，只有先唱的一方才有改变诗韵的资格。衬词“嘿——嘿嘿——嘿！”放在第一乐句前，衬词“尼呀”作收音用。起落的浑厚与委婉对比非常鲜明。

请仙调

流行于那坡县，由 70 多首歌组成一部长歌，每首两句三句不等，每句五言或七言，歌声起落唱出“哎嘿同呀业”衬词，表达对“仙同”的真情之邀和敬重之意。

龙合上、下甲山歌

流行于那坡县，上、下甲山歌属二声部对唱，男女歌手参与人数不限，歌词内容非常丰富，由歌手随意即兴编唱。

春牛调（侬安山歌）

其歌词结构为五言四句一首，脚腰韵，三、四句复唱一、二句乐段。衬词多用“哎呀呀”作开头音。

·凌云县·

泗城壮族 72 巫调音乐

凌云县泗城壮族 72 巫调音乐很有特点，以单人演唱为主，演唱时以铃声和脚踏声为主要配乐，主要分为“伴奏乐”和“声乐”两类，其结构模式大多为一段体式，仅有个别曲调属于二段曲式，调式音列主要包括四声音列、五声调式，

节奏特点包括有序律动和无序律动。多由壮族妇女以壮话来演唱，唱词大多以叙事为主，大多借抒写凌云72个人文和自然景点来祈福禳灾、爱惜生命，沟通人与自然、人与人的关系，或反映壮族地区的自然环境，或反映壮族妇女低下的社会地位和坎坷的命运，或吟唱古时壮族社会的伦理道德和妇道妇规，或祈求生儿育女、身体安康，或体现壮族自然观、哲学观和审美观，或祈祷五谷丰登。曲目具有丰富性、突出的生命力以及艺术的独特性等特征。

·乐业县·

乐业唱灯

乐业唱灯属地方戏剧剧种，又名灯戏。主要流传于乐业县汉族聚居的逻沙、甘田、同乐、幼平等乡镇，以及毗邻的凌云县玉洪和田林县的浪平、平山等地。其源流据文字记载是在当地舞龙踩灯的民间歌舞的基础上形成的，形成于清康熙年间。它的音调和风格既有别于广西北部的彩调戏，也有别于云南、贵州及

凌云壮族72巫调音乐爱好者交流传唱活动（百色市文化广电体育和旅游局　提供）

四川的花灯戏，与湖南、湖北的花鼓戏及江西、福建的采茶戏更是相异。乐业县历年来有唱灯舞龙的文化传统，每年农闲时节或吉庆节日，有灯队走村串户庆贺新春或恭贺乔迁、庆祝婚嫁等。在踩灯歌舞的基础上，灯队艺人（为一丑一旦）不断增加新内容，演唱有一定情节的故事。艺人们在长期的演唱中，不但吸收了当地的《敬烟歌》《要饭调》《送哥调》等民歌，还吸收了巫师的一些唱腔，用来演唱故事，踩灯歌舞与唱灯逐渐分离，形成一个有地方特色的戏剧剧种。1950 年以前，乐业唱灯戏剧团均为民间剧团，均系半农半艺的松散的民间组织，艺人于农闲时从艺唱灯，农忙时则务农。1950 年以后，乐业县文艺队兼演唱灯戏，深为群众喜闻乐见。

壮族卜蛮山歌

乐业县壮族卜蛮山歌主要流传于红水河流域，即乐业县境内的雅长、花坪、幼平、逻西等乡镇，天峨县的更新、下佬、六排等乡镇，凤山县的更沙、金牙，田林县的百乐乡及贵州省册亨、紫云、望谟、罗甸等县的部分乡镇。该歌种曲调有大、小调唱法之分。大调由两男两女或一男一女在婚庆、进新房等场合演唱。其唱腔特点为高喊、拉腔，较为奔放。男女双方对唱中每唱完一首都落句有“的了咧”或“希哈了咧”的衬词。小调一般是青年男女在敬酒、送背带、分离、逗情、哭嫁等场合小声哼唱。是青年男女求偶时唱的主要曲调。它与大调演唱的区别是其音调较低沉、短快，如倾如诉，具有较强的生活气息。该歌演唱时不唯文才唯肚才，即靠记忆力和反应能力，见什么唱什么。该歌于 2011 年由乐业县文体局上送至广西音乐家协会组织专家进行鉴定，专家们认为，在广西民歌浩瀚的海洋中，乐业壮族卜蛮山歌“的了咧”无疑是百色河谷这个民族民间音乐的富矿里新发现的又一朵奇葩。它曲调优美，独具地域特色，有极大的挖掘整理潜力和价值。

卜隆古歌

乐业壮族卜隆古歌是产生于广西西北部部分壮族聚居地的一种叙事民歌载体，主要流行于乐业县新化镇磨里村、甘田镇、同乐镇以及邻近的凌云县加尤乡、玉洪乡，天峨县的更新乡、六排乡和凤山县的更沙乡、金牙乡等壮族村寨。其特点是以山歌的形式叙述大自然的形成、人类的存在、生活生产劳作过程、

乐业壮族卜隆古歌（百色市文化广电体育和旅游局　提供）

谈婚论嫁、伦理道德和思想观念等。卜隆古歌又有“欢搂”和“欢对”之分，“欢搂”主要出现在人们办喜事的场合，“欢对”主要是青年男女对歌的一种形式。有快歌和慢歌两种演唱形式：快歌如热锅炒黄豆，激情高昂；慢歌抒情悠扬，婉转含蓄。卜隆古歌歌词都是以韵文体五言四句或多句腰脚押韵出现，有男女对唱和男与男对唱、女与女对唱3种演唱方式。内容包括：造万物歌，即造天造地歌、造山造水歌、造人类歌、造五谷歌、造房歌、造布歌、造酒歌、造碗筷歌等；礼俗歌，内容包括出门歌、过路过河歌、进村歌、上阶梯歌、进屋歌、贺年歌、祝寿歌、赞客歌等；生育歌，内容包括怀胎歌、养儿育女歌、课子训孙歌等；恋歌，内容包括问候歌、推辞歌、相逢歌、结义歌、赞对方歌、猜谜歌、想念歌、花果歌、打赌歌、深夜歌、月亮歌、天亮歌、求婚歌、交换信物歌、私奔歌、逃亡歌、殉情歌、魂变歌、嘱咐歌、离别歌等；诉苦歌，内容包括苦难歌、持家歌、功德歌、长辞歌、扫墓歌等；散歌，内容包括四季歌、蝉歌、讥讽歌、挑逗歌、数岁歌、岁月流逝歌、儿歌六大部分。卜隆古歌是目前发现内容最完整、叙述篇幅较长并有丰富内涵的一篇长诗。它的存在对研究壮族古代的稻作文化、建筑文化、审美观念、伦理道德等具有较高的价值。

· 田林县 ·

壮族民歌

田林县壮族山歌有四大唱腔：定安山歌、八桂山歌、旧州山歌、利周山歌。四大唱腔都有悠远绵长的特点。壮族称山歌为“欢”，按内容分类为“欢保”“欢耐”“欢难”“欢花”“欢果”“欢喽”“欢绕”“欢贝友”，还有“劳动歌”“礼仪歌”“喜事歌”“丧事歌”“布牙歌”“祭祀歌”“节会歌”“农事歌”等，这些歌独立成章，可在相应的地点、时间演唱。在艺术上，充分运用比喻、想象、夸张、拟人、双关等修辞手法；在形式上，句式多为五言和长短句，三言、七言的极少。壮歌曲调一般是上下句，取偶数，也有根据内容需要三句歌词一句曲的。

汉族民歌

田林县汉族民歌有明显的湖、川、黔、滇的风味，情景交融，押韵严格，句式固定，比兴讲究，形式上大都是七言四句，也有三七七七句式，偶数句末押韵，即便是长歌，也是四句为一节，中间还可转韵。

瑶族民歌

田林瑶族善歌，不但口传，而且用汉字记音，写成歌书，代代相传。其内容分为五类：一是古歌。叙述民族的起源、变迁以及对自然万物的理解，由“起声唱”“伏灵怪”等 24 路 36 段主歌、副歌以及“黄条沙”等 7 支曲子组成。二是情歌。占的比重较大，易学易唱，与生活紧密关联，讴歌生活，表白心事，倾诉爱情。三是信歌。它是经常用来交流思想、传递消息的一种书信形式，在盘古瑶、蓝靛瑶中广泛使用。这类歌可分为迁徙信歌、诉苦信歌、求援信歌、思想信歌四类，情深意笃，描写细腻，听之催人泪下。四是苦歌。这类歌反映瑶族人民的苦难历史以及个人的苦难生活。五是问答歌和谜语歌。问答歌在歌堂中唱，内容广泛；谜语歌一般是平时娱乐所用，歌堂上少用，并且不是以歌回答。瑶族山歌的艺术形式多种多样，最常见的是七言四行，偶句末押韵，其次是三七七七句式。还有古典词曲格律体，主要用于瑶族宗教仪式中，代表作是《盘王歌》。在表现手法上，多采用赋、比、兴，还有大量采用排比、拟人、夸张、借代等修辞方法。

苗族民歌

田林县境内的苗族所唱民歌主要是自由体，以五言、七言为多，大多数是平行乐句和模进乐句，第三、第五乐句往往是第一乐句的重现，第四、第六乐句是第二

乐句的重现和反复，只是在乐句中附加一些装饰音。

·隆林各族自治县·

壮族山歌“颠罗颠罗那”

因起唱句为“颠罗颠罗那”而得名。此类歌谣有较稳固的形式和内容，要求按顺序一排一排地唱，壮族叫“欢排”，即排歌。唱排歌有主客之分，一般是主人先唱邀请歌，客人应邀后让客人先唱，主人作答，主随客唱。排歌每首都以“颠罗颠罗那，颠罗友呀颠罗恩勒哎”起唱，除起唱句外，每一句歌词要唱2次，但尾声不同，“颠罗颠罗那”歌会的发祥地是隆林各族自治县，其核心流行区是革步、金钟山、天生桥、者浪、桠杈、者保、新州、平班等乡镇。

壮族山歌“哥（侬）呵调”

因起唱句为“哥（侬）呵”而得名。壮族山歌“哥（侬）呵调”发源于隆林各族自治县岩茶、介廷乡一带，目前广泛流传于隆林南部6个乡镇及同处驮娘江流域的西林10个乡镇、田林12个乡镇，还有邻近的云南省富宁县、广南县部分壮族村寨。

苗族山歌

苗族山歌主要是自由体的形式唱法，以五言、七言为多，散文式的词牌型。但很讲究韵律。曲调较简单，节奏不太严谨，唱时在保持同音度的情况下，常常随着歌唱者的气量可长可短。各调都有衬词，如爱恋歌的敢南调衬词是“阿唉依呀，尚当夺马洒多”，意思是天多么明朗呀，像汉族小伙那样英俊的阿哥；洛扎调的衬词是“果夺哎嘛那能彩”；勾冲调的衬词是“依冲呼类达娄，那支梅刀那”；等等。衬词最长的是“长喝买调”，有100余字，最短的“嘎恙调”只有5个字。山歌大致分为苦情歌、酒歌、爱情歌、丧事歌、芦笙歌、童谣等。

彝族山歌

彝族山歌（民歌）内容丰富，历来用本民族语言唱，19世纪末，汉族文化大量传入彝族地区，彝族人民才陆续用部分汉语唱歌。山歌主要有酒歌、情歌、叙事歌、古歌等。

仡佬族山歌

仡佬族山歌种类大致有情歌、生活歌、盘歌等，多以情歌、生活歌为主，其特点是七字一句、四句一首，两首作一组。第二首意思和第一首相同或相近，一组之内押脚韵，一韵到底，但对唱时可用不同韵，音调和汉族山歌相似。

汉族山歌

隆林各族自治县的汉族山歌内容丰富多彩，主要有情歌、苦情歌、劝诫歌、童谣等。

·西林县·

那劳山歌调

又称驮娘江调，是西林县壮族山歌，历史悠久，最早可以追溯到西汉时期，当时的句町古国就有驮娘江调的山歌流传，迄今已有2000年历史，据调查和史料记载，那劳山歌流行于清代。那劳山歌流行于驮娘江流域的那劳、西平、那佐、普合、足别、八达等乡镇的壮族村寨，另外，隆林、田林及云南省广南等周边县的壮族地区也有流行。那劳山歌调原来用“哎唷”唱法起音，后来到20世纪40年代至50年代由歌手韦定番、韦业广改为“欢达来”，歌手多用排歌形式唱法，歌手不需加衬词拉音，而直接套唱词演唱，连唱几句或十几句唱词才落音，每唱一句都加优美的尾音，唱起来比唱“哎唷”好听，旋律优美，朗朗上口，音域高，女子唱起来特别清丽婉转。那劳山歌演唱形式有独唱、齐唱、对唱，在男声和女声对唱时，他们喜欢肩并肩，手牵手，相依附耳引吭高歌，别有情趣。歌唱发声方法多用本嗓，但也用假嗓，或以真假嗓相结合演唱。那劳山歌歌词采用五言、七言，在句数上有四句、八句等。常用的衬词是“哎唷”“哥哎”“哝哎”“独乖班”“嗨呀哟”，后套唱词演唱。歌词押腰脚和头尾韵。音乐专家把那劳山歌调旋律创作成为优美动听的民歌展现在舞台上。

清水江调壮歌

清水江调壮歌即“布依”山歌，因以“甜多多”为起音，常称“甜多罗”调。主要流行于清水江、南盘江流域的八大河、马蚌、古障3个乡（镇）的壮族地区。演唱时压迫嗓子发音（即“假音”唱法），声音高且尖，节奏较慢，曲调优美，有浓郁的山野风味。歌词押腰韵，即首句的尾字与第二句的第一字或第二字押韵，多为五言四句或六句。

平别山歌

又称“侬歌”，因流行于西林县那佐乡平别一带的壮族村寨而得名，山歌言词婉转、讲究押韵、富有感染力。平别山歌以赋、比、兴为主要表现手法，形式上重章叠句，尤以比喻和双关见长。山歌有讲述历史的古歌，传授生产技术的“生产歌”，以及“酒歌”“情歌”。盘歌主要是“苦歌”，如“妇女苦情歌”“退休歌”

等。其特点是放开喉咙，用真音演唱，声音洪亮，气魄雄壮，表现力强，其次其曲调旋律优美，节奏明快，平别山歌用“布侬”口语文字组词，通俗易懂，生动形象，押韵上口，善于表达壮族人民的思想情感，富有浓厚的壮族语言特色和平别地方色彩，因而在民歌之林中独树一帜。

偏苗山歌

西林的苗族分为白苗和偏苗，主要分布在那佐、普合、者夯、马蚌、古障等乡镇。千百年来他们以自己的智慧，创造了丰富多彩的文化艺术传统。他们的神话、传说、故事、歌谣、歌舞等文化艺术，形式多样，内容丰富，具有鲜明的民族特色。西林苗族的山歌是西林苗族人民在劳动生活中自由抒发内心思想感情的一种抒情小曲，苗族山歌具有风味独特、色调鲜明、旋律直畅的特色。西林县苗族山歌内容丰富，涉及的题材十分广泛，在演出时有独唱、对唱、合唱等多种形式，如《开天辟地歌》《婚礼歌》《哭嫁歌》《和气歌》《酒歌》《苦歌》等。情歌是苗族歌谣中最为丰富的一种。苗家姑娘、小伙，多以歌会友以歌传情。苗族情歌，善于借景、咏物抒情，情景交融。苗歌唱法上也各有特色：有的旋律优美，婉转缠绵；有的嘹亮奔放，激越昂扬；有的女唱男和，多愁善感。苗族山歌也分为白苗山歌和偏苗山歌，各具特色。

蓝靛瑶山歌

蓝靛瑶属瑶族的一个支系，主要分布在广西境内的西林、田林、田阳、巴马、凤山、金秀、凌云、乐业、那坡等县区和云南省广南、富宁、蒙自、麻栗坡、河口、文山、勐腊等县。他们在漫长的社会历史中生活、实践，创造出自己的歌谣。歌谣种类繁多、内容丰富、别具一格。根据搜集得到的资料，有“盘王歌”“漂洋过海歌”“信歌”“六十花甲歌”“十二月花歌”“古情歌”“愁歌”“丧葬歌”“婚姻歌”等，上述这些各类歌谣，是瑶族人民的文化艺术的重要组成部分，是瑶族人民智慧的结晶。“盘王歌”是蓝靛瑶歌谣中最古老的歌，曲调缓慢，自由地哼唱，歌曲以“啊……恩……哪……哈……”为序，“恩”带有鼻哼拉音，整个曲调深沉顿挫、婉转悠扬，富有山林风格，瑶族盘王歌曲调属于宫调式旋律。蓝靛瑶“盘王歌”主要流行于组别、那佐、弄汪、普合等乡镇的瑶族村寨。

壮族重情歌

壮语称“欢友”，在民歌中占有重要

的比重，不管是未婚或已婚的人都爱唱，有相会、求爱、定情、重情、送别、失恋、抗婚、盟誓等，尤其是重情歌，大量使用比喻、夸张和排比等表现手法，词句尤其精彩。

信歌

瑶族民间歌谣信歌，也叫“寄歌”“传歌”。其方式是以歌代信，用汉字记瑶音写在绸缎或其他布上，然后寄给有关的对方，以此传递信息和交流感情。1948 年，那拉寨瑶族冯荣当上西林县西平乡乡长，他的一位朋友得知非常气愤，于是用几尺长的白布写成信歌，寄给冯荣。信歌大意：如今大势已去，劝冯荣要站得高、望得远，不要为坏人所利用。冯荣得信后，不久便辞官还乡。

第三节　民族文化

百色历史悠久，文化积淀深厚，自古以来各民族人民创造了丰富多彩的文化。此节内容主要详写壮族人文始祖布洛陀文化、瑶族人文始祖密洛陀文化、苗族远古文化。

壮族布洛陀文化

布洛陀文化是壮族传统文化的核心和根基，被专家称为壮族先民人生礼仪的教科书和劳动指挥的资料库。

布洛陀是壮族古今崇拜的始祖神。在百色田阳区的许多壮族村寨，各种民间文学艺术、风俗风情、民间宗教都与布洛陀文化有关，如布洛陀神话传说、布洛陀古歌、布洛陀麽经等。经专家考证，以敢壮山为中心的右江河谷，是布洛陀文化蕴藏最深厚的区域。当地一直延续着春祭布洛陀的活动。

大约从明代起，在口头传唱的同时，《布洛陀》也以古壮字书写的形式保存下来，其中有一部分变成壮族民间经文，即《麽经布洛陀》。《麽经布洛陀》原手抄本全部是用古壮字书写，诗是壮族民歌五言体，押韵。在内容上，融壮族的神话、宗教、伦理、民俗为一体，思想深奥、字义艰涩；在形式上，由于千百年来的传唱加工，语言精练工整，有韵律，朗朗上口，其中保留了许多古壮语、宗教语。

《麽经布洛陀》是壮族民间宗教的经典，为麽公举行巫事仪式时祷祝喃诵的经诗。其旨在祷请祖神布洛陀辩明事理，通

过故事秘诀训导和调解人与自然、人与人、人与社会的矛盾和纷争，祈求禳解降福，以达其所愿。篇幅宏大，内容丰富，内涵深刻，风格独特而自成体系。不仅展现了壮族及其先民心目中的精神偶像布洛陀作为创世神、宗教神、祖先神和道德神的神格面貌及其演化过程，壮族原生态的信仰观念、生活哲理、道德观念、文化心理、感情体验、行为方式和功利追求，而且以特有的神异形式，折射着壮族先民从蒙昧时代进入文明时代，由晚期原始社会发展到阶级化、秩序化社会的漫长历程和生动图景。

《麽经布洛陀》是壮族巫教的经文，它唱诵壮族祖神布洛陀创造天地万物，规范人间伦理道德，启迪人们祈祷还愿消灾祛邪，追求幸福生活。这部经诗贯穿着自然崇拜、祖先崇拜的原始宗教意识。《麽经布洛陀》各篇都可以独立成篇。因其相当多的内容是创造天地万物的，可以说是壮族的创世史诗；因其唱词是民歌，又是在祭祀时喃唱的，故又可以说是壮族宗教文学。

《布洛陀》以诗的语言和形式，生动描述了布洛陀造天、造地、造太阳、造日月星辰、造火、造谷米、造牛等的“造化”过程，告诉人们天地日月的形成、人类的起源、各种农作物和牲畜的来历，以及远古时期人们的生活习俗等。这部史诗歌颂了壮族祖先布洛陀这个半神半人的祖先创造人类自然的伟大功绩，全诗长达万行，自古以来以口头方式在红水河一带壮族地区流传，在百色市田

《麽经布洛陀》手抄本（百色市田阳区文化馆　提供）

阳区流传更为广泛。在20世纪80年代以来广西搜集到的39本麽经古壮字抄本中，就有15本来自田阳区。广西民族古籍整理出版规划办公室从这些抄本中，精选了29种，其中田阳区的8种经整理汇集成《壮族麽经布洛陀影印译注》出版。

《壮族麽经布洛陀珍本影印译注》出版物（百色市文化广电体育和旅游局　提供）

《麽经布洛陀》的内容从性质上大致可以分为三大部分：创世神话、伦理道德、宗教禁忌。它的学术价值是多方面的。内容包括布洛陀创造天地、造人、造万物、造土皇帝、造文字历书和造伦理道德6个方面，反映了人类从茹毛饮血的蒙昧时代走向农耕时代的历史，以及壮族先民氏族部落社会的情况。

根据已整理的版本，全诗第一部分是开头歌，包括第一章礼貌、第二章回答歌、第三章石蛋歌。第二部分是创造歌，包括第四章初造天地、第五章造人、第六章造太阳、第七章造火、第八章造米、第九章造牛。第三部分是治理歌，包括第十章再造天地、第十一章分姓氏等。

瑶族密洛陀文化

阅读《密洛陀古歌》，可知瑶族的远古文化概况。该歌记载了瑶族独特的民族历史，反映了瑶族独特的文化。古歌以浩瀚的篇幅、恢宏的气势、广阔的内容，通过形象生动的诗的语言，讲述了瑶族有关始祖母密洛陀的诞生、天地日月的形成、人类万物的起源、和妖魔怪兽的斗争、本族迁徙的原因和经过、族内外的矛盾冲突、族姓分开继宗接代等重大事件，热烈地歌颂了始祖母密洛陀的伟大业绩。

该歌是瑶族群众在给始祖神密洛陀及24位男女大神“还愿”时唱的。其主要内容：

一造神。神创造一切是《密洛陀古歌》的神圣观念，它的神是逐步出现的。共有 3 次造神。原始神生了 4 个祖神：种子神、水神、雷神和人类神。雷神为男性，种子神、水神、人类神均为女性，反映了母系社会以女性为主的意识，亦反映了在瑶族群众的原始观念中，种子、水、雷与人的地位是同等重要的。4 个始祖诞生后，原始祖派他们分别到“凡间”创世。宇宙间的一切，“凡间”的一切，都是在他们的意愿下创造诞生。密洛陀靠念符诵法用“气”和“风”孕育造神，又造了 14 位“工神”，其中 8 男 6 女。14 位男女神各有名字，都有分工，各司其职，有立石为山的山神，主管堆石山，造平地；排涝的神，主管开江疏河，引溪水入大江；劈山开路神，主管开路；打铁具神，主管打铁、铸铜、造各种农具；风水神，主管为人看风水宝地、择良辰吉日；调解纠纷神，主管调解纷争；安名神，主管给百类起名字；风神，主管驱风；雾神，主管驱雾；跑腿神，主管打探消息；织布神，主管织布；剪裁神，主管为人做衣裳；字神，主管造聪明才智；管天神，主管天。14 位“工神”都为“凡间”服务，各司其职去创世。第三次造神为造六大武神和三大女神。他们是密洛陀念符叫风孕育生的：老大阿申封为武神，老二耕杲封为巫神，老三王依封为骑驴神，老四阿唷封为劈山神，老五郎布冬所林封为打猎神，老六郎醒桑严封为镇魔神。六武神诞生后，他们的活动主要是射日月，与太阳、月亮、蝗虫、猴子、天旱给“凡间”造成的灾害进行抗争，战胜了灾害，为造人类创造了环境。另外，还有 3 位女神，大女郎果卜隆扬，生相奇异，长翅膀，封为巴仙，不司何职；二女密丘劳 · 密皇堆，封为生死神；三女密花莲 · 密莲笙封为送子神。

二造天地万物。密洛陀创世的顺序大致是先造天地，然后种草植树；造水造雨，然后造各种“生灵”，包括昆虫走兽飞禽，而后“粮食多了”才造家禽。

密洛陀念符诵法，以金伞造天，以银伞造地，以金耳环造太阳。太阳有太阳路，又造驴给太阳骑，从这头走到那头是一个白天。以银耳环造月亮，月亮也有月亮路，又造马给月亮骑，从这头走到那头是一个晚上。从此，“日有十二时，夜有十二刻，日有三十天，月有三十夜”，凡间终于有年岁。密洛陀又以金水、银水造星星，以金链造江河，以金银首饰造盐洞、泉眼，以痰液口水造盐巴。接着密洛陀治山水，首先是封山，撒种，植树，草种、树种发芽，终于封山成功。

密洛陀最后造生灵，顺序大致是：先造吃草叶、树叶的动物，如大象、黑熊、羚羊、麝；而后造香蜂、蜜蜂；再造吃草籽、果子的动物，如猴子、猩猩、松鼠、斑鼠、果子狸、田鼠等。然后吃草、吃果、吃蜜的禽兽太多了，草树被吃光，于是造吃肉的野兽，如虎、豹、鹞、蟒、蛇，它们互相捕吃，凡间的树木、草原才得以保存。

三造人类。密洛陀造人类的过程：先造天地万物，消灾除害，使人类有一个生存繁衍的环境，然后再造人类。这种思维方式，似与宇宙发生，生物进化相吻合。密洛陀造人类的过程也很奇特：先是以糯饭造人，不成功，变成了酒。酒是采了一百二十种甜草制成酒药——釉而酿成的，从此凡间有了酒。其次是以泥土造人，不成功，成了陶坛子，从此凡间有坛盛酒。再次，密洛陀以石造人，不成功，变成了石娃，石娃能吃不会说话。3 次造人失败后，密洛陀以铁造人，也不成功，变为了“桑硬小神”（专司降魔驱妖的神）。密洛陀最后取蜂蜡造人成功，造成了四对男女。

《密洛陀古歌》是神话、传说。从历史科学角度看，任何神话、传说都不足为判定历史进程的实据。但神话、传说终归是一个民族对自己历史的朦胧记忆，仍不失其历史研究价值。

《密洛陀古歌》是口头文学，是幻想神话与解释神话的结合体。就总体而言，幻想神话是大量的、主要的，不管是造神、造天地、造万物、造人，都是幻想神话，它是布努瑶处于母系氏族社会时代的先民运用幻想形式解释宇宙的起源和人类的由来。但其中掺杂了许多有趣的解释神话。史诗想象力极为丰富。史诗有许许多多独特的故事。史诗是宗教祭祀活动的立体文化。

苗族埋岩文化

埋岩，也叫“依直”。这里主要叙述的苗族埋岩文化，是苗族人民历史上重要的无文法规，作为一种会议立法的形式，制定维系苗族社会的古规古法，从而形成苗族人民传统的道德观念。它要求“不许妻违，不许子犯，各家管教，各人自遵”，埋岩会议的有效期，短者几年，长者十几年，甚至百年以上。历史上埋岩在苗族人民心目中占据了十分神圣的地位。

苗族埋岩具有浓郁的民族特色。苗族的村寨，现今仍然保存着埋岩遗迹。苗族埋岩的产生和长期存在与其社会长期存在的原始民主型的政治制度密切相关。苗族村寨中原有的农村公社性质的社会组织历史记载中称为“合款”“议款”“议榔”“合榔”。款有大小之分，大者由一二十个毗邻村组成，小款由三五个村寨组成，凡参加款的村寨，彼此有相互支援的义务和监督执行“款约”的权利。款有款首，寨有寨老，由公认的有威望、办事公正，又懂古规古法、热心公共事业、熟悉理歌理词的老人充当，并且不能世袭。竖岩不是常设机构，不专设办事机关，不配备办事的专职人员，包括村主寨老一类行使职权的人在内。一旦埋了岩，就各自回家务农生产了。款首寨老是苗族古规古法的执行者，是古代苗族社会的上层建筑，即“司法”部分。寨老没有薪俸，他们义务为公众服务。寨老负责一寨的民事、刑事，如山林、田地、水利、牧场等的争执，家庭、婚姻、财产的纠纷，偷摸、盗窃、抢劫、伤害等案件，与外寨、外鼓、外民族的关系等。大寨老即款首则负责更大区域内相同的职责，这个大区域内居住着以一个大系族为主，包括外来的小系族在内的群体。大寨老主持维护本方岩内的秩序，接受小寨老的倡议，召集全方岩代表埋岩，决定参与，支持他方岩的政治、军事行动。

苗族埋岩文化以其独特的地方民族形式，神圣的“立法”（埋岩），严格的“司法”（寨老制），从而一代代地传承下来，教育了一代代的苗族民众。

埋岩分大、中、小 3 种规模，凡埋大岩、中岩都要杀牯牛，肉熟后串成肉串，分到各位代表手中。内有两层含义：一是埋岩内容已知，均表同意；二是埋岩决议已经神灵许可，不许违抗。一般解决 3 个问题：一是分析目前所产生的社会问题的严重性和需要解决的迫切性；二是协商的办法和措施；三是推选埋岩会议的主持人和宣布法规的人。埋岩活动只有一天，一般分三个部分：一是立岩致颂词，苗族头人每次做埋岩活动首先讲埋岩的由来、埋岩在苗族历史中的作用，并向祖先祈祷等；二是煮肉斟酒宣布法规；三是饮酒领法规。埋岩会议的第三个程序则是埋岩管辖区内的千家万户吃埋岩所分得的肉以表示对此次埋岩决议的认同。为了让人人铭记埋岩的内容，促进人们对埋岩法规的理解，增强遵守埋岩法规的观念，还要“教子教孙传千代”，又有理老歌手将埋岩地点和内容编成理歌理词，广为传唱，日子久了，有些融入古理古规，有些成了“竖岩故事”，有些汇入“古歌”“大歌”传于后世。埋岩文化便在苗族人民漫长的历史中积淀下来。

如上所述，埋岩按范围、规模有大、中、小岩，总分岩和母子岩之分，苗族当地习惯按埋岩主题而冠以不同的名称，如与某个民族结盟称“兄弟岩”，劝告人们勤耕勤织的称为“耕织岩”，禁止偷盗的称“禁偷禁盗岩”，约束人们行为的称“禁乱岩”，保障青年男女婚姻自由的称为“男女岩”，起义暴动的称“打仗岩”，纪念民族迁徙的称为“搬迁岩”，等等。涉及社会方方面面，内容十分丰富。

苗族埋岩文化的特点：一是普遍性。首先是立法者的普遍性。埋岩的内容是经过头人及村寨代表的讨论，又经过埋岩参与群众表明观点，或赞成、支持，或补充修正，最后才确定下来；反之，意见不统一，埋岩则不成功，充分体现了参与者的普遍性及立法的民主性。其次是执法者的普遍性，对违反埋岩法规的人进行惩罚，执法者往往是头人领导下的全体群众。再次是执法对象的普遍性。苗族不成文法律，一旦通过立法（埋岩）手续，就产生权威性的作用，包括寨老在内的一类自然领袖人物，毫无例外地都受到管束，决不存在“刑不上大夫”的不公平现象。而对于普通村民，埋岩会议所作的决定，更是无条件接受。二是发展性。埋岩规定的内容并非一成不变，而是根据时代和社会的发展进行适当的修改。改革和保存什么民俗习惯，自然也要通过埋岩来决定。

世代相传的古理古规，对于纯正本民族的社会道德、维护社会秩序，保护公私财产不受侵犯，保障人身安全，处理内部大小民事纠纷案件，惩处一切犯罪分子，抵御外来袭扰，以至组织暴动、起义等，都起着非常重要的作用。在封建社会，苗族古规古法比之历代王朝的“宫法”更为有效。清朝乾隆皇帝曾对苗疆经略总管张广泗下意旨说：“苗民风俗与内地百姓别，嗣后一切自相争诉之事俱照：‘苗例’完结，不必绳以官法。”这就等于承认了苗族古规古法的法律效力。

第五章 文化管理

从20世纪60年代起，百色地区文化局开始对全地区文化市场进行有效管理。

1964年—1965年上半年，百色市有集体书店和印制出售图书图片、各种票据等的印刷厂共27家。对那些出售、印制违规书刊、图片、票据等文化商品的集体企业进行突击检查和整顿。针对文化市场混乱无序的状况，百色地区文化局于1968年、1973年2次对全地区所有文化市场进行了清理和整顿。

1978年改革开放后，多次进行整改、整顿，不断净化文化市场环境。2001—2005年，全市年均出动执法人员21226人次，进行清理和整顿文化市场环境。

2006—2018年，对群众文化活动的管理进一步贯彻执行党中央关于“业余自愿、形式多样、健康有益、勤俭节约”16字活动原则，加强文化市场管理，群众文化活动逐渐有序化、规范化。

第一节 演出管理

1984年6月，根据文化部和财政部的要求，为加强剧场管理和剧场财务管理，做好专业和业余文艺表演团体的交流演出工作，百色地区文化局向地区编委递交了《关于要求成立百色地区演出公司的报告》，提出财务管理实行独立核算，经济收入来源从演出团体的演出收入中提成，1～2年以后自收自支。与原有百色剧院合署办公，一套人马，两个牌子。1984年10月，百色地区行政公署办公室批复成立，人员由文化单位内部调整，暂配2人。1985年7月，百色地区编制委员会下发通知，决定将百色地区演出公司与百色地区剧院合并，改名为百色地区演出管理处，暂定编制3人，经费自筹。1988年12月，定位相当于科级事业单位。1990年6月，编制增加到5名。1996年起，经费管理与形式为自收自支。2002年11月，更名为百色市演出管理处。该机构成立以后，负责对全市影剧院、礼堂的演出业务进行管理，加强对专业和业余文艺表演团体巡回演出的管理，增加文艺团体经济收人，减轻国家负担。还接待了吉林延边艺术团等区内外文艺团体到百色进行文艺交流演出。

2003—2018 年，县（市、区）和 95% 以上的乡镇都已建立了群众文化事业机构，加上城乡有群众业余文化组织，形成了全地区性的群众文化网络，有效地组织、辅导、指导群众开展文化艺术活动。

第二节 音像管理

20 世纪 60—70 年代，山歌禁唱，歌圩、对歌等传统民众文化活动停止，文化活动主要是生产队政治文化室组织社员群众学习政治时事和一些文化，唱革命歌曲，说新事、农科知识等，还有每年等待公社放映队的两三次电影放映，满足不了群众对文化生活的要求。20 世纪 80 至 90 年代，改革开放后，开办录像放映室、卡拉 OK 厅、舞厅普遍化，成了时尚的群众文化娱乐活动，一时风行乡镇，代替、填补了人民公社体制转入乡镇体制时期，群众文化生活跟不上的状态。1985 年统计，全地区有录像放映室、卡拉 OK 厅、舞厅 1700 多家，有 100 多家属营利性。

这是由于改革开放后，人民群众对文化活动的新追求和外来文化影响的结果。但由于管理不善，一些录像放映室以营利为目的，播放黄色淫秽的录像片。为净化社会环境，有关部门制定出台管理条例，组织人员检查管理，公安部门还组织专案小组对百色市区内的录像放映室进行调查，对违章的放映室进行停业整顿或罚款，对个别情节严重触犯法律的相关人员进行了拘留审查。1985 年，百色社会文化管委会召开了 16 次会议，贯彻有关社会文化、娱乐方面的政策及管理规定。组织有关职能部门 100 多人进行了 17 次巡查，使违章营业的现象大为减少，逐步净化了社会风气。1988 年，全地区有营业性录像放映室 31 家、非营业性录像放映室 21 家，闭路电视录像单位 6 个。

第三节　图书发行销售

新华书店是百色图书发行、销售的主体。百色市新华书店有限公司于 1950 年 4 月建店，名为新华书店百色支店。1958 年改称百色县新华书店。1959 年 9 月 12 日，改称百色专区新华书店，成为广西第一家具有销售和管理双重职能的地区级书店。1971 年改称百色地区新华书店，2002 年随百色撤地设市，改为百色市新华书店。2012 年企业改制，隶属广西新华书店集团股份有限公司，管辖百色市 11 个县（市）新华书店有限公司。百色市新华书店有限公司统计数据显示，2021 年，全市一般图书销售总数量 115.8 万册，其中，社会科学类图书最畅销，销售数量 67.51 万册，约占全年总销售的 58%，销售排名靠前的书籍是《中国共产党简史》《论中国共产党历史》《习近平新时代中国特色社会主义思想学习纲要》《毛泽东邓小平江泽民胡锦涛关于中国共产党历史论述摘编》《新时代宣传思想工作》等政治理论读物。

1980 年以后，随着改革开放的深入，图书发行、销售政策逐步放宽，民营图书发行、销售单位逐年增加。截至 2012 年底，全市民营图书发行、销售单位达到 212 家，销售总额达到 5088 万元，从业人员达到 683 人，成为百色图书发行、销售的重要力量。

第四节　执法行动

中共十一届三中全会后，百色市除了建立健全文化市场管理机构，增加文化市场管理人员编制，设立了市文化市场综合执法支队 1 个、大队 13 个，编制 104 人。其中市级市场综合执法支队 1 个，编制 11 人；县（区）文化市场综合执法支队 12 个，编制 93 人。2001—2005 年，全市年均共出动执法人员约 2.1 万人次，2018 年，全市共出动执法人员约 2.6 万人次，检查出版物市场约 8000 家（次），有效净化了文化市场环境。

文化市场行政执法工作主要是以抓好文化市场经营场所日常监管和开展文化市场专项整治行动相结合，在执法过程中，采取教育、引导为主，处罚为辅的原则。2001—2005年，全市年均出动执法人员约2.1万人次，检查各类文化经营场所约1.6万家（次），对违规经营场所进行查处，收缴非法音像制品1.5万盒（张），收缴非法书报刊2.8万册（张），收缴“六合彩”资料3万份，取缔“黑网吧”“黑电子游戏”，不断净化文化市场环境。

2012年，出动执法人员约1.8万人次，检查各类文化经营场所约1.6万家（次），收缴非法音像制品约1.4万张、非法书报刊约2.6万册（张）；配合公安部门取缔“黑电子游戏室”8家，收缴违规机型游戏机160台；取缔无证游商摊点12个，清除网络有害信息72条，对106家手机店利用电脑下载服务的涉嫌色情淫秽等不良信息进行彻底删除。受理举报电话11个，警告19次，停业整顿3家，立案36件，罚款3.35万元。

2016年，出动执法人员约1.3万人次，检查文化新闻出版经营场所约4000家（次），查缴非法音像制品约1400盒（张）、非法出版物约3000份（本）；全市共办结文化市场行政处罚案件140件，罚款金额约19.8万元。案件类型主要有互联网上网服务场所84件、娱乐场所9件、音像单位3件、出版物经营单位40件、互联网文化经营单位1件、非法安装卫星地面设施3件。将开展“清源”“净网”“护苗”“秋风”和“固边”五大专项行动的要求融入各种文化市场专项整治行动和日常监管中，持续强化监管，依法查处违法违规经营行为。

2018年，全市共出动执法人员约2.7万人次，检查出版物市场约8400家（次），查缴非法音像制品约2700盒（张）、非法出版物约6100份（本）；查处办结案件255件（其中“扫黄打非”案件72件）；罚款金额约29.6万元；运用“双随机”模式开展日常执法，并按照每月对辖区文化市场经营单位的日常检查次数1次以上的频率，保持对文化市场监管的高压态势，并强化日常监管措施，以整治校园周边文化环境为重点，防止违法违规经营行为出现；以清查政治性非法出版物、淫秽色情、有害出版物为重点，严把文化产品内容安全；以打击接纳未成年人为重点，严格落实上网实名登记制；以打击娱乐场所违禁机型机种为重点，坚决取缔无证电子游戏经营行为。加强对全市“12318”文化市场举报电话的监督指导工作，确保“12318”举报电话24小时畅

通。支队积极督查指导各县（市、区）开展娱乐场所清理整治专项行动。专项整治期间，全市共组织开展娱乐场所清理整治专项行动15次，共检查娱乐场所140家（次），查处超时经营、播放禁止歌曲等违规经营行为39家（次），警告教育6家（次），办理各类娱乐经营场所行政处罚案8件，确保了辖区文化市场环境安全稳定；6月、12月，市执法支队与市工商局、市公安局等相关部门组成联合检查组，对百色市区容易出现非法销售、运输、安装使用卫星电视地面接收设施的重点地区进行拉网式突击检查，依法整治。各县（市、区）也纷纷开展多次专项整治。年内，全市共开展专项行动13次，共出动执法人员356人次，检查商铺86家，打击非法销售窝点8个，依法查处非法销售的卫星接收设备626套。现场动员群众自行拆除非法安装使用卫星接收设施53套。下发整改通知书80份，发放宣传资料4300多份。有效遏制了违法违规安装和使用卫星地面设施接收境外卫星电视节目的行为，营造良好的社会文化环境。联合公安、工商等执法部门，在全市范围内组织开展校园周边文化市场和暑期专项整治行动。以整治学校周边文化经营场所为重点，坚决杜绝未成年人进入网吧，对未按规定核对、规范登记上网消费者有效身份证件的违规行为予以严肃处理。严禁使用涉黄、涉暴等非法软件，发挥“净网先锋”的监督和过滤作用。对不符合相关法律法规要求的文化娱乐经营场所，坚决依法予以限期整改。对提供下载影视片、刻录等业务的手机店、无证经营摊点开展清查，重点查处、删除利用电脑下载传播淫秽色情及低俗信息的电子信息内容和行为。其间，全市共删除含有淫秽色情及低俗信息35条。结合“扫黄打非”2018“清源”“净网”“护苗”“固边”和“秋风”5个专项行动积极开展各项专项整治行动。做到市场检查不停、明察暗访不断，对印刷企业、歌舞娱乐场所、网吧、音像店、书店、报刊亭等进行全面清查，全面做到文化市场的监管、案件查办、社会宣传等工作一刻不放松。

2018年1月9日—2月23日，在全市各中小学推广《护苗·网络安全课》课件工作。全市共有78所中小学校组织学生观看《护苗·网络安全课》视频课件；市电视台及各县（市、区）电视台高频次滚动播出公益宣传片；共青团百色市委等多个媒体公众号发布有关《护苗·网络安全课》的宣传报道；市图书馆 LED 大屏幕等全市多个 LED 大屏幕在户外滚动播出《护苗·网络安全课》视频；交通运输、铁路、航空等“扫黄打非”成员单位，在候车、候机及车厢等也主动播放视频课件，形成全覆盖的宣传态势。

同年，从 3 月 1 日起，在全市范围内组织开展出版物市场专项整治活动。该活动重点检查城区印刷企业，校园周边打字复印店，出版物销售较集中的街道、商场、报刊亭及高速路口。依法取缔兜售非法出版物的摊点，坚决查处含有淫秽、色情、暴力、迷信等内容的非法出版物。

同年 4 月 24 日，支队全体人员全程参加百色市集中销毁非法出版物暨“绿书签 2018”“扫黄打非”进校园系列宣传活动。此次活动共有 1 万余件侵权盗版及非法出版物被当场销毁。

同年 1 月、3 月和 9 月，联合市工商局、市公安局开展打击利用电脑、移动硬盘、手机多媒体卡等设备预装、复制、传播淫秽色情信息和反动宣传品的电子产品、手机销售商、维修店，特别是对学校周边的文化娱乐场所进行整治，收缴各类非法出版物 1000 多份，责令停业整顿网吧 6 家。

第六章 文化建设亮点工作

2021 年以来，百色市各级文化机构深入贯彻落实市委、市人民政府的决策部署，进一步强化顶层设计，整合优质资源，打造优势品牌，文化建设工作亮点纷呈、硕果累累，在百色文化旅游强市建设中取得了新成效。

第一节 地（市）级机构亮点工作

·百色市文化广电体育和旅游局·

扎实开展建党 100 周年系列活动

2021 年，百色市文化广电体育和旅游局围绕“‘四轮’驱动，‘双务’并行”党建工作体系（四轮驱动，即党的建设、廉政建设、意识形态、安全生产；双务并行，即党务和业务），切实将开展建党 100 周年系列庆祝活动与全市文化旅游工作结合起来，做到“两不误、两促进”。开展了 5 次专题学习研讨活动，建设了建党 100 周年党史学习教育阵地、红色经典阅览室等。先后举办了各种党建专题培训活动 27 场（次）。深入乡村开展惠民演出 10 场，在半岛公园开展群众文艺演出 26 场，受益群众 10 多万人次。联合市直单位、武警部队、企业等单位开展大型“党建 + 旅游”活动 5 场。开展了“幸福路上”2021 年百色市群众文化活动网上展播和“唱支山歌给党听”大家唱群众歌咏活动。举办“在鲜红的党旗下”百场群文活动献礼建党百年系列文艺演出，全市开展群众文化活动 341 场，创历史之最。认真开展百色市“建党百年·圆梦少年”文化文艺志愿服务进乡村学校少年宫系列活动，由 43 人组成的文化文艺志愿服务队分赴全市 142 所乡村学校，开展培训、演出等志愿活动 142 场。

扎实开展文艺精品创作和文化惠民演出活动

成功录制“我们的中国梦”《2021 东西南北贺新春》特别节目，并于春节期间在央视综艺频道、综合频道反复播出 20 余次。大型民族歌剧《扶贫路上》入选庆祝中国共产党成立 100 周年舞台艺术精品进京汇报展演剧目。民族歌剧《扶贫路上》、群舞《阿母的天》获评第十届广西文艺创作铜鼓奖，群舞《粽粽连心》《甜蜜生活》

获得2021年“红绣球”广西舞蹈创作作品展演活动作品奖。创作、选送29件作品报名参加第九届全区基层群众文艺会演；创作21个作品参加第十一届广西音乐舞蹈比赛，其中10个作品入围决赛，《粽粽连心》《出征》获二等奖，《晒场》获三等奖；选送7个小戏作品报名参加第十一届广西剧展，3个作品入围决赛。市民族文化传承中心韦志坚获评“八桂文化艺术奖先进个人”。组建百色代表队排练民族歌舞《壮锦献给毛主席》参加自治区建党100周年歌会。成功举办百色市各族人民庆祝中国共产党成立100周年“党啊，我们歌唱你”主题歌会，市四家班子领导、市党政机关、各县（市、区）、市直代表队等18个代表队参与演出。成功举办第六届全市文艺汇演，各县（市、区）的12支队伍700多名演员，历经8天，上演25场，演出100余个节目。培育“到人民中去”文化艺术普及品牌，举办音乐教育、戏曲进校园活动25场（次），开展消防主题艺术培训、礼仪文化培训等15场（次），总参与人数达54.5万人次。市图书馆举办线上、线下活动170场（次），参与人数达9万余人次。协调中国东方演艺集团到隆林各族自治县、乐业县、那坡县开展“春雨工程”文化志愿者下基层文艺演出活动，完成15场“我们的中国梦”文化进万家主题专场活动。

扎实推进文化遗产传承保护工作

加快推进文物立法，出台《百色市旧石器时代遗址保护条例》。完成1个全国重点文物保护单位和2个自治区级文物保护单位本体修缮项目、1个馆藏可移动文物预防性保护项目和2个全国重点文物保护单位消防安全项目顺利开工。抓好文物安全工作，开展3次文物安全督查，严格建设工程涉文物事项报审，严厉查处破坏文物案件。积极开展各类非遗展示传习活动，全市开展各类非遗传承展示活动1000多场（次）。靖西末伦成功入选第五批国家级非物质文化遗产代表性项目名录，百色市国家级非遗保护名录达9项，数量居全区第二位。评选46名第五批市级非物质文化遗产代表性传承人，获评21名第七批自治区级非物质文化遗产代表性传承人。及时下发国家级、自治区级非物质文化遗产代表性传承人补助，举办15期培训班，邀请传承人授课。靖西绣球制作技艺入选自治区党委宣传部评选的中华优秀传统文化传承发展工程广西“十佳案例”。振兴传统工艺，推进“非遗+扶贫”工作，争取深圳对口帮扶资金打造百色市乐业县新化镇百坭乡村农村文旅振兴项目。

第二节 县（市、区）级机构亮点工作

·右江区文化体育和旅游局·

深化现代公共文化服务体系建设取得新进展

2021 年，推进建设乡镇文化站项目 2 个、智慧广电村级全媒体信息站 1 个、“一村一屏”展示平台 37 个，发展“广电云”用户 2000 户。开展线上线下各类群众文体活动 70 余场（次）、公共文化专管员大培训 1 期、全民艺术普及培训 5 期，获评为第二批百色市民族团结进步示范区示范单位。

围绕群众需求扎实开展文化惠民活动

围绕农村党员发展农村优秀传统文化、乡村文化旅游引领脱贫攻坚、乡村振兴的素质能力提升，组织开展 2021 年右江区公共文化专管员培训活动，不断提升农村文化队伍的综合素质。

充分结合庆祝建党 100 周年、创建民族团结进步示范区和巩固“双城”创建成果等宣传工作，组织开展右江区新时代文明实践 2021 年“三下乡”暨“我们的中国梦”——文化进万家等主题鲜明、种类丰富的线上、线下惠民服务活动。

充分利用 24 小时智慧书屋、流动图书车开展“童心向党 · 书香红城”等全民阅读推广活动，受益群众 2.2 万人次。同时，积极推进图书馆总分馆制建设，先后与汪甸瑶族乡等 6 个乡镇（街道）文化站共同开展系列读者服务活动。

文艺精品创作成果丰硕

围绕建党百年，抓好文艺精品创作生产。选好主题，组织文艺创作人员深入乡村开展精品文艺创作采风活动，力求创作出唱响时代主旋律、群众喜闻乐见的文艺精品，主要文艺精品有舞蹈《粒粒金》《喜悦》《不忘初心》《山歌美酒敬党恩》《幸福的味道》《红军教我一首歌》《出征》《三月三》《英雄》《麽乜抱太阳》《新生活》等一批优秀作品。

参加“永远跟党走”庆祝中国共产党成立 100 周年暨第九届全区基层群众文艺会演，获舞蹈类二等奖节目 1 个、优秀奖节目 1 个，声乐类节目优秀奖 2 个；参加百色市第六届文艺会演，右江区专场获综合艺术金奖；参加广西音乐舞蹈比赛荣获舞蹈类创作三等奖 1 个。

努力推动文化遗产保护传承利用工作

扎实开展红色文化资源调研活动，提出一系列红色文化资源及其他历史文化资源保护利用的意见和建议。同时，深入实施文物平安工程，扎实开展右江区文物建筑消防安全及其他重点不可移动文物安全巡查活动，并根据重大基础设施建设需要，组织开展野外文物考古调查项目21项。另外，进一步强化文化遗产宣传，落实文化遗产校地合作机制，开展右江区“文化遗产进高校”“非物质文化遗产巡展”等活动。

·田阳区文化体育广电和旅游局·

文艺精品力作不断涌现

2021年，创作讴歌党和祖国题材的文艺作品22个。着力打造的音舞诗画《百年风华　盛世田阳》，荣获百色市第六届文艺汇演综合艺术银奖；选送舞蹈《狮·传》参加“永远跟党走”庆祝中国共产党成立100周年暨第九届全区基层群众文艺会演，荣获二等奖。

群众文化活动不断繁荣

组织编排党史、创卫、防疫等主题晚会，组织广场舞大赛、戏曲进乡村、文化进万家、丰收节等惠民宣传演出活动。全年组织开展文艺演出90余场（次）、文体活动约200场（次），受惠总人数达25万余人次。

公共文化服务效能增强

辖区图书馆、文化馆、乡镇综合文化站等公共文化场所实现免费对外开放常态化，每周免费开放时长均达42小时以上，服务群众近10万人次。全面推行图书馆文化馆总分馆制试点，在田州镇分馆、洞靖镇分馆、头塘镇分馆、那满镇分馆开展全民阅读下乡、文化展览活动15场（次）。辖区内全年开展系列公共文化辅导、文艺培训活动80余场（次），培训文艺骨干300人，惠及群众达10万人次。

非物质文化遗产保护工作卓有成效

完成非物质文化遗产代表性传承人的申报工作，其中被认定为第七批自治区级非遗代表性传承人4人，被认定为第五批百色市非遗代表性传承人5人。组织开展“文化和自然遗产日”宣传活动，选送非遗项目“田阳舞龙”参加南宁青秀区2021青秀国际传统舞龙邀请赛，组织麦秆花篮编织技艺传承人参加广西“非遗购物节”桂人礼线上卖场活动，组织百色市中国农民丰收节非遗项目展演活动，有条不紊地开展非遗文化进乡村、进校园活动。

文物宣传与保护有序推进

加强文物修缮工作，推进田阳壮族博物馆、瓦氏夫人文化公园项目的续建施工。完成文物保护单位的消防安全隐患排查，组织开展消防宣传教育。开展“5·18国际博物馆日”展览活动。

·田东县文化体育广电和旅游局·

文艺演出活动丰富多彩

2021年，组织参加四平村“民族团结一家亲·美丽四平山歌会”晚会的演出，协助举办2021年百色·田东芒果文化节主题文艺晚会，组织参加第九届全区基层群众文艺会演、第六届百色市文艺会演田东专场晚会并荣获综合艺术铜奖。

文艺作品创作精品迭出

组织文艺骨干创作了民族音乐剧《红土留根》，选送参加第九届全区基层群众文艺汇演并获得优秀奖。选送新原创歌曲《共同的梦想》《那个女孩走了》参加第九届全区基层群众文艺会演，获得三等奖。

持续开展送书下乡活动

通过到各乡镇开展学雷锋志愿服务读者宣传活动、全民阅读推广、“感党恩、跟党走”图书宣传周等活动，共发放宣传资料约1.2万份，免费发放对联、“福”字门贴、生肖贴、挂历等2250份，免费赠送科技图书9000多册、科普影碟200多张，受益群众达8600多人次。

宣教工作突出特点　提高公共文化服务质量

结合右江革命纪念馆自治区中小学研学实践教育基地的优势，走进各中小学校开展“童心向党，寻访红色足迹”红色教育研学活动及少先队建队日主题活动，进一步扩大红色文化的宣传范围，加强红色教育，培育青少年的家国情怀。县博物馆到各中小学举办“建党百年——以史鉴今·田东”等主题展览，为青少年学生免费发放相关法律法规和宣传资料6000余份，惠及青少年9430人，讲解场次约350次。

非遗保护传承走向深入

成立田东县瑶族文化研究会。完成县级、市级、自治区级非物质文化遗产代表性传承人推荐工作，完成2021年中华优秀传统文化传承发展工程“十佳案例”申报工作。组织壮族嘹歌5名传承人前往广西民族博物馆参加“壮族三月三”歌圩节，展示田东壮族嘹歌的艺术魅力。

·平果市文化体育广电和旅游局·

全面推动文化惠民工程

2021年，结合乡村振兴，推动文化惠民走深走实，惠及更多群众。举办“百姓大舞台”文艺展演活动、戏曲乡村、平果市文化志愿者喜迎建党100周年文艺展演等活动近40场，受益群众约30万人次。

深层次推进全民阅读

结合党史学习教育，完成3家阅读驿站建设，配备各类出版物1000余册。开展“文化进万家”送书下乡阅读活动等活动近50场，受益群众达1万人次。

强化公共文化公益培训

依托文化馆等文化阵地，为群众提供书法、舞蹈、播音主持、钢琴培训等文化公益培训近50场（次），受益人数近1500人次。

加强文物保护及宣传

派出300余人次，到各乡镇查看各级不可移动文物共71处、文物点8处。举办“5·18国际博物馆日”宣传活动，提高文物保护意识。

·德保县文化体育广电和旅游局·

有序恢复群众性文化活动

2021年，组织开展免费送春联活动，深入马隘镇、都安乡等乡镇为群众免费送春联5000多副。

举办“全民阅读日”系列活动7场，开展送书进校园活动，赠送图书300册。

举办庆祝中国共产党成立100周年主题晚会、快闪拍摄活动、美术书法摄影作品展，并结合党史学习教育开展党建主题活动。

参加百色市第六届文艺会演并获综合艺术金奖，舞蹈作品《粽粽连心》参加第十一届广西音乐舞蹈比赛荣获表演二等奖，南路壮剧《这婚不能退》入选庆祝中国共产党成立100周年广西优秀舞台艺术作品展演暨第十一届广西剧展。

深入全县各乡（镇）开展文化进万家送书活动，累计送书3600余册，受益群众3000多人次。开展“百首颂党山歌大家唱”活动。

积极招募培养基层文化人才

招募“三区”文化志愿者6人，选送4名文化工作者参加第一届广西民间剧团暨新文艺群体优秀人才培训。累计开展各类文化服务工作371次，服务基层群众7832人次。

完善文化阵地建设

完成城关镇、都安乡等8个乡（镇）图书馆、文化馆分馆挂牌工作。

加强非遗和文物保护利用　传承民族优秀传统文化

开展非物质文化遗产传承展示，举办2021年“文化和自然遗产日”主题活

动；做好自治区级文物保护单位的修缮工作，投入资金对德保县镇安府三堂、镇安府孔庙2个自治区级文物保护单位进行修缮；大力征集散落民间的疑似文物，到马隘镇安阳村岜考屯、晚旧村晚旧屯、东凌镇大福村大福屯征集“海洋化石”、古书籍、古瓷器等重要文物遗存，以及民族生产代表性实物10件。2021年9月，德保县文物局顺利挂牌。

·靖西市文化体育广电和旅游局·

逐步健全公共文化设施

2021年，完成渠洋镇综合文化站办公大楼、康城社区文体活动中心附属工程验收、移交工作；建成“锦绣阅读”自助图书馆，馆内有近5000册书籍可供市民朋友借阅，有座位26个，内设自助借还书机、电子书借阅机等一系列自动化设备，极大限度地满足了群众的阅读需求。

积极创编文艺精品

结合庆祝建党100周年主题活动，精心打磨创作演出“百年奋进铸辉煌　忠诚护航新征程”——靖西市大型红色情景党课。

有序开展文化活动

结合党史学习教育的重要部署，广泛开展群众性主题活动，圆满举办“基层文化展党史　社区群众颂党恩”——靖西市庆祝建党100周年暨“社区舞台·街天有戏”广场文化大家乐活动、“学史增信感党恩，唱支山歌给党听”靖西市迎接建党100周年暨“壮族三月三”传统歌节山歌大赛、“脱贫感党恩　文化送基层”——靖西市“学党史　感党恩　跟党走”主题宣传暨2021年“文化惠民　百场戏曲进乡村”活动、2021年“学党史　庆国庆　颂党恩”文艺演出等活动，营造共庆建党百年、共创历史伟业的浓厚氛围。

文艺赛事成绩喜人

小品《路》和壮族末伦《永远怀念黄小林》荣获第九届全区基层群众文艺会演优秀奖，综合艺术节目《永远跟党走——壮乡飞出金绣球》荣获百色市第六届文艺会演靖西专场综合艺术金奖，合唱《壮锦献给毛主席》荣获百色市各族人民庆祝中国共产党成立100周年主题歌会一等奖，合唱《东方红》《又是一年三月三》荣获百色市统一战线庆祝中国共产党成立100周年主题歌会比赛一等奖，参加“感党恩·跟党走”自治区第九届“多彩金秋”文化活动红色歌曲音乐会荣获一等奖。

进一步巩固非遗保护与传承

曲艺类末伦成功列入第五批国家级非物质文化遗产代表性项目名录，黄程、梁燕琴被认定为第七批自治区级非物质文化遗产代表性传承人。同时，通过举办靖西市 2021 年“文化和自然遗产日”宣传展示活动、织锦技艺培训班等文化传承活动，进一步加强了传统文化的展示交流。

·那坡县文化体育广电和旅游局·

文化阵地影响扩大

2021 年，组织县文化馆、县博物馆、县图书馆、乡镇文化站向社会免费开放。2021 年，公共文化设施接待读者、游客、服务对象 4 万余人次。2021 年，文化馆、图书馆、博物馆、展示中心共举办各类公益活动、公益演出、公益培训 1000 余场（次），惠及 9 万余人次。

文艺精品推陈出新

参加“永远跟党走　红城更壮美”百色市第六届文艺汇演活动，有 8 个作品获得本届文艺汇演好名次。参加百色市非公经济人士庆祝中国共产党成立 100 周年歌咏比赛，歌曲《歌唱祖国》荣获二等奖。参加 2021 年“壮族三月三·八桂嘉年华”广西民族博物馆会场展演活动，演唱那坡壮族歌曲《一路唱歌一路来》，获得社会各界人士的好评。

惠民活动丰富多彩

成功举办 2021 年“庆元旦、迎新年”文艺晚会，协办“永远跟党走”——那坡县庆祝中国共产党成立 100 周年“红色歌曲大家唱”歌咏比赛，参加“弘扬最美风尚、德耀文明边关”——第一届那坡县道德模范表彰晚会、“感党恩　听党话　跟党走”2021 年那坡县党史学习教育暨庆祝建党 100 周年文艺晚会等 7 场活动，开展“深入生活、扎根人民”主题实践活动、“学雷锋志愿服务活动月”群众文化艺术培训活动等。

文博工作稳步发展

完成邱柳松墓、摩崖石刻护性修复工作；完成滇桂边纵兵工厂旧址、念井炮楼、念井电台旧址、平孟起义遗址、中共镇边县委旧址、革命烈士纪念碑等 85 处不可移动革命文物点的巡查工作；举办 2021 年文物保护利用与管理工作业务培训班，开展“5·18 国际博物馆日”活动、“文化和自然遗产日”等活动，提高群众参与文物保护的意识；参与录制疫情防控宣传视频和建党 100 周年快闪视频，协助广西电视台到那坡县拍摄视频歌曲《唱支山歌给党听》等，提升文化品牌。

·凌云县文化体育广电和旅游局·

文化事业展现新气象

组织团队参加百色市第六届文艺汇演

凌云县参演节目，舞蹈《背篓情》、小品《我们一起努力》分别获得舞蹈创作、戏曲表演三等奖；开展各类惠民演出，组织开展“我的中国梦”——文化进万家，戏曲进校园、进社区、进乡村等主题文艺演出 56 场（次），惠及群众 2320 人次；组织开展凌云壮族七十二巫调音乐国家级非物质文化遗产项目等培训，以更好地传承和保护非物质文化遗产。

· 乐业县文化体育广电和旅游局 ·

文化惠民工程不断提升　文化活动有声有色

2021 年，乐业县图书馆共接待到馆人员 71129 人次，举办各类线上、线下活动 65 场（次），送书下乡 2600 册，送发各种知识宣传单 3.2 万张（册）。

博物馆开展党史学习教育等系列主题活动，共接待各机关、企事业单位及旅游团体、参观群众 5 万多人次。开展宣传活动 2 次，发放资料 1 万多份。

文化馆举办免费送春联，“我们的中国梦 · 文化进万家”——濒危剧种进乡村、进校园演出等各类艺术活动 158 场（次），服务群众达 5 万人次以上。

唱灯戏《七婶嫁媳》被自治区文旅厅列入广西庆祝建党 100 周年百部优秀作品之一。

参加百色市第六届文艺会演，荣获百色市第六届文艺会演综合艺术金奖。

文物保护有序开展　非遗传承焕发活力

对全县 8 个乡（镇）的 22 处重点文物保护单位进行巡查。开展非遗进校园保护传承活动 12 场，受益师生 3000 余人。

撰写完成“乐业汉族山歌”申报非遗代表性传承人推荐书和录像解说词并成功申报。乐业县自治区级非物质文化遗产项目“乐业汉族山歌”传承人周长轮被认定为第七批自治区级非物质文化遗产代表性传承人。

· 田林县文化体育广电和旅游局 ·

公共文化活动异彩纷呈

2021 年，县文化馆开展免费写赠春联活动、民族团结主题美术书法摄影比赛及其作品展、线上灯谜竞猜、诗词创作比赛、基层公共文化管理员系列培训等免费开放活动 74 场（次），参与人数 3 万余人次。

县图书馆以“建党 100 周年”“民族团结”“读 · 田林”等为主题内容，以线上、线下为形式，组织开展阅读推广、公益讲座、培训、展览等形式多样、内容丰富的活动195场（次），累计服务读者3万余人次。

县博物馆结合“5·18国际博物馆日”举办宣传活动，共发放宣传资料400余份；指导“西林教案”陈列馆有序开放，截至2021年12月，“西林教案”陈列馆共接待游客达8500余人次。

县非遗中心、县文化馆会同各相关业余剧团分赴14个乡（镇）开展田林县2021年“学党史　感党恩　跟党走”戏曲进乡村暨文化下乡惠民演出86场（次），演出活动吸引了4万余名观众，丰富了基层群众的精神文化生活，提升了群众的幸福感。

不断提升非遗传承和文物保护工作

开展瑶族铜鼓舞培训活动3场（次），新建瑶族铜鼓舞民间传承队伍2支、校园传承队伍1支；组织开展“文化和自然遗产日”宣传活动，成功申报第五批市级非物质文化遗产代表性传承人2人；对全县文物保护单位开展重点巡查，杜绝安全隐患和公共突发事件发生。

文化文艺精品创作持续输出

组织壮剧《一张公示》参加第九届全区基层群众文艺会演获戏剧类二等奖，组织壮剧《感恩》参加第十一届广西剧展获小品小戏类桂花作曲奖、桂花表演奖，组织参加百色市第六届文艺会演获综合艺术银奖。

·隆林各族自治县文化体育广电和旅游局·

落实文化惠民工程

2021年，利用免费开放经费开展各项文化活动，把文化惠民落到实处。文化馆、图书馆、博物馆在做好疫情防控工作的同时，对馆内的厅、室全面给予对外开放，组织开展一系列比赛类文化活动、实施全民艺术普及，全年共开展活动12次，开展培训班6次。

丰富群众文化生活

组织开展丰富多彩的群众性文化活动，丰富群众的文化生活。全年结合传统节日开展演出4场，开展2021年“我们的中国梦”——文化进万家　文化送基层惠民演出96场，举办大型歌舞比赛3场。

精心创作文艺精品节目

打造文艺品牌，积极完成各项演出任务。组织歌舞团深入乡村采风、创编特色精品节目，策划创作的音乐舞蹈专题《采梦隆林》参加百色市第六届文艺会演，获综合艺术类银奖；彝族舞蹈《彝魂》入围全区音乐舞蹈决赛，获优秀奖。

扎实推进非遗和文物保护工作

组织非遗传承人到学校开展传承活

动 2 次；成功申报 2021 年县级非遗项目代表传承人 20 人、市级非遗项目代表性传承人 16 人、自治区级非遗项目代表性传承人 7 人；充分利用各种宣传日、农村赶集日，组织开展《中华人民共和国文物保护法》《博物馆条例》文物宣传展板进校园、进社区、进农村等活动，扩大社会宣传面。

· 西林县文化体育广电和旅游局 ·

聚力文化惠民　群文工作丰富多彩

2021 年，积极组织、参与、举办各项文艺活动，打造西林文艺品牌，讲好西林故事。组织参加百色市委、市人民政府举办的“中国共产党成立 100 周年专题晚会”活动、百色市第六届文艺会演、西林县庆祝中国共产党成立 100 周年“歌颂党恩”经典红歌比赛活动；协助县委宣传部、统战部举办西林县 2021 年“民族大团结，永远跟党走”线上春节联欢晚会，为工作在疫情一线上的工作人员及广大群众献上一台精彩的文化盛宴；协助县委、县人民政府开展“西林县 2021 年‘壮族三月三 · 句町嘉年华’民俗文化展演”，协助开展西林县第二届“三月三”民俗文化旅游节、西林乡村振兴项目——周帮古城启动活动工作。

积极做好非遗申报工作

成功申报土戏传承人雷有昌、土戏传承人苏瑞想、壮族唱娅王传承人黎美芬 3 人为第七批自治区级非物质文化遗产代表性传承人；在县人民公园举办 2021 年“文化和自然遗产日”非遗宣传展示活动，进一步提高全县人民群众的非物质文化遗产保护意识。

认真贯彻落实文物保护、宣传工作

充分利用春节、“5 · 18 国际博物馆日”“文化和自然遗产日”，通过展板、横幅标语、LED 标语、宣传资料等形式开展宣传活动，扩大西林文化遗产资源的影响力和知名度，提高公众对《中华人民共和国文物保护法》等文化遗产有关法律法规的认识和了解，营造良好的文化遗产保护氛围；完成国保单位岑氏家族建筑群的安全保卫工作，定期对建筑群进行安全排查，及时排除安全隐患，确保全年无人为安全事故发生；做好全县 33 处不可移动文物点的保护和安全防范工作，确保不可移动文物保护单位的安全。

下篇

百色文化资源

百色市是以壮族为主体的多民族文化共生地，是壮族的文化轴心地带，也是中国的革命圣地之一。

百色有着深厚的历史文化。从旧石器时代的石制品到新石器时代的古人类遗骸，从古句町国的铜鼓墓、铜棺墓到清代“一门三总督”的西林岑氏故居，无一不在向世人诉说百色境内光辉灿烂的史前考古文明，向世人展现见证历史发展印记的古迹遗址。此外，刘永福率黑旗军援越抗法、震惊中外并成为第二次鸦片战争导火索的“西林教案”等历史事件也发生在百色这片土地上，它们都演绎着百色历史前进的踪迹。

百色有着多彩的民族文化。田阳布洛陀文化遗址的发现，为壮族人民找到了文化的根。手工精细、美观大方的绣球，织工精巧、色彩绚丽的壮锦走向国际，声名远播。百色境内的民族文化还有：瑶族盘王节、苗族跳坡节、彝族跳弓节和火把节、仡佬族拜树节等节庆文化；壮、瑶、苗、彝、仡佬等民族具有鲜明特点和地方特色的民族服饰文化；乐业扎染和隆林苗锦、竹制品等民间手工艺文化；壮族巫调音乐、北路壮剧、南路壮剧等民间艺术文化；等等。多姿多彩的民族文化交织成一幅壮丽的画卷，让百色享誉中外。

百色有激昂的红色文化。1929年，邓小平、张云逸、韦拔群等老一辈无产阶级革命家在这片红土地上发动了威震南天的百色起义。红七军将士和右江革命根据地人民为了中华民族的解放事业艰苦奋斗、不怕牺牲、敢于胜利，用鲜血和生命铸就了百折不挠、实事求是、依靠群众、团结奋斗的百色起义精神，在中国历史上写下了光辉的一页，造就了百色的红色革命文化，为后人留下了传承爱国主义和革命传统教育的历史故事和重要场所。

第七章 文学创作

百色的小说、散文（杂文、文艺评论）、诗歌、报告文学、民间文学、戏剧等文学作品，从主要刊物可探寻到古今文学创作情况。1949年中华人民共和国成立后，特别是党的十一届三中全会后，百色文艺工作者创作出一批优秀文艺作品。据不完全统计，1985—2005年，在地市级以上发展各种体裁文艺作品7480篇（首）。其中，长篇小说11部、长篇散文3部、诗集50部，戏剧、曲艺作品分别在全国、全区和市级获奖，有的被国家级、自治区级新闻媒体采用播出。

第一节 小 说

·作品发表和出版·

民国时期，有文学爱好者创作小说，如悲尔哀曾在《绿洲》《广西日报》分别发表短篇小说《黑穗谷》和《在外祖母家》。

中华人民共和国成立后，百色小说创作日益活跃，创作队伍不断壮大，发表作品数量增多，质量不断提高。

1958年，韦登科短篇小说《房东——周老大爷》在《右江日报》发表。

1960—1965年，梁学短篇小说《新来的调度员》《女司机》《总段长》出版。

1964年，黄辅民短篇小说《老尖看戏》在《广西文艺》发表。

1972年，黄永邦小说《管粮工》发表于《右江文艺》并获奖。1972年，黄辅民小说《写春联》发表于《羊城晚报》；同年，黄辅民小说《写春联》发表于《羊城晚报》，被选入《贫农们》一书；同年《改选之前》发表于《广西文艺》，入编《南疆木棉红》一书。

1973年，杨荣杰短篇小说《重返三江口》发表于《广西文学》。

1974年，黄辅民短篇小说《红松村的故事》于《广西文艺》发表，被选入《红松村的故事》一书。1974年，李文杰短篇小说《红樱花》、黄建中小说《墓地上的吊钟花》收入小说集《南天雷》。1974年6月，隆林籍陈玉宝小说《雨后春笋》发表于《广西文学》。

1978年，黄钲短篇小说《心》获广西儿童文学创作奖。

20世纪80年代，林达忠、何桂兴小说《糖梨》发表在《中国少年报》。1980年5月，陆正怀小说《洪流》发表于《羊城晚报》。

1980年，杨军中篇小说《槟榔盒》（合著）由解放军文艺出版社出版，获1988年全国首届少数民族创作优秀奖和广西首届铜鼓奖。

1980年5月，陆正怀小说《洪流》发表于《羊城晚报》。1980—1981年，周广生短篇小说《卜丽仙招婿》获《广西文学》优秀小说奖。

1981年，罗小莹的《小兵》在《解放军文艺》上发表。1981年，周广生小说《卜丽仙招婿》发表于《广西文学》，获《广西文学》1980—1981年优秀作品奖。

1982年1月，黄佩华小说《花好月圆》发表于《右江日报》。

1983年，潘德忠小说《家信》（壮文作品）在《广西民族报》发表。同年，韦革新小说《阿吴瓦姆》获《广西日报》“桂岭笙歌”征文奖。同年黄钲短篇小说《大山老树》获《广西日报》“桂岭笙歌”征文奖。同年潘荣才中短篇小说集《上梁大吉》由漓江出版社出版，获广西第二届少数民族文学优秀作品奖；潘荣才小说集《意守丹田》获广西太阳石文学二等奖；潘荣才编著的《广西少数民族小说选》《红花溪畔》等书出版。1983年，黄钲短篇小说《大山老树》获《广西日报》“桂岭笙歌”征文奖，韦革新小说《阿吴瓦姆》获1983年《广西日报》“桂岭笙歌”征文奖。1984年，阮长洲小说《金竹花开》发表于《人民文学之友》。

1985年，黄钲中篇小说《江和岭》获第二届全国少数民族文学创作骏马奖二等奖。同年5月，岑隆业小说《桥架在日出那方》发表于《民族文学》。

1986年12月，黄佩华小说《山边野栅》发表于《三月三》。1986年，杨荣杰中篇小说《爱，不在险柜里》发表于《三月三》杂志。廖世和短篇小说《桂林》在《人民文学》发表，中篇小说《难以把握》在《广西文学》发表。

1987年7月，岑隆业小说《羽人困惑》发表于《人民文学》。杨光富发表短篇小说《结双帕》《抢新水》《跳坡时节》《带血的贝衲》，被收入广西人民出版社出版的小说集《红樱花》；同年，杨春寿短篇小说《四季长春》《铺路石》

被收入广西人民出版社出版的小说集《红樱花》。

1988年3月，岑隆业小说《太阳的颜色》发表于《广西文学》；同年11月，岑隆业小说《斗牛女的特郎餐》发表于《大西南文学》。1988年，周广生中篇小说《人迹罕到的山谷》和短篇小说《死亡大迁徙》获《右江文艺》创作基金奖。

1989年3月，陈玉宝小说《鸳鸯湖畔》发表于辽宁省《作家之路》。1989年11月，韦羽飞小说《草屋情怨》发表于《三月三》。1989年2月，岑隆业小说《头骡　骡头》发表于《当代》。

1990年2月，杨春寿小说《雪谷》发表于《三月三》。同年2月，隆林籍陈玉宝小说《雪谷》发表于《三月三》。1990年5月，岑隆业小说《马骨胡有两根弦》发表于《南方文学》。1990年11月，黄佩华小说《小城公务》发表于《上海文学》。1990年，黄爽短篇小说《台风的年龄》在《青年文学》发表。

1991年12月，黄佩华中篇小说集《南方女族》由广西人民出版社出版。

1992年5月，梁福小说《小说题目》发表于《三月三》。1992年，李修琅长篇小说《古案传奇》由广西民族出版社出版。

1993年8月，农穆长篇小说《南方惊雷》由解放军文艺出版社出版。

1994年7月，杨忠民长篇小说《伸进中国的国际黑手》由广西民族出版社出版。1994年，张民柱长篇历史小说《埋梦岁月》由广西民族出版社出版。1994年，姚茂勤中篇小说《从浪平出发》在《广西文学》发表。

1995年，陈雨帆长篇小说《血族寓话》、中篇小说《冰棕榈》出版。

1996年，周广生小说集《魂魂魂》由广西人民出版社出版。

1997年，姚茂勤中篇小说《桂西往事》发表在《当代》。1997年8月，李长寿长篇传记《热血忠魂》出版。

2000年12月，梁福小说《拐角》发表于《红豆》。2000年11月，杨忠民著《守恒的心灵》（中短篇小说集），由中国文联出版社出版。2000年，廖世和的短篇小说《桂林》在《人民文学》增刊发表。1975年，黄莺短篇小说《弯弯泉》获广西优秀作品奖，吕斌短篇小说《雾中的世界》发表在《小说家》。

2003年，杨文升中篇小说《月亮在山那边》在《民族文学》发表。2004年，马元忠短篇小说《九指姐》在《广西文学》

第 2 期发表，2004 年，马元忠短篇小说《自家的事》在《广西文学》第 11 期发表。2004 年 1 月，罗皓予小说《画眉之死》发表于《广西文学》。

2005 年 11 月，梁福长篇小说《岑毓英》由中国文联出版社出版。2005 年 11 月，韦羽飞中短篇小说集《枫叶几时红》由中国广播电视出版社出版。

2006 年，李修琅著长篇历史小说《邓小平的房东》，由广西民族出版社出版。

2007 年，中天人著小说《喋血四六箱》，由教育科学出版社出版。

2008 年，黄玉珍著长篇小说《恒约》《圣诞快乐》，由作家出版社出版。梁福著《岑春煊》（长篇历史小说），由作家出版社出版；左绍忠著《生死特工》（长篇小说），由北京时事出版社出版。梁福把悉心搜集、整理的西林那劳一门三总督——岑毓英、岑毓宝、岑春煊的史料，再融入自己独特的思考、视角和艺术理念进行文学创作，创作的传记体小说《岑毓英》之姐妹篇《岑春煊》（近 40 万字）由作家出版社出版发行。

2009 年，杨文升小说《长满苞谷的山寨》荣获由《民族文学》和《人民文学》主办的“象山杯 · 我与奥运”全国征文大赛小说类唯一的二等奖（一等奖空缺）。

2013 年，罗南、黄爽、潘小楼、马元忠、陶丽群、许雪萍、梁会平、饶珍珠等作者先后在《民族文学》《广西文学》等省级、国家级文学刊物发表作品 20 多篇。

2014 年，潘小楼的小说《秘密渡口》获第五届广西文艺花山奖。

2017 年，陶丽群的小说在国家级文学刊物《作品与争鸣》《小说选刊》等刊出。2017 年，杨彩艳的作品《我们的童年谣》、陶丽群的作品《赤红色的墙》分获广西文学 2017 年度优秀小说奖、散文优秀奖。

2018 年，陶丽群、马元忠、罗南等中青年文学作者的 12 件文学作品在《民族文学》《中国作家》《广西文学》等省级以上文学刊物发表。陶丽群、韦志坚获 2018 年（首届）广西文艺花山奖新人奖，农逵的作品《虎溪三笑》获 2018 年全国“百花杯”铜奖，陈万斌在中国—东盟戏剧周戏曲比赛中获三等奖，杨文升获中国作协 2018 年少数民族重点作品扶持项目扶持，杨彩艳获广西“文学桂军”新锐作家扶持项目扶持。

·部分作品简介·

《冰棕榈》 中篇小说，陈雨帆著。以仡佬族生活为题材，叙写了青年文宝光和郭秀缅曲折动人的恋爱故事。

文宝光和郭秀缅同是仡佬族人，中学同学，毕业后，他俩在冰棕榈树下誓盟，建立了恋爱关系。郭秀缅的舅舅嫌文宝光家穷而不同意他俩相好，但两人感情笃深、坚贞不渝。参军后的文宝光在对越自卫反击作战中身负重伤复员回乡，出于不拖累郭秀缅一辈子的想法，毅然选择了“断情赎罪”，决定不娶郭秀缅为妻。得知真相的郭秀缅非但没有嫌弃，反而对文宝光的爱表现得更为炽热。新婚之夜，内心尚有顾虑的文宝光出逃到了冰棕榈树下，追寻而来的郭秀缅痛斥他不是仡佬族人，没有资格靠在这棕榈树上。一番话语使文宝光的灵魂产生了前所未有的震动，从而使他“浪子回头”，两人重归于好。

在仡佬族的文化里，棕榈树是神圣的，是守护永恒爱情的化身。该作品不是一般地描述“卿卿我我”的爱情故事，而是通过他俩在爱情上的曲折经历，反映出仡佬族人民独特的心理素质和高尚的道德情操，以及他们用辛勤劳动创造幸福生活的优良文化传统和伟大民族精神。

《江和岭》 中篇小说，黄钲著。是他经过精心构思而创作出来的一部力作，也是他的成名之作。1985 年，获第二届全国少数民族文学创作骏马奖二等奖。作品以“我”的口吻叙述了壮族少年勒安一家在 20 世纪 50 年代初期横遭厄运的故事。土地改革以后，壮族群众也和其他兄弟民族一样，迎来了丰衣足食的幸福生活。但勒安一家却面临着一连串的灾难：母亲病重，瘫痪在床，父亲卖炭，不幸翻船；稻田被淹，荡然无存。面对种种天灾人祸，少年勒安通过努力自学，靠顽强的毅力肩负起整个家庭的重担。

本书以一个少数民族地区“小人物”的形象，通过描绘他艰苦奋斗的历程，展现了壮族群众勇敢顽强，战胜困难，不屈不挠的奋进精神。

《老屋》 短篇小说，岑隆业著。小说讲述了在一个开发区内残留的老屋里发生的故事。破旧不堪的老屋里住着两位老妪和一位年轻的孕妇，生活的孤独空虚和对世道的怨恨，让两位老妪将所有的负面情绪都宣泄在了年轻孕妇身上，日日咒骂，极尽刻薄。最后，孕妇难产的呼喊声警醒了两位老妪，声声呼喊直击灵魂，在那一刻，她们“觉得每一个房间都有一个难产的姐妹在向她们求救！那女人的形象一下子变了，变成了她们的女儿或是自己！她们一阵战栗！这间老屋同时也在晃荡着，晃荡在一种生的严峻和搏击的神圣中，令她们兴奋不已……”

于是，她们放下了往日的怨恨，投入对孕妇的救助工作中。

这个故事以讲述两位老妪从怨恨到互助的过程，表现了人性的大爱——生命之爱，正是这种博大的爱，让人们由仇恨走向和平，由争斗走向和解。

《神山》 长篇小说，杨文升著。辛亥革命前夕，通过“看云”断吉凶的尤本父母把年仅 8 岁的尤本装进马箩筐，一家三口穿过一片片漆黑老林，来到山谷“挂丽姬”（苗语音译，即月亮闪烁的地方）种植心爱的苞谷。可惜不久父母病亡，身陷困境的尤本凭借祖传的一把芦笙作为支撑，在尝遍人间冷暖后活了下来。27 岁时，他邂逅了因患麻风病被寨人赶进原始森林的姑娘，于是，一段旷世奇缘、世纪之恋、爱情苦旅和苞谷地的故事由此生发。作为特殊历史时期产生的“苗王”，尤本带领族人闯关过险，自己也伤痕累累。尤本与女人的情感历程，是人类永恒的爱情舒展，民族危亡时人们之觉醒。书写了一代苗王尤本坎坷、浪漫、传奇的一生。

本书讲述了 20 世纪前半叶战争状态下生活在桂西丛林豹虎地豺狼谷里一个地位卑微的族群的命运，书写了桂西苗族同胞跟着共产党闹革命的惊天壮举，是一部不可多得的由苗族作家写苗族生活题材的长篇小说。

第二节 散 文

本书所述“散文”包括杂文、文艺评论等。百色的散文作品在 20 世纪 50 年代中期后陆续有发表。

· 创作发表和出版 ·

1955 年，潘德忠散文《机器又转动了》在《中国青年报》发表。

1972 年，黄永邦散文《春到瑶山》发表于《光明日报》，散文《闹乐春》发表于上海《儿童时代》；李泽散文《灯光下》发表于《广西日报》；朱伦欢《社员喜开丰收镰》《春夜喜雨》发表于《右江日报》并获奖。

1973年，依以德《新民歌狼披羊皮骗讹人》《剖开墨鱼见黑心》发表于《广西文艺》，收录于《战犹酣》一书。

1975年，陈玉宝散文《奔腾的瀑布》发表于《广西文学》。

1979年，陈玉宝《梅花岭上》发表于《广西日报》；黄飙散文《别有逸趣的酒令》《凌云无“骂”泉》、江正春散文《凌云太平洞自白》《阳光 · 沙滩》、黄仁廉评论《眼光及其他》等发表于《广西日报》。

1981年，杨荣杰散文《金子大爹》在《农民之友》上发表。

1983年，黄玉珍散文《祖国在战士心中》获《南宁晚报》副刊征文二等奖。

1988年，韦谋的散文《呵，故乡的“谷火蔑”》载《人民日报》1988年11月3日海外版。杨长勋文艺评论《叙抒娓娓，情韵悠悠》发表于《民族文学》，获广西民族学1987—1990年优秀成果奖。

1989年，黄华军散文《情寄阳台》发表于《广西工人报》，获优秀征文奖。

1990年，梁干杂文集《鳞爪集》由广西民族出版社出版；张国荣散文《矮马情》在《广西工人报》发表。何文里散文集《心曲集》由花城出版社出版。

1993年，杨军的散文集《边山情韵》由漓江出版社出版。

1994年，滕光跃的文学评论集《文苑笔话》由广西民族出版社出版；彭志规著的《彭志规杂文选》由广西民族出版社出版。

1998年，赵宗平主编的散文集《金土百色》由广西人民出版社出版；覃仲斌散文《北路壮剧的馨香》发表于《广西日报》，获征文三等奖。

2001年，卢文精散文集《南盘江情韵》由延边大学出版社出版；黄承基散文集《云山鉴水》由中国和平出版社出版。

2002年，邵顺新散文集《军侣恋》由中国文联出版社出版；覃硕学随笔集《边境岁月》由民族出版社出版。

2003年，黄志同的散文集《往事芳香》由人民武警出版社出版。

2004年，覃永录散文集《红果集》由中国文联出版社出版；黄宗道主编散文集《神秘的天坑群》由广西民族出版社出版。

2005年，李春才主编散文集《凯风自南》由中国广播电视出版社出版；黄宗道、周武红主编散文集《美丽的布柳河》由广西民族出版社出版。

2006 年，黄碧功、谢昌紧主编散文集《百色揽胜》由中国文史出版社出版；梁德的散文诗集《生命的跋涉》由大众文艺出版社出版；莫维铭的散文集《携爱同行》由作家出版社出版；罗小莹的散文集《生命如何流过森林》由作家出版社出版。

2007 年，杨文嘉与他人合作散文集《边山情韵》由广西民族出版社出版。

2008 年，姚俞的散文集《大地的眼睛》由中国广播电视出版社出版；黄荣伟主编散文集《编辑美丽》由首都师范大学出版社出版；刘伟权的散文集《鹅城旧事新说》由中国国际文学出版社出版。

2017 年，罗南的散文集《穿过圩场》入选 2015 年度全国少数民族重点扶持作品项目，并于 2017 年 6 月由广西师范大学出版社出版发行。

第三节 诗　歌

·诗歌作品·

古代

百色古诗在明清时期最具特色。主要散见于摩崖、洞壁石刻，还有今人收集整理编纂出版的诗集等，共收录了古诗 650 首。其中，既有歌咏士官辞官回归田园之乐的诗，又有歌唱壮族边地优美自然风光和奇特民风民俗之品。作者有赵翼、李子乔、刘大观、许朝、汪为霖、傅圣、汪绍华、宋庆和、项国楠、王维淮、冯度、阮其新等外地汉籍流官，亦有明代本土士官，如归顺州（今靖西）张刚、岑远绍和泗城州（今凌云）士官岑绍勋、岑云汉父子等，更有清代本土诗人岑毓英、刘凤逸、袁思名、童毓灵、童葆元、黄家德、黄云开、李超风、何期良、林友兰等。

清康熙五十七年（1718 年），西林知县王维淮主撰《西林县志》，同时也附上了他自己创作的 30 多首诗，其中许多诗句描写了驮娘江风景和反映地方风俗民情，为后人传诵。到咸丰同治年间，有马仁、岑毓英、方辅等诗文出众，其中岑毓英的《新春伐笔》《宴席题诗》和方辅的《定安万世》流传至今。民国时期，西林县的岑永杰、李建兴及“三秀”韦家瑞、农姚典、农景荣喜欢吟诗作对，亦有流传。

表 7-1　古代百色部分诗歌作品简表

时代	作者	籍贯	作品名称	备注
宋	陶弼	湖南永州	《宿田州》	
宋	纯阳真人（张刚）	靖西	《七律·无题》	此诗原刻于靖西旧州街布胲村苍崖山神仙洞摩崖《贡峒清神景记》
明	岑宗绍	靖西	《七律·北径云峰》 《七律·东山古迹》 《七律·紫壁樵歌》 《七律·隐仙》 《碑记二首》	此组诗原半山横刻于靖西旧州街与岜诺屯之间之“北径云峰”山上
明	岑绍勋	凌云	《汾州钓鱼台刻诗》，又名《题汾州钓鱼矶》	此诗原镌刻于汾州（今凌云下甲）钓鱼台上
明	岑云汉	凌云	《和乃父〈题汾州钓鱼矶〉》 《游东湖听小弟霄汉印箫即赋》 《渔家诗》（三首）	
明	刘大夏	湖北监利	《田州发船顾夷民有感》	
清	彭绍英	靖西	《极洞诗草》	
清	童毓灵	靖西	《秋思集》	
清	唐昌龄 唐逢年	靖西	《二唐编词》	

续表

时代	作者	籍贯	作品名称	备注
清	赵翼	江苏常州	《七律·镇安土俗诗》 《镇安土风歌》，又名《土风诗》 《七绝·大龙潭观打鱼》 《莲花诗》(又名《莲花九峺》) 《照阳关》 《独秀山黑猿》 《入小镇安》 《称谷叹》 《署斋偶得》 《回镇安官舍》 《独秀山古榕树歌》 《人面竹》 《忽梦镇安旧游》 《忽梦重守镇安感赋》 《七十自述》	
清	李宪乔	山东高密	《七律·秋游太极洞偶坐桂花树下闻蝉》 《游太极洞》 《示州父老并引》 《怀远楼燕集即事以“三山半落青天外，二水中分白鹭洲”分韵》 《祷雨有位，谢神馂，与州中耆宿用柏梁体赋诗》	
清	商盘	浙江会稽	《度共峺》 《秀峰洞》 《龙潭》 《岁暮阅边回署，率尔成咏》	
清	汪为霖	江苏如皋	《暇日集诸生课于需宦福禅轩诗以勖之》 《山亭晚眺》 《题扶苏郡斋独秀峰》	

续表

时代	作者	籍贯	作品名称	备注
清	刘大观	河北邱县	《与郡队芳人种花》 《扫花》 《得子乔镇安书》 《秋日杂感》	
清	许朝	江苏常熟	《文笔干霄》 《云山叠翠》 《题云山独秀峰》 《鉴水潆洄》	
清	禽之翰	德保马隘	《马安山》 《扶苏山》 《吟云山》 《无题》	
清	刘凤逸	德保大沐	《客中望月》 《客中除夕》 《夕阳》 《古墓》 《山中早竹》 《书斋独宿》	
清	蒋赵慈	兴安	《吟云山》	
清	朱元翰	不详	《咏独秀峰》 《吟鉴水》 《响泉》	
清	张嘉硕	江苏	《鉴水潆洄》 《马安山》 《盘石》 《响泉》	
清	沈嘉征	河北顺天	《马凉山》 《鉴水》 《响泉山》	
清	康世德	甘肃	《西山夕照》 《马凉山》	

续表

时代	作者	籍贯	作品名称	备注
清	刘光大	德保	《独秀峰》	
清	童葆元	靖西	《从少鹤先生游宾山》 《五律·和少鹤先生夏日登城西环极阁作》	
清	袁思名	靖西	《五律·龙州早发》 《五律·九日与童汝光游宾山》 《七律·题宾山兰若》	
清	唐昌龄	靖西	《五律·九日登宾山有怀》 《五律·下第步童妆兄韵》 《五律·山口早行》	
清	覃思祚	靖西	《七律·东山月牙洞题诗》	
清	陈甲淦	玉林	《五律·补葺学舍以诗纪之》	
清	刘启元	临桂	《七律·旧州怀古》	
清	张文羽	靖西	《七律·题水源洞》	
清	宋庆和	山东潍县	《七绝·靖城绝句四首》	
清	何福祥	靖西	《晋京对访石寄村本房租有感》	
清	项国楠	浙江永嘉	《五律·秋日禄岗道上口占》	
清	蔡鸿遵	江苏	《归顺八景诗》 《安湖秋水》 《狮山横江》	
清	萧余滈	广东嘉应	《地轴山》 《崇寿山》	
清	黄河光	靖西	《七律·照阳关题壁》	
清	覃福云	靖西	《五律·过泗梨鹅崾》	

续表

时代	作者	籍贯	作品名称	备注
清	覃赞勋	靖西	《七律·咏旧州赤塘秋柳》	
清	李超凡	凌云	《游水源洞》 《登云台山感怀》	
清	何期良	凌云	《灵洞抒怀》	
清	徐铁樵	江西	《水源歌》	
清	袁桐	江西	《灵洞抒怀》	
清	宋思仁	江苏	《凌云即事》	
清	冯度	安徽	《署斋偶成》 《题凌云八景》	
清	黄家德	凌云	《游水源洞》 《八省鸿印诗草》	
清	王维新	容县	《云起》 《利州》	
清	朱腾佛	钦州	《任满留别绅民》 《律诗四首》	
清	阮其新	浙江	《题水源洞》	
清	蒙德纯	凌云	《赠别朱太守》	
清	邱教灵	凌云	《和朱太守留别诗》（四首）	
清	甘泽	凌云	《赠别朱太守》（二首）	
清	岑昭	凌云	《赠别朱太守》	
清	陈维成	山西	《题云台山》	
清	劳家益	凌云	《劝学》 《咏水灾二首》	
清	岑毓英	西林	《宴席题诗》 《新春伐笔》	《西林县志》收录
清	方辅	西林	《定安万世》	陆辉、廖武仕《铜鼓之乡西林》收录

·民国时期·

民国时期，百色出现了以著名军旅诗人陈宝仓和被誉为“南国诗人”、著名学者梁宗岱为代表的诗人。梁宗岱的诗集以及一批翻译法国象征派诗人的作品，在我国诗坛享有盛誉。

1929 年 12 月百色起义后，革命先烈韦拔群、李明瑞、黄治峰、黄书祥、覃道平、覃桂荣、俞作豫、李硕勋、何世昌、沈静斋、许卓、雷振威、唐昭以及余少杰为百色起义和革命事业写下了一批充满激情的优秀诗词。

表 7－2　民国时期百色部分诗歌作品简表

时代	作者	作品名称
民国	李梦彪	《悼女诗》
民国	黄福海	《保淬堂稿》 《秋阴一痕》
民国	曾彦	《耐庐词》 《耐庐诗》（五集）
民国	林宝航	《南楼曲谱》
民国	陈宝仓	《旧州行》 《龙潭秋月吟》（六首）
民国	岑永杰	《本是书生》
民国	梁宗岱	《晚祷》 《芦笛风》

·中华人民共和国成立后·

中华人民共和国成立后，百色涌现出一批又一批新时代诗人，他们的诗作见于全国各级报刊，或者结集出版。

靖西籍黄素芬诗《长春花》《青玉案》入选《中国当代诗选》。冯森诗《野鸽子》由北京国际文化出版公司出版，《高鼻子》获《诗歌报》月刊举办的“中国当代诗坛跨世纪实力诗人集结赛”银奖。丁红云诗《南方雨季》《魂系乡土》入选《南方抒情诗》。赵新伟诗《致蝶》《静湖》入选《中国文学新人新作选》。赵开端诗《右江两岸红花开》入选《广西诗集》。

第四节　报告文学

作为纪实性的文学作品，百色的报告文学创作始于20世纪80年代。百色的改革发展为报告文学创作提供了丰富的创作资源，涌现出了潘世敏、黄小卡、黎继良等一批优秀作家。正是他们的执笔耕耘，让百色的报告文学创作迎来了丰收的季节。

·创作发表和出版·

1984年，潘世敏报告文学《与死神握手的人》在《战士报》发表，《她从北国来》1988年在《民族团结》发表。

1988年，由黎继良主编的报告文学专辑《芳草春秋》由漓江出版社出版。

1992年，劳文艺的报告文学《校长、教师》在《广西教育》上发表，获得优秀征文奖；梁福昌的《靖西职中走上了金光大道》发表于《广西教育报》。

1994年，黄莺著的报告文学《走向丰碑》《晚秋红籽》均发表于《广西日报》，并获征文奖。

1996年，黄小卡的短篇报告文学《从中南海到达平屯》获广西报纸副刊好作品一等奖、广西新闻报纸副刊好作品二等奖。

1997年，百色地区文联、地区扶贫开发办组织撰写的反映百色地区扶贫工作的长篇纪实文学“父老乡亲”丛书13本由广西人民出版社出版。

1998年，杨军的长篇传记文学《中华英魂韦拔群》由广西人民出版社出版；黄小卡的短篇报告文学《呼唤人性复苏》获广西报纸副刊好作品三等奖；黄小卡担任副主编及主笔的报告文学集《芳草春秋》由漓江出版社出版。曾平标的《G、E、D黑色的诱惑》获自治区举办的庆祝中华人民共和国成立40周年报告文学征文三等奖。

1999年11月，向志文、黄小卡著的纪实文学作品《世纪丰碑》由漓江出版社出版，并获奖。

2001年，由覃召实主编、姚茂勤作的长篇报告文学集《走出困境》，由中国和平出版社出版。

2002年，钟锋著的报告文学集《和平英雄》，由中国文联出版社出版；田承学著的报告文学集《大江的绝唱》，由作家出版社出版；向志文的报告文学《我的陇雅图》获“‘三个代表’忠实实践者《人民文学》报告文学征文”活动优秀奖、第二届中国世纪大采风报告文学大赛金奖。

第五节　民间文学

百色市民间文学有共同的特征，又有诸多百色元素和各民族特色符号，中华人民共和国成立后，特别是改革开放后，流传着的民间文学通过调查、挖掘、整理，成了有形的流传形式。流传着的众多神话、传说、故事与歌谣，是民间文学的主要种类，从内和形式看，共同的特征有如下方面：

传承性。在过去，由于在经济、政治等方面处于滞后地位，各民族不能使用文字等工具去记录、保存他们所获得的知识、经验和所创造的文化，一般要靠行动、语言传播和传承。风俗习惯如此，民间文学也是如此。这种群众集体所传承的文化，是人民口头上传播和继承下来，才能够经久保存。已经在这块土地上保存到了今天。这种靠口头世代传承下来的故事、歌谣，在形态上或内容上会有变化，还成为现代文化的一部分。

口传性。百色市民间文学有以口传为主的特征，一般用口头语言、地方土语方言去构思、表现（包括演出）和传播。现在虽然绝大多数群众已经认识、使用文字，但不少的场合，仍然要用口头语言歌咏或讲述，成为各族的民间文学（或新民间文学），如歌谣、传说等，同时，要采用广大人民熟悉的、长年民间传承的形式，在群众口头上流传。

集体性。百色市民间文学有集体性的特征。百色各民族都有诸多集体性的活动，大到传统节庆，如春节、“三月三”、火把节等，小到自发组织的对歌，自然形成集体规模，给民间文学的创作者们提供了活灵活现的创作素材和灵感。

创新性。这是由民间具备优秀才能和丰富经验的歌唱者、故事讲述者创作和开拓的结果。改革开放以来，经济建设不断取得新成果，县、乡、村举行的商品展销会、推介会、展览会等，常常同时举行山歌会、对歌赛，优秀歌手登台献歌，一般以展会主题即兴献唱，歌颂改革开放，歌唱经济发展、产品优质，至推介某种产品等，优秀歌手以自己的聪明才智，唱出一曲曲新山歌、民歌、歌谣。内容新鲜，词意优美，唱腔悦耳。唱出了新时代，很受欢迎。形成了民间文学的创新特征。

·壮族民间文学·

百色壮族历史悠久、文化丰富，特别是民间文学，具有一种较鲜明的自主、开

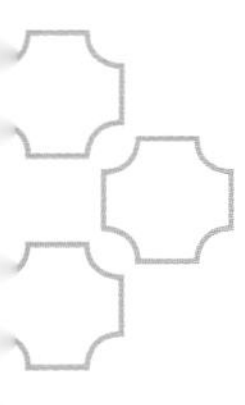

放、整合的民族特征。从民间文学角度观察，壮族民间文学可分几类：一是各种歌谣，有民歌、风俗歌、长歌、长篇叙事诗等；二是神话，有民间传说、民间故事等；三是戏剧，有小戏、木偶剧等；四是谚语、谜语等。

民歌

壮族民歌按情感分，包括诉苦歌、情歌、风俗歌、生产劳动歌、盘歌（又称问答歌、碰头歌、猜谜歌、斗智歌，以对唱形式表现）、历史歌、时政歌、童谣、革命歌曲等。

生活在百色的各族群众自古以来就有以歌代言之习俗。唱歌成了他们生活中不可或缺的组成部分，而歌圩则是集中展示他们才智的重要平台。优秀山歌手常常是临机自撰，出口成章，即兴发挥。在日常生活中，壮族父老除了以歌迎客、待客外，还有一种无歌不成宴之习俗。明清至民国年间，今靖西和那坡交界的壮族青年男女在喝喜酒或满月酒时，往往在酒桌上当面唱起了对歌：

男问：既摆酒歌先问酒，桌上喜酒从哪来？

女答：桌上喜酒东家请，叫我俩喝了把歌摆。

男问：今晚喜酒喝朋友，何时到妹把帖请？

女答：深泉弄边一枝花，无蜂喧闹一身静。

像这样的风俗歌，不仅在喝喜酒时能听到，就是逢年过节或迁进新居、婚嫁等仪式的聚众饮酒过程中，亦能听到。在壮族风俗歌中，种类繁多，有待客歌、上梁歌、婚嫁歌、丧葬歌等。

《布洛陀经诗》既是经典神话，又是经典风俗歌。它唱颂壮族祖神布洛陀创造天地万物，规范人间伦理道德，启迪人们祈祷还愿消灾祛邪、追求幸福生活的故事。这些神话故事在民间口头传唱、口口相传。大约从明代起，在口头传唱的同时，《布洛陀经诗》还以古壮字书写的形式保存了下来，其中有一部分变成壮族民间巫教的经文。诗是壮族民歌五言体，用对偶、腰脚押韵的语言叙述故事。在内容上，融壮族的神话、宗教、伦理、民俗为一体；在形式上，由于千百年来的传唱加工，语言精练工整，有韵律，朗朗上口，其中保留了许多古壮语、宗教语。实不愧为壮民族最宏伟的史诗之一。

1986 年 12 月，百色地区文化局、百色地区文联在田阳玉凤乡开办了“百色地区民间文学三套集成普查培训会”，与会人员分 3 个小组深入到各村采访。在华彰村，黄碧功搜集到该村罗占贤保存了 500 余年的古壮字经书《布洛陀》，当庭即召集有关人员抄写、录音，为 1991 年整理出版的《布洛陀经诗》（全书分 19 章，诗长近万行）奠定了基础。

神话传说和民间故事

百色壮族的神话传说多属英雄传说。这些英雄传说常常与壮民族历史、信仰、生存环境密切相关。壮族民间故事很多，如关于民族起源的《布洛陀与姆六甲》、关于山水风物的《父氏西洋江和母氏驮娘江》、关于动植物的《布谷鸟》、反映婚姻和伦理道德的《田螺姑娘》、讲述机智人物的《卜伙相亲》等。

《莫一大王》是百色市流传最广泛的民间传说，反映了壮族先祖敢于向代表封建制度利益的皇帝、官员做斗争，那种不屈不挠的斗争精神深受世代壮民颂扬。南宋周去非在《岭外代答》中就已载有“莫一大王”的称呼，可见这个传说流传之久远。

《布洛陀与姆六甲》讲述的是壮族创世造物的始祖和圣仙的故事。相传远古的时候，天地靠得很近，人们无法生活，布洛陀用双手把天顶高，又用手把地皮抓起来，做成了很多山坡，形成了今天的天地轮廓。

姆六甲也是壮族传说中创世造物的始祖。她从花中生来后，撒尿淋湿地，捏土造泥人。泥人活起来后，她把采来的杨桃和辣椒撒向人群，吃了辣椒的泥人变成了男人，吃了杨桃的泥人则变成女人。从此人类有了性别之分，男女二性相互扶持，人类繁衍生息。

《父氏西洋江和母氏驮娘江》在百色地区流传已久。相传古时候，云贵高原的山岭上积着很厚的冰雪。每年春夏时节，冰雪融化，积水成涝，百姓多灾多难。在天庭的布洛陀知晓后，便把女儿驮姑和她的恋人西洋召来，让他们下凡把积水排开，为民造福。

两人从东海口往西行，一路察看地形，直到八渡寨才分手，约定 27 日后在云湖边会面。驮姑往西北方向的山谷走，逢村寨还访贫问苦，教壮族妇女织布做针线。后来，驮姑走过的路变成了排泄水涝的河流，壮族人民为了表示对驮姑的尊敬，把她称为驮娘，把这条河流叫作母氏驮娘江。因为驮姑当年所走的路弯弯曲曲，所以今驮娘江河道弯曲，沿岸壮族妇女也像驮姑那样，善于纺织、做针线。西

洋沿西南方向的山沟走，来到一个大山林里的村寨，看见许多穿红戴绿的男女在对歌，越听越入迷，便歇了下来。歌圩散后，西洋才发觉自己耽误了时间，便急忙加快步伐往前走。后来，西洋走过的路也变成一条河，人们叫它父氏西洋江。由于西洋当年所走过的路笔直，故今西洋江河道也笔直，水流湍急。

《达稼与达仑》主要流传于百色市右江流域，告诉人们妒忌的危害。达稼很小就死了娘，父亲又讨了个后娘生了达仑。不久，父亲病逝，后娘和达仑对达稼极尽刻薄。西庄有人办喜事，后娘把达仑打扮得漂漂亮亮去赴宴，却要达稼在家里做辛苦的农活。化作乌鸦的达稼亲娘暗中帮助达稼把农活迅速做好，并置办了衣物首饰，达稼得以打扮赴宴。过桥时，达稼不慎将一只凤嘴鞋掉进河里，后得以与捡鞋秀才成婚。婚后的达稼回娘家探亲，却被达仑推下了水井，变成了一只小斑鸠。达仑将斑鸠杀死，煮汤来喝，喝不完的汤则泼在后园，后园长出一丛毛竹。达仑到竹下乘凉，一棵毛竹弯下将她抛上竹梢，从高高的竹梢上跌落地面，她狠狠地把竹子全砍掉。一个老婆子要了根竹子去做织布机的绕线筒，有一天，老婆子发现从线筒里走出一位姑娘来织布，便认作自己的女儿，这姑娘其实就是达稼。后在婆子的帮助下，达稼终于见到了自己的秀才丈夫和儿子，一家团圆，其乐融融。而狠心的达仑母女却变成了整天叫喊“害人害己”的鹧鸪鸟。

·汉族民间文学·

百色汉族的民间文学内容丰富多彩，包括山歌、故事、神话、传说等。

山歌

居住于右江沿岸部分乡村的汉族，流行的歌曲歌词一般由 4 句组成，每句为 7 个字，也有首句用 3 个字的。每首第一句唱完后另加 2 个字的歌韵。歌韵有金银、乖流、娇情、娇连、娇眉、娇常、娇荣、提西、情歌、情乖、情催等 10 余种。其本身没有什么实际意义，只起押韵和引带作用。内容以谈情说爱为主，也有一些生产、生活情趣的反映。

百色凌云、乐业、田林、隆林、西林等县的汉族群众喜欢唱山歌，青年男女在山上、田间劳动，心里闷了，就唱唱开心，也有用山歌来反映生产、时政、风俗、生活、历史传说等内容。

这些山歌丝毫没有做作，完全是真挚感情的自然流露。山歌题材广泛，主题深刻，如表现生产、时政的，体现了劳动的艰辛与收获；表现生活、风俗的，反映了新生活、优良的传统习俗；表现历史传说的，反映了对古代劳动人民、对苦难的同情，揭露了历史上统治者的罪恶，歌颂了坚贞不屈和敢于摆脱传统观念的束缚，求知识、寻自我解放的女性；表现爱情的，反映了民间青年男女进行恋爱活动的种种思想、愿望、遇到的波折等，抒情细腻微妙，字里行间充满着对恋爱的慎重、爱情的忠贞、未来的向往。多数民歌意境清新、语言朴实、结构巧妙、手法多变、想象超拔奇特。

神话传说和民间故事

百色汉族故事内容丰富，涉及社会方方面面。汉族民众在长期的生产、生活中，产生并传承了丰富的故事传说等。这些故事传说有明显特征：一是时代久远，往往伴随着人类的长久历程，经久不衰；二是口头传播，以口头形式流传下来；三是充满幻想，大都表现了人们的良好愿望；四是象征性，内容往往包含着超自然的、异想天开的成分；五是贴近生活，民间故事从生活本身出发，又不局限于实际生活，形成人们认为真实的和合理范围之内的故事。

《吴地满》的故事在百色隆林地区流传已久。在隆林各族自治县天生桥镇安然村下坪屯与桠杈镇弄徕村小坝屯交界处的石山上，有一面高十余丈，宽数十丈，呈铁红色，陡直光滑、草木不生的“红石崖”。

传说，古时通往龙良村的必经之路上有一个山洞，洞里住着一个害人的妖怪。走亲戚或赶龙良场的人，但凡是背着小孩的妇女经过此洞，孩子竟不翼而飞；挑着禽畜经过，也莫名其妙地失踪，害得方圆数十里的民众都“谈洞色变”。当地有一年轻力壮的青年叫吴地满，艺成归乡后决心要为民除害。于是他带着儿子来到洞口，脱下一双草鞋让儿子在外守候，并交代儿子看好草鞋，左鞋打败了右鞋，就说明他打败了妖怪，如果右鞋打败了左鞋，就说明他遇到了危险，这时儿子就要敲响锣鼓震慑妖怪。随后，吴地满便进洞和妖怪厮杀起来，两只草鞋也因为他们的打斗而相互碰撞，儿子觉得非常有趣，看得入迷，竟忘了吴地满交代的事，以至于吴地满被妖怪重伤，幸得他通晓变化之术，才从妖怪手中死里逃生。奄奄一息的吴地满临死前吩咐家人，在他死后将两口铧嘴烧红，给他穿在脚上当鞋子，再找一个鼎锅烧红，给他戴在头上当帽子，然后把他安

葬在妖洞前（另一说法是在他口中放入三颗“明火子”）。家人按他的遗嘱去做了，怎料刚安葬完毕，该山就燃起了熊熊山火，不仅把山上的树木草林全化为灰烬，那作恶多端的妖怪也被活活烧死了，还烧红了石壁，形成了这面“红石崖”。

《唐欧菜》的故事主要流传在百色市右江区。茼蒿菜，蔗园话叫“唐欧菜”，一到腊月，市集中到处皆是，人人都得尝鲜。可谁又知道呢，唐欧菜却象征着一对殉情的恋人，蔗园人至今还传颂着这对恋人动人的爱情故事。

传说古时候有一对恋人，人称唐公子和欧阳小姐，他们的父辈同朝为官，关系极好。彼时，各自夫人都已怀孕，于是便指腹为婚。怎料孩子生下不久，唐大人就不幸病逝，且又遭兵乱，唐家从此潦倒，一蹶不振。欧阳夫人就打算悔婚，无奈两个小孩子青梅竹马，两小无猜，待长成人，更有依恋不舍之意。

当唐公子知道世伯母要悔婚的消息后，便与欧阳小姐幽会，决心求取功名，光耀门楣，再娶欧阳小姐。欧阳小姐持戒心、立斋愿，誓必等君荣归才嫁。如此一别三载，唐公子音讯全无，欧阳小姐好不烦恼。恰巧这时，朝廷选美，欧阳小姐中选，欧阳氏从此荣攀国戚。欧阳小姐不恋富贵，一心只怀念着去求功名的唐公子。婚期渐近，欧阳氏竟长叹一声，吞金而亡。欧阳一族，举家哀号，怨悔不及。那时正值唐公子荣登金榜，奏请皇上恩赐，衣锦还乡。不料正逢欧阳家举丧，遂退出欧阳家后园，自缢于梨树之上。欧阳夫妇感他二人坚贞不渝，合墓同葬于后园之中。

那一年腊月，便在这一对恋人殉情之处长出了密密麻麻的小菜，青青的绿叶，黄黄的金花，叶盖叶，枝倚枝，恋恋难割，依依难分。人们说是唐公子和欧阳小姐的化身，遂称“唐欧菜”。

·瑶族民间文学·

瑶族民间文学以口传为主。一般用口头语言、地方土语方言去构思、表现（包括演出）和传播。现在虽然大多数已经认识、使用文字，但在不少的场合，仍然用口头语言歌咏或讲述，采用广大人民熟悉的、在民间传承多年的歌谣等形式，口头流传。口头性是瑶族民间文学的特征。

歌堂

瑶族歌堂起初为社交、恋爱、婚嫁、娱乐、节庆、礼俗等场合。随着瑶族民众的迁徙，传播到其所处的聚居地。在百色主要流传于散居在右江边的瑶族村寨。

神话传说和民间故事

瑶族民间故事较为丰富，神话传说有《盘古开天地》《盘王节传说》等，也有《孕花姑娘》《鲤鱼姑娘》《老虎和水牛》等故事，以动植物故事流传较多。

《老虎和水牛》是百色瑶族地区流传的故事。故事讲述老虎碰见了水牛，想要吃它的肉，可水牛壮硕的身体和长长的角又让老虎不敢贸然行动，所以就想先试探一下水牛的本领。于是它就上前和水牛比试，看谁的本领更强。机智的水牛提出了拉屎拉尿的比试，结果体型更大的水牛毫无悬念获胜。虎不服气，就向水牛提出了比武，双方约定 7 日后比试。老虎回到森林里，天天磨牙齿，结果却是越磨越钝、越磨越短。水牛则整天去滚泥巴，滚一层晒干了又滚一层，满身糊得厚厚的。比武的时候，无论老虎怎么撕咬，都只啃了一口污泥，水牛则趁势发力，把老虎顶到了土埂上，老虎服输。

不久后，老虎从山上下来，看见水牛被人赶着犁田，便讥笑它甘受人驱使。水牛说人虽小但主意大，让老虎不要小看人。于是老虎便去向人挑战，人以要回家吃饭为由，让老虎在原地等待，又提出担心老虎跑掉，要用绳索先将它拴起来，老虎竟爽快答应了。拴好后，人取下牛犁架将老虎打得嗷嗷直叫，连声求饶。在一旁的水牛眯着眼睛大笑起来，哪知把它的上牙都笑掉了。所以一直到现在，水牛都没有上牙。

《孕花姑娘》古时候，天地朦胧，漫山的草木，只长枝叶不长花。没有鲜花，无法辨清季节，人们苦闷极了。有一位瑶家姑娘，长得很漂亮，四方的小伙子们都来向她求亲，但她不愿成亲，整天埋头织锦。一天，她做了一个美梦，有人送给她一幅美丽的图画。此后，她照着这幅图画，不停地飞针走线，不知经历了多少个春夏秋冬，终于把梦中所见的画绣成锦。可是，因她思考过度，腹中不觉鼓胀起来，人们都说她不贞洁，未婚先孕。这姑娘不甘辱骂，气绝了。她死后埋在三岔路口上，不久坟堆上长出一棵大树，树上长满一朵朵美丽的花朵，彩蝶纷飞，百鸟欢唱，世间不再寂寞了。从此，世间有花果，代代繁殖下来。

· 苗族民间文学 ·

百色苗族主要居住在隆林各族自治县和西林县。苗族过去虽然没有本民族的文字，但勤劳智慧的苗族人民通过口传心授的方式，传承了璀璨夺目的民间文学作品。在隆林苗族群众中广泛流传的苗族民

间文学，包括民歌、苦歌、叙事诗、神话传说、故事、歌谣、童话、谚语、谜语、歇后语等，种类繁多，内容丰富，形式多样，题材十分广泛，有反映民族矛盾、阶级斗争的，有反映生产、生活的，有反映风俗习俗和家庭等内容。

民歌

民歌是苗族民间口头文学的重要组成部分。作为歌唱或者咏诵的民歌主要有偏苗、白苗和红头苗、青苗、花苗等几种类型。它们的格调不完全相同，但总体上都悠扬婉转，环环相扣，抒情押韵，是老少皆宜、群众喜闻乐见的歌曲。

神话传说和民间故事

人类起源故事有《阿仰兄妹造人烟》《太阳和月亮》；风物故事有《芦笙传说》《辣椒骨传说》《石炮坡传说》等；反映民族英雄人物的故事有《曼幼传说》《王么传说》《陶保传说》等；动植物的故事有《老虎吹笛子》《猴子偷南瓜》《猴子与蚂蚱比武》《马蜂与蜜蜂打老庚》等。

·彝族民间文学·

百色市彝族主要居住在隆林各族自治县和那坡县。彝族的民间文学很丰富。彝族人民在长期的迁徙、生产、生活和斗争中，创造了许多形式多样、题材广泛、内容丰富，形成了灿烂辉煌的民间文学。其作品，很大部分是口头文学，特别是迁徙歌、劳动歌、婚嫁歌等，反映了彝族人民在迁徙、生产、生活中的酸甜苦辣，即编即唱，通过口口相传，一代一代地流传至今。民间文学中的歌谣、神话、故事、寓言、谚语等具有鲜明的民族特色。

歌谣

《迁徙歌》通过两位女友对唱的方式，叙述了彝族先民从罗窝迁到德峨那地时，因环境恶劣而产生了由放弃到决心扎根此地的思想波动过程表达了彝族祖先与大自然抗争的勇气和决心。

《种南瓜》这首童谣唱述了天真幼稚的小朋友，跟随外婆学种南瓜，在外婆的耐心指教下，学会了护理南瓜的各个环节。到第二年春天，自己按外婆的方法去种，认真护理。功夫不负有心人，到秋收时节，她的瓜比外婆的还要大得多，瓜大门小，进不了家。当她告诉外公，瓜是自己亲自种的时，得到了外公的奖赏。童谣启发小朋友，要从小树立虚心的态度，只要勤学好问，从中吸取经验，天下任何奇迹都可以创造。

神话传说和民间故事

《三个穷兄弟》的传说讲到古时候

羊子山上有三兄弟，家里很穷，他们开荒种地过日子。三人每天都是一齐上山，一齐归来，相亲相爱，他们的母亲见此心里感到很高兴。有一年，他们种了一大片荞子，长势很好，三兄弟心里非常高兴，憧憬着美好生活。怎料当地有个老财主，家里养着几百只山羊，一天夜里竟把三兄弟种的荞子全吃光了。他们告到官府去，谁知老财主事先买通官府，官老爷倒反判三兄弟诬告老财主，非但不给赔偿，硬是把三兄弟各打了三十棍。回到家里，老大决定外出闯荡，争取出人头地，回来报仇。临别时三兄弟还互相提醒，不要忘记屁股上三十棍的伤痛。

几年后，老大在城里当了官，消息传来，家人十分高兴。可一年又一年过去，仍不见老大回来，于是兄弟商量决定，由老二去寻大哥。一身破衣的老二终于在衙门见到了老大，但老大并不认这个穷弟弟，命人将他乱棍赶走。得知老二的遭遇，老三心里很难过，但他还是要去见见大哥。临行前，母亲为老三借了一套新衣服、一匹马、一份礼物，细细叮嘱一番后就送他上路了。见到老大后，老三对他晓之以理，动之以情，最后还道出了屁股上三十棍的伤痛往事，老大再也忍不住，失声痛哭，兄弟相认。原来老大认为多年过后，家乡的穷人都被官家财主灭绝了，不愿回来背这个穷罪。第二天，老大带着一队兵丁随三弟回乡，报了当年老财主的仇，把他的羊分给了穷乡亲。从此，三兄弟和乡亲们都过上了富足的生活。

·仡佬族民间文学·

百色仡佬族主要分布在隆林德峨、岩茶、克长、者浪、蛇场、沙梨等乡镇。祖先源于贵州的遵义和安顺，在隆林居住得比较分散，但语言、生活、风俗习惯相同，有共同的民间文学，且形式多样、题材广泛、内容丰富，具有自己的民族特色。其中很大部分作品是口头文学，通过相传，一代一代地流传至今。主要有传说、神话、故事、民歌等。

传说和民间故事

仡佬族传说主要有《大水井》《拜树节》《竹王的传说》等。故事主要有《金银凳》《仡佬姑娘的“得抱”》《拉早智胜丑财主》等。

《金银凳》讲的是相传从前有两兄弟，哥叫李万金，弟叫李万和。哥哥家里驴马成群、猪羊满圈，弟弟却是经常断火吊锅，穷困潦倒。按理说哥哥应该帮助弟弟，但是相反，这个哥哥对弟弟一家非

常刻薄。春节到了，李万金杀猪宰羊，请客喝酒。而李万和年三十晚还得给人家放牛，他的两个儿子见伯父杀猪，便去讨饭菜吃，怎料却被李万金夫妇像对待乞丐一样打发出门。回到家的李万和知晓后，便决定上山砍柴，换几两肉给孩子过年吃。他来到一个山垭口，遇见五个衣衫褴褛、长相难看的老头子。其中一个老头见他面有难色，便让他搬几块石头来，大家坐下商量，又让他到沟里提水来喝，当他取水回来，却发现五个老头都不见了。累坏了的他一屁股坐在石头上，却惊奇地发现石头变成了一张银凳，他换坐另一块，又变成了金凳，如此五块石头都坐遍，全都变成了金银凳。李万金得知李万和有此奇遇，便去问他缘由，他如实告诉了哥哥。于是李万金夫妇也上山打柴，果然也遇到了那五个老头，搬石取水一一照办。当五个老头消失不见后，李万金把石头摸了又摸，坐了又坐，却不见石头变成金银凳。他们急得慌乱起来，把石头翻来滚去，哪知一失手，石头把脚砸断了。夫妇俩哭爹叫娘，呼天喊地，哭得把肚子里的酒肉全呕了出来。最后连哭声也听不见了，石头也没有变成金银凳。

《仡佬姑娘的“得抱”》是在百色仡佬族地区流传的传说，从前仡佬族家里是女人当家作主，主宰家庭一切事务。有一天，一个名叫拉兰的新婚少妇带着丈夫拉孟回娘家。一路上，拉兰耐心地教丈夫，到了娘家要向爹妈问好，吃饭时要规规矩矩地拈菜，早晚要洗脸洗脚。拉兰讲得都口干舌燥了，拉孟就是记不住要按规矩拈菜，于是拉兰想了个办法，把一条细麻绳绑在拉孟的衣角上，她拉一下，拉孟就拈一块肉，不拉就不要拈。吃饭的时候，这个办法让拉孟变得规规矩矩的，很是斯文。但不知谁把一根骨头丢在地上，引得两只狗相互争抢，一连几次绊着麻绳，于是拉孟认为是妻子叫拈肉，就急忙拈了几块。狗越抢越快，拉孟认为是妻子叫再拈快些，就赶忙将盛肉碗端来全倒在自己的饭碗里，弄得拉兰目瞪口呆，哭笑不得。拉兰娘也看在眼里，认为女婿这般呆板痴笨，夫妻俩很难白头偕老，无奈只好想了个办法，把女儿的心蒙住，把一半聪明才智分给女婿，让女婿也聪明起来。于是她缝了一张蒙心布，要女儿天天都戴在胸前，把心蒙住。果然，女儿自从戴上蒙心布后，女婿就逐渐聪明起来了。因此，从那时候起，千家万户的仡佬族，凡是女的都要戴上蒙心布，把心蒙住，并把它作为一条族规，流传至今。也就是从那时候起，仡佬族的男人才和女人一样地聪明能干，一样地当家作主了。而这蒙心布，就是今天仡佬姑娘戴的“得抱”（仡佬语，戴在胸前的围腰）。

《拉早智胜丑财主》是说从前，在仡佬族寨里住着一个美丽而勤劳的姑娘——拉早。一天，拉早那动人的歌声被一个丑财主听到了，他决定娶拉早为妻。丑财主带着众家丁来到拉早家，想用暴力抓走拉早。聪明的拉早假意答应了财主的提亲，但有个要求，要财主在两天之内把面容修好，并要让拉早感到满意才行。丑财主回到家中，为如何修整面容而感到非常烦恼。就在这时，一个家丁对财主说：“每个人都不能直接看到自己的脸好不好看，而是通过镜子才知道，你不如发令把村里所有的镜子都打碎，那么别人不知道自己的面容美不美，也就不敢说你的面容不美了。”财主觉得这话有理，于是就下令实行。财主的诡计早已被拉早知道，就在财主来到拉早家的那一天，拉早装作很高兴，让村上的几个特别美丽的姑娘和她一起跟财主到井边散步。到了井边，姑娘们故意叫财主跟她们一块看水中的鱼儿戏耍。财主走近，姑娘们往水中一看，“啊！”财主看见自己的丑貌与姑娘们的美容一起映在水里，并且还看见姑娘们在嘲笑他，顿时大发雷霆，一脚踏在影子上，谁知却落下井里，淹死了。

第六节　戏曲文学

百色市的戏剧文学源于原创、传承和移植改编。许多传统的戏剧文学自古就有，流传于民间。随着时代的变迁，许多民间艺人和喜剧编导又将生活的体验和感受植入戏剧文学作品之中，使之富有时代感，更引起观众的共鸣。如，早期粤剧多取材于古代典籍，剧目有《仁贵回窑》《周瑜归天》《宝玉哭灵》等。清光绪年间，粤剧艺人创作了一些以官逼民反、揭竿起义为题材的作品，诸如《寒宫取笑》《三娘教子》等。清末民初至抗战年间，又大量涌现以现实主义和地方掌故为题材的剧目，如《贼王子》《红玫瑰》《千里送嫂》《水淹七军》等。1949 年后，对一些传统剧目进行了改编，并创作了一批现代剧目，如《翻身雪恨

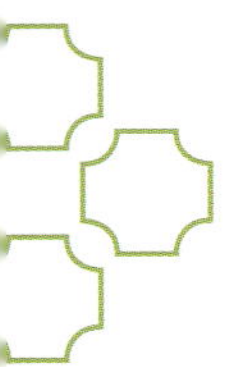

快人心》。1964年底，古装戏全部禁演，创作和移植现代剧备受重视，出现了《女民兵》《婆媳之间》《红岩》等新剧目，1980年后，古装粤剧恢复上演的同时，出现了大量现实主义题材作品。

·代表作品简介·

《农家宝铁》是北路壮剧代表作，也称《好宝铁》，后改为《一块宝铁黑麻麻》。是北路壮剧将民间故事搬上舞台的第一个剧目，作者是被推为“土戏歌师”的杨六练，内容是写壮家陈奉春、何妈英夫妇年已过半百，他们为其女儿陈玉英之婚事日夜操心，商定将一块祖传宝铁挂在家门口，以宝铁为题，对歌招婿。陈玉英经过对歌，最终选中村中最勤劳、忠厚的农夫张爱因为其丈夫。

《宝葫芦》是南路壮剧代表作。1954年由莎红、龙辛执笔译为汉文，并整理改编。德保县东安街壮剧团首演，1955年2月赴北京参加全国群众业余音乐舞蹈观摩演出并获优秀作品奖。1960年由中国戏剧出版社出版单行本发行。该剧写某地覃员外为霸占焦大之妻，精心设计，诬陷焦大故意用柴担压死他家之“宝猫”，限其二日内赔偿巨款，否则以妻抵偿。后焦妻巧设“宝葫芦”之计，将打残缺之葫芦悬挂于门背，待覃员外前来索赔时，踢开大门，葫芦碎块散落一地，焦大称此乃“宝葫芦”，需以重金赔偿，迫使覃员外自食其果，以“宝葫芦”抵销“宝猫”，反映了壮族人民之聪明才智。

《红铜鼓》同样是南路壮剧代表作品，黄灯炜于1957年根据肖干牛同名民间故事创作改编，描写了古代深山中的壮民经常遭土司劫掠，寨中有一面红铜鼓，该鼓在紧急时刻显灵，勇救壮民的故事。有次土司进犯，寨中有个叫依法的英雄擂鼓聚众，同心抵制。土司便派奸细潜入寨里，使计灌醉依法，又乘机劈烂这面铜鼓。待土司再进犯时，鼓声不响，依法难以聚众，无法抵抗犯兵，只得败退。为夺回自己的寨子，依法之妹驮兰割臂以血祭炉，又铸成一面新铜鼓。依法奋勇擂鼓，鼓声大作，壮民奋勇战斗，终于打败了土司军队，夺回了寨子，而驮兰却为此壮烈牺牲。1958年，此剧由德保县壮剧团演出。同年，广西人民出版社出版了单行本，1960年由中国戏剧出版社收入《少数民族戏剧选》之中。1982年由广西壮剧团演出，获广西少数民族文学创作三等奖。

《邕城枪声》是粤剧代表作品，李

玉昆、韦纬祖等于1979年集体创作，由南宁粤剧团为纪念百色起义50周年首演。该剧取材于20世纪30年代邓小平、张云逸在南宁开展兵运工作、积极筹备武装起义的历史资料，是揭开百色起义序幕之剧作。1981年由王云高等人将其易名《血花》，在中国共产党诞生60周年纪念活动中再度演出。

《门当户对》这个故事流传于广西德保、靖西等地。内容讲两家财主都要选个门当户对的中意儿媳和女婿，穷家寒门是不娶不嫁的。故事鞭挞两家财主的门当户对的观念，鞭挞“父母之命，媒妁之言”的整个封建婚姻制度。整个故事围绕“门当户对”这个主题，情节集中，形象鲜明，采用民间生动活泼、富于个性化的口语，对两家财主进行讽刺揶揄，使人读了感到痛快。故事中的胖媒婆满腹鬼主意，一张油嘴巴，两头骗、两头赚，性格突出，称得上是旧时代这类人物的代表。

《王大少学乖》讲述的是富及云贵、财盖两广的大盐商王老板的故事，美中不足的是其独生子跛脚，又毫无本事。故事以大胆的艺术夸张，运用劳动人民通俗生动的语言和讽刺的笔调，绘声绘色，淋漓尽致地刻画了王大少的世间所无又是那个阶级势所必至的愚人形象和可悲下场，宣判了王老板一家的死刑，也是对一个阶级的宣判，对那个旧时代、旧制度的宣判。

《木偶师傅》流传于靖西、德保一带。这个故事具有浪漫和神异的色彩。故事作者采用现实主义的写法，真实地描绘了一幅现实生活的残酷图景，在故事中财主佬把自己的淫乐建筑在穷苦人民的苦难之上，作威作福，为所欲为。劳动人民在现实生活中暂时还无法惩罚剥削者和压迫者，但他们从现实生活出发，要实现这种惩罚的愿望和理想，就只有从幻想中暂时借助于某种超人的神力，以达到矛盾的解决、理想的实现。

《地主变猴孙》流传于靖西等地。传统剧目作品是以壮族社会历史、壮族民族英雄、壮族民间传说故事为题材加以创作的。该剧为壮族师公戏，剧作中的主人公既是壮族社会历史传说中的民族英雄，又是壮族师公奉祀的神灵，属于壮族“师”教中的“土俗神”。这些“土俗神”来自壮族民间，贴近现实，丰富多样，既有神性特点，又有人性魅力，尤其是经过师公戏艺术创造加工更具神圣光彩，也深受群众喜爱。

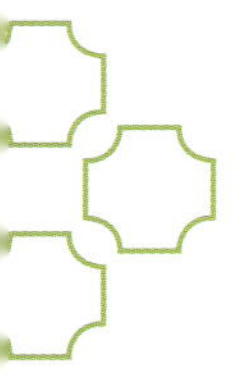

第八章 艺术创作

百色市是多民族聚居地，文化源远流长，艺术种类繁多，如音乐、舞蹈、戏剧、曲艺、美术等，都具有地方的特色和民族个性，为文艺工作者提供了丰富的创作源泉。中华人民共和国成立后，各民族艺术得到了发展，不断满足人民群众的需求。

第一节 表演艺术

表演艺术，以壮族舞蹈和壮族民歌“尼的呀”为例。

壮族舞蹈一般具有节奏强烈、集体共舞的特点。人数少的五六人，多的达百余人或数百人。成十成百人共舞，动作整齐一致，使人看到既有强烈的节奏感，又有雄健、粗犷之美。集体舞蹈中，一个个脑袋同时仰起来，然后又同时低垂下去，发出嗨嗨、嚯嚯的吼声，充满热情，震撼观众的心灵。当舞者摇动着高举的双拳，其魅力是显出昂扬的气魄；当舞者手臂向上一弯一曲，配合以腿脚弯曲姿势，一面发出昂扬的歌声时，人们的心由于受到鼓舞而振奋起来，表现了一种高昂的情调。成数十成数百的人在统一的节奏下举手投足，一同跳跃，一同欢呼，一同起舞的场面，真正是撼人心肺。

那坡壮族“尼的呀”合唱团参加第三届全国少数民族文艺会演开幕式演出 （那坡县文化馆 提供）

那坡壮族地区一直保存着古朴完整、多姿多彩的民间歌谣，并被誉为“广西民族音乐富矿”和壮族民歌的“活化石”。那坡壮族民歌“尼的呀”源远流长，它在漫长的发展过程中形成了与民间习俗相依存、内容丰富多彩以及原生态性等特征。除了具有交际、宣传、教育、娱乐等作用，那坡壮族民歌还具有历史价值、学术价值、艺术价值和实用价值，它是壮族远古歌谣文化的遗存。

·音乐·

百色的音乐创作以壮族民歌为主。壮族民歌有诸多体裁，如农事歌、礼俗歌、恋歌、盘歌、儿歌等，各种形式的民歌唱调是以五声音阶为基础的五声音阶旋律调式。而调式常用宫调式，少用徵调式、角调式和羽调式。演唱形式有独唱、齐唱、合唱、重唱等。句式有四句歌、三句歌、嵌句歌、勒脚歌等。各种韵体的民歌有腰脚韵体、头脚韵体、脚韵体、自由体等。

汉、苗、瑶、彝等各族民歌有各自的特点，都经历了漫长的发展史，形成了自身的体裁，如汉族的跳岭头歌、瑶族的盘王节歌等。中华人民共和国成立后，进入了新时代，出现了反映革命历史和国家建设的民歌音乐内容。民歌创作的群体主要是市、县、区 10 多个专业和业余文艺团体，特别是右江民族歌舞团，在宣传党和国家社会主义各个时期

“壮族三月三”那坡风流街边关民俗文化旅游活动——那坡壮族民歌演出（邓江波　摄　百色市文化广电体育和旅游局　提供）

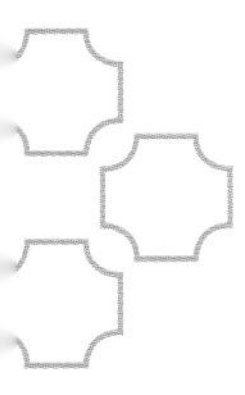

的方针政策需要中，产生的各种形式的歌曲，推动了音乐的发展。

音乐创作的历史沿革

远古时期，各民族之先民就创作出了原始古朴之古歌，出现了歌、舞、乐的原始艺术。

到母系氏族社会中晚期，各族先民又创作出了许多光耀历史长河之创世歌（史诗），并在各族人民口中代代相传。如瑶族之创世歌《密洛陀》，全歌以排山倒海之激情，讴歌、突出了创世女神密洛陀的伟岸形象，此当是母系氏族社会的代表作品。壮族创世歌《布洛陀》、苗族创世歌《顶洛》，作为创世神的主人公均为男性，说明这些创世歌均是后来父系氏族社会之作品。父系氏族社会稳定与兴盛时期的壮族古歌《布伯》《特康射太阳》，亦是以男性作为主人公和英雄人物来礼赞。

春秋战国时期，壮族先民又创作了《越人歌》，并由“榜枻越人”即兴而唱。其演唱事迹和歌词在西汉时期刘向所作的《说苑·善说篇》中有记载，这是最早见诸文献记载的壮族民歌作品。

秦汉以后，中原汉族文化长足发展，汉人、汉乐亦逐渐深入岭南各地。公元前 112 年西汉王朝平定南越政权时，在越地举行庆典，演奏中使用之乐器已有从中原传入的钟、磬、琴、瑟、琵琶等，两晋、南北朝于吴地（今浙江、江苏一带）形成《梁山伯与祝英台》等口头传说，不久后即传入岭南，后被改编成叙事民歌代代传唱，至唐宋时期已家喻户晓。

唐宋以后，桂西的百色各族群开始民歌创作，各种不同体裁、载体逐渐成形。

明清时期，百色地区各族人民创作出记述本民族生活的叙事长歌、抒情长歌、歌舞小调，出现了巫调（末伦）向“说唱”音乐之过渡。著名作品有壮族《达隐之歌》《唱离乱》《嘹歌》，汉族《苦情歌》，瑶族《盘王歌》，苗族《染常》《龙乌支离》等。

民国时期，革命斗争风起云涌，反映革命斗争的题材成为音乐创作的主旋律。辛亥革命后，在“五四”新文化运动的推动下，新音乐创作与民歌创作并驾齐驱。百色各地工农运动兴起，出现了许多歌唱右江革命的歌曲，如《拔哥山歌》《忠诚的儿子》。百色起义期间，红军部队和革命群众创作了不少的革命歌曲，极大地鼓舞了战士们的斗志，激发了广大群众的革命热情。在右江革命根据地，除涌现大量新创作的各族民歌外，还出现了用旧体词曲填新词之新歌曲。利用本地山歌（包括平果嘹歌，田东嘹歌，靖西山歌，德保下甲、上甲山歌，那坡“尼的呀”壮族山歌，凌云巫调，乐业汉族山歌）形式，填入新内容的有《劳动歌》《房屋歌》《恋歌》《孤儿歌》《点兵歌》《贫苦农民要翻身》《谁是革命主力军》《团结起来干革命》《当红军》《建立苏维埃》《少年先锋队歌》等。新音乐创作之音乐作品对唤起民众抗日救亡、鼓舞斗志发挥了强大作用。

中华人民共和国成立后，百色音乐工作者深入生活、扎根人民，学习民族民间音乐，创作出了各种题材和形式之音乐作品。这些作品热情洋溢地歌颂中国共产党和社会主义祖国，从各个角度展示了百色社会主义革命和建设新面貌、新成就。不少作品具有浓郁的民族风格和地方特色。例如，《桂西，我们的家乡》为大合唱歌曲，由林长春、袁辅智作词，林长春作曲。1955 年创作，由广西民族歌舞团首演。1956 年获广西第一次音乐作品征集奖一等奖，同年参加全国第一届音乐周演出，后来作为 1958 年广西壮族自治区成立演出节目之一。

表 8-1　中华人民共和国成立后百色市部分音乐创作作品简表

时间（年）	作者	作品名	类别	发表刊物或获奖情况
1961	李学伦	《锣》	歌曲	获自治区文化厅、广西音协颁发三等奖
1965	潘明训 李学伦	《红水河畔阳春早》	歌曲	获中央电台、中国音协颁发三等奖
1976	陆志虎	《壮乡春潮》	独奏曲	1976 年参加广西军区文艺汇演获演奏二等奖
1980	右江民族歌舞团	《同把春光追》	歌曲	
1980	李学伦 黄建忠	《醉歌》	舞曲	获广西少数民族业余文艺会演一等奖
1980	李学伦	《采灵芝》	舞曲	获广西少数民族业余文艺会演三等奖
1980	潘明训 李学伦	《谁愿娶她当花瞧》	歌曲	获广西少数民族业余文艺会演二等奖
1980	朱高作 李学伍	《养猪好》	歌曲	获全国少数民族业余文艺会演优秀奖

续表

时间（年）	作者	作品名	类别	发表刊物或获奖情况
1980	李学伦	《春到仡佬冲》	歌曲	获广西少数民族业余文艺会演二等奖
1980	李学伦	《金色彝山》	歌曲	获广西少数民族业余文艺会演三等奖
1981	谭继明 欧阳可传	《看我今日苗山寨》	歌曲	1981年在《歌曲》上发
1982	李学伦 古笛 潘明训	《团结建设新农村》	歌曲	获自治区文化厅、自治区民委、广西音协颁发三等奖
1982	潘明训 李学伦	《鸭司令》	歌曲	获自治区文化厅、自治区民委、广西音协颁发创作奖
1982	欧阳可传	《幸福谣》	歌曲	
1982	欧阳可传	《一群蝴蝶舞翩跹》	歌曲	1982年获全区声乐作品创作奖
1985	欧阳可传	《跳坡乐》	歌曲	1985年获全区声乐作品创作奖
1985	欧阳可传	《多情最是瑶山雨》	歌曲	1985年获广西第一届音乐创作二等奖
1985	欧阳可传	《银簪击鼓》	歌曲	获全区音乐创作三等奖
1985	欧阳可传	《你们来自富有村庄》	歌曲	获广西民间音乐创作一等奖
1985	欧阳可传	《打扮》	歌曲	获广西“三胜”音乐创作奖、广西第二届“三月三”音乐舞蹈节音乐创作二等奖
1985	欧阳可传	《故乡的山水》	歌曲	
1988	韦耀文	《壮家乐》	歌曲	获广西第二届“三月三”音乐舞蹈节音乐创作奖
1988	李学伦	《歌的家乡》	歌曲	获广西第二届“三月三”音乐舞蹈节优秀奖
1988	谭庆云	《秋狂》	配曲	获广西民族舞蹈比赛音乐三等奖
1990	李学伦	《金色的腾龙》	歌曲	获全国农村歌手邀请赛优秀奖
1990	李学伦	《五月江南雨》	歌曲	获中央人民广播电台金奖

续表

时间（年）	作者	作品名	类别	发表刊物或获奖情况
1990	李学伦	《团结建设新农村》	歌曲	获全国当代农民歌手大赛创作奖
1990	李学伦	《山恋》	歌曲	获广西社会音乐研究会三等奖
1990	谭庆云 李学伦	《心中的绣球》	配曲	获广西民族舞蹈比赛音乐二等奖
1991	李学伦	《壮乡的山》	歌曲	获广西民族通俗歌曲大赛三等奖
1995	农会彬	《一条山东汉子》	歌曲	获 1995 年广西社会音乐学会歌曲评选一等奖
1996	李学伦	《瑶山之花》	歌曲	获广西民族歌曲创作评选创作奖
1996	李学伦	《三江峡放歌》	歌曲	获广西民族歌曲创作评选创作奖
1996	李学伦	《十二月侗乡月》	歌曲	获广西民族歌曲创作评选创作奖
1998	黄鸿林	《苗家姐妹赶圩来》	歌曲	载《北京音乐报》（1998）
1998	熊德章	《苗山一棵灵芝草》	歌曲	1998 年参加百色地区音乐评比三等奖
2000	岑护双 熊德章	《画眉鸟歌唱的地方》	歌曲	2005 年参加百色地区业余文艺会演获优秀奖
2001	谭庆云	《瑶山乐》	配曲	获广西民族舞蹈比赛音乐三等奖
2001	谭庆云	《朗》	配曲	获广西民族舞蹈比赛音乐二等奖
2001	黄思鲜	《鼓恋》	配曲	获广西民族舞蹈比赛作曲二等奖
2004	黄春香	《我的家乡美》	歌曲	获自治区文化厅“八桂群星奖”演出三等奖
2005	李战	《右江河》	歌曲	获“八桂群星奖”征稿评选二等奖
2005	李战	《姑娘的酒窝》	歌曲	获“八桂群星”文艺比赛金奖
2005	莫掩策	《月亮》	歌曲	获广西文联、广西音协第三届提名奖
2005	黄思鲜	《牛犊犊》	舞曲	获自治区文化厅音乐创作二等奖
2005	黄思鲜	《水》	舞曲	获自治区文化厅音乐创作一等奖

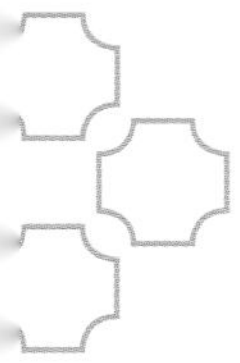

民间音乐

表现形式有山歌、小调、风俗歌、儿歌（摇篮歌）等。百色山歌的歌唱内容丰富，不论天上地下，古往今来，从生到死，人们凡有所感所想，都可随口编词，即兴歌唱。少数古歌、风俗歌，则有相对固定的传统唱词。在不同场合、不同目的内容的各种传统民俗活动之中，受到民俗活动不同特性的直接影响，山歌体民歌的高亢明亮、优美抒情，形成聚众会歌的娱乐游艺民俗特色；风俗歌体民歌旋律起伏、情调委婉，是生产和婚嫁习俗的一种曲折反映；小调体民歌情感细腻、风趣多彩；唱灯调体民歌载歌载舞、情绪热烈，展现各地各族岁时节令民俗的风采。

壮族山歌小调　壮族山歌（民歌）源远流长，历史悠久。自远古以来，壮族人民在集体劳动和生活中创造了集体歌唱之传统，每年的“歌圩”活动就是这一传统之集中体现，关于壮族各地歌圩、刘三姐（刘三妹）传歌、对歌的记载，亦多见于此时期之史志典籍中。远古时代古越人就有原始徒歌，存在于歌舞乐综合体之中。唐宋时期，壮族山歌有了空前发展，各种体裁山歌（诸如农事歌、礼俗歌、恋歌、盘歌、儿歌等）、各种形式山歌（诸如四、三、五、七、嵌句歌，勒脚歌体，脚韵体，自由体等）、各种韵体山歌（诸如腰韵体、头脚韵体、脚韵体、自由体等），大都在此时期形成定型。它包括以情歌对唱为主、以盘歌问答为主两种不同形式。

百色地区壮族山歌有单声部（主要是北路山歌）与多声部（主要是南路山歌）两种形态，大致可分为“北路山歌”“南路山歌”两部分。

北路山歌小调，壮语称“欢”与“比”。“欢”主要流行于西林、隆林、田林等地北部壮族村寨中。它有多种称谓，因流行于某一地区、村寨而得名，诸如“那龙欢”“六寨欢”；因不同之山歌亦称“欢”，诸如“欢恨”“欢难”（指“苦难欢”）、“欢权”（指“情歌”）、“欢相”（指“盘歌”）等，而“重欢”则是指在演唱时把歌词中的某些词重复演唱，突出“重”字的“欢”；有些则叫“白日欢”“夜晚欢”（指在白日或晚上演唱的“欢”）。“欢”曲调为上下句结构，音乐与歌词相对应，第一、第二句歌词演唱上下句的音乐在五言四句中，第三、第四句歌词亦演唱上下句音乐，该曲调实为前一个上下句的变化重复，它们既统一又变化。其特点是所比喻的事与物通俗易懂，且形象鲜明，语言生动，言简意赅。如：

枇杷树上牵牛花，
牵牛树上往上爬。
牵牛缠树永不放，
哥今缠妹要成家。

南路山歌小调，其主要流行于百色市南部德保、靖西、那坡及田阳、田东南部山区壮族村寨中。南路山歌可分为“诗”“伦”二种。

诗，称谓有“肯丝”“诗放”“诗促”“诗侬”等，指分别用德保壮语、布依语、布仲语、布侬语等土语所唱的歌。演唱时也有不同称谓，即“诗竭”“诗啼”“上甲调”“下甲调”等。“诗竭”是指每唱完一句后需要停顿片刻后接着再唱的一种“诗”；“诗啼”是指演唱时先以鸡啼声起兴而得之名“诗”；“上甲调”“下甲调”以及“果乐调”“凌结调”是指流行于靖西市上甲、下甲、凌结、果乐等地之“诗”。此外，“诗”演唱中因衬词长短不同而有“长音调”“短音调”之说，一般地说，唱之前和结尾均要唱一段较长之衬词，叫“长音调”，开头演唱短衬词后即唱正文的叫“短音调”，它不分时间（白天或黑夜）和场合均可演唱。对歌则一般先唱长音调，然后反复唱短音调，用真假嗓音结合不同演唱。“诗”一般要押腰脚韵，曲调则以上下乐句构成为多见，重复变唱后构成四句为一个乐段，与四句歌词相对应，旋律优美而抒情。

伦，主要流行于百色市南部那坡和中部凌云县壮族村寨中。那坡县的“伦”，曲调高亢嘹亮，气息悠长。旋律常出现八度大跳，在歌头与歌尾中常用对人称呼之固定衬句“哈哎，郎呀呐”或“哈哎，妹呀呐”等，如今大多采用“尼勒”和“同志呐”等。

汉族山歌调　百色市境内汉族之山歌内容丰富多彩，曲调不尽相同，故有人称之为“汉歌曲艺”。仅凌云县境内汉族山歌就有13个曲调，各地演唱形式亦略有差异。歌者以二句或四句作为一组反复咏唱，亦可当场即兴发挥，意尽歌方止。如流行于逻楼乡汉族山歌之“阳雀调”：

（一更）阳雀叫愁哎！愁哈！
高哈点的明灯，娘哈就是呔也，
奴枝哈头。

此外，汉族山歌还有琴童调、苦竹娘调、情歌调、酒杯调、浮萍调、姐妹调、迎春调、十月调等多种。汉族山歌有单声部和多声部两种形态。根据方言不同，可分为官话山歌、蔗园山歌（平话山歌）、白话山歌三种。

苗族山歌调　百色市苗族主要居住于

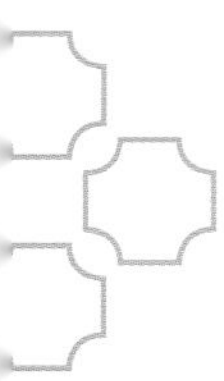

隆林、西林、那坡等县，他们散居各地，方言多样，山歌丰富，一年一度之跳坡节即是欢唱山歌之盛会。苗族山歌按体裁分为“长歌”与“短歌”两大类。

长歌调其以唱词“长”而著称，歌唱内容广泛，有创世神话传说、民族迁徙历史、民族英雄业绩、传统习俗来历、自由恋爱故事等，它们都具有史诗性和较高的文学价值。

短歌调是苗族山歌种类较多的民间音乐，有“号子”“小调”“风俗歌”“儿歌”等多种。苗族山歌以吟诵为主，讲究押韵、押调。这些山歌歌词无固定规律，即兴性较强，有五、七言字句，亦有长短不一杂言句，结构自由，然歌词声韵严谨，既押韵又押调，即歌词朗诵时抑扬顿挫、有一定规律，特别是每句末字都押在相同音高上，与口诵的自然单调有所不同，与曲调的高低关系异常密切。曲调多为一字一音，节奏平衡，似吟似唱。如流行在隆林各族自治县的苗族山歌《试探歌》歌词曰：

情妹唱歌起头难，哥唱一首妹接班。
哥唱芙蓉配柴草，妹唱绫罗配牡丹。
妹有心来哥有意，水仙移来哥园中。

苗族山歌小调较盛行，演唱内容亦多种多样，旋律丰富，相对稳定，且抒情优美，结构规整，以上下句或四句体为最多见。音乐为上下句结构，分节歌形式，句与句之间还要加上模拟锣鼓声音之衬词“匡冬匡，且冬且”等，十分形象生动。

瑶族山歌调　瑶族不同支系都有自己的传统山歌。如田林乐里、利周的瑶族山歌就有“哈呃嘿”“努努调”等。“哈呃嘿”山歌，以歌头衬词“哈呃嘿”而得名，此种歌调速度稍慢，节奏自由，颇具特色。生活在凌云县逻楼、加尤、沙里、泗城的瑶族山歌，尤具地方特色。其曲调多用“宫”“商”“羽”调式，旋律淳厚朴实，浑沉有力，风格别致。

彝族山歌调　彝族山歌内容丰富，且历来都是用本民族语言进行歌唱。19世纪末，随着中原汉族文化大量传入百色。百色彝族陆续用汉语唱歌。山歌主要有“酒歌”“情歌”“叙事歌”“古歌”等。

彝族还有另一种山歌，彝语称“明八”。此曲是由古代彝族古山歌“拉布”发展而来的。它与“拉布”一样，其主体亦是“i̇”音，且全曲常用 ××、××、× 节奏，并用短暂“7”音来装饰，全曲出现了“5”“7”“i̇”三音，更趋于口语化，然其宫调式却异常明确。

仡佬族山歌调　仡佬族山歌种类亦丰

富多彩，有“情歌”“生活歌”“盘歌”等。在此之中，以“情歌”“生活歌”为主，其特点是七字一句，四句一首，两首作一组，一组之内押脚韵，一韵到底。唱时可用不同韵，音调与汉族山歌相类。如反映仡佬族男女青年相互求爱之“情歌”：

金鸡飞过凤凰头，买马犁田不如牛。

别人生来不比妹，河水点灯难比池。

金鸡飞去凤凰身，买马犁田不会耕。

别人生来不比妹，竹篱点灯不比灯。

仡佬族常唱的山歌有酒歌、打粮歌、苦果歌三种。酒歌亦称“酒礼歌”，一般是酒宴中主客互动敬酒时所对唱，自称“山仡佬”和“水仡佬”的仡佬族，分别有不同的酒礼歌，然音乐调式却相同，唱词为五言，由四句、八句或十二句构成一首。打粮歌，为自称“水仡佬”居住之地所唱和流传。苦果歌则为自称“山仡佬”居住之地所唱和流传。

回族山歌调 百色地区的回族山歌大多属习俗歌，反映了百色回汉民族文化之融合。

回族山歌最有名的是《龙船舞》，它与汉族风俗歌《龙船歌》之歌词、曲调甚至是伴奏都极其相似。此种山歌是人们在扒龙船时演唱的。扒龙船时，先要选择好吉日良辰，再请龙王下殿、敲锣打鼓、放鞭炮。游街时唱《大河歌》（亦称《游江歌》），老龙下船后要唱《小河歌》（亦称《出江歌》），在赛船上唱《水上歌》（亦称《抢滩歌》），最后方唱《收兵歌》。整套龙船歌共有10支曲子，互相独立又相互联系，构成了一组完整的山歌。

乐器

管弦类乐器主要有马骨胡、葫芦胡、“札绒”、芦笙、“昂”。

马骨胡 主要流传于德保、靖西、

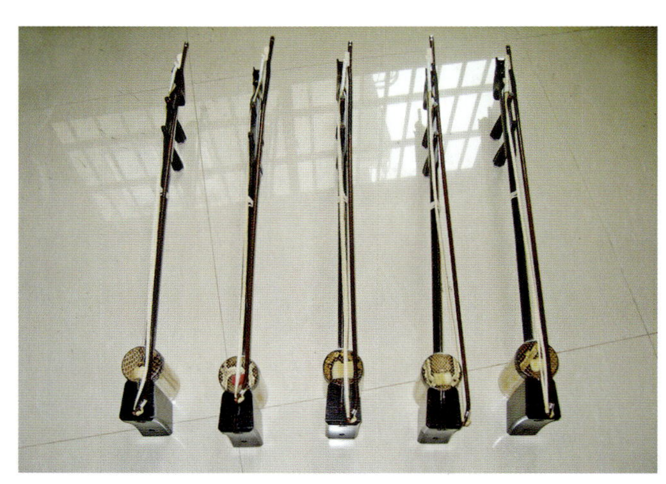

经过改良的新一代壮族中音马骨胡（百色市文化广电体育和旅游局 提供）

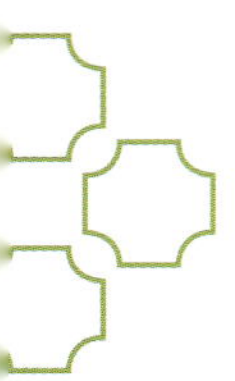

田东、田林、田阳、凌云、乐业、百色、西林、隆林等县（市、区）。马骨胡的琴筒一般要用一段马、骡或牛的大腿骨蒙上蛇皮或大青蛙皮，琴杆用竹或木制，通常长约66厘米，弦轴用黄琼角或硬木制成，原用丝弦，现普遍用金属弦。演奏时，琴筒要置于左腿或夹于两膝间，琴杆要垂直，左手扶杆按稳弦，右手则持弓拉弦，前挫弓、后挫弓、小跳弓、顿音、打音、倚音、滑音乃是使用马骨胡特色鲜明的几种常用演奏技法。

马骨胡主要与其他乐器组成八音乐队合奏，是南路、北路壮剧壮歌伴奏主乐器。20世纪50年代，马骨胡得到广泛使用，后文艺工作者进行了改良，用马骨拼合成较大的琴筒，并换用钢弦，加长加粗琴杆，增加把位，不仅扩大了音域，增加了音量，而且使用技巧亦得到了最大限度发挥。

葫芦胡 壮语音译为“演巫”，因用

苗族跳桩芦笙舞（百色市文化广电体育和旅游局 提供）

葫芦作琴筒而得名。制作时，胡面用薄板制成，胡杆高 50 ～ 70 厘米，多用红椿木或其他硬木制成。弦线则多用丝制成。葫芦胡为一种低音胡，音色浑厚深沉，演奏时“正胡”最好定在 1 ～ 5 弦较好。

札绒　瑶语音译为“札文筒”“当奴”，汉族称“竹筒琴”，主要流行于隆林、田林二县。琴体一般用一头或两头留节的竹筒做成，竹筒中要剜起竹皮细丝若干为弦，两头与竹体相通连，并用竹篾圈箍紧。演奏时，左手握琴头，右手持小竹棍击弦，或以琴尾击地，不同的击法可发出不同的声音，表现不同的气氛。此种琴，一般用于办丧事悼念死者。但在田林，人们多用独奏或在年节喜庆中使用。

芦笙　主要流行于西林、隆林、田林一带。芦笙由笙、笙管、簧片和先鸣器四个部分组成。因地域和民族不同，音列亦有异。每种芦笙之音列都有高、中、低多种。演奏时，双手要捧笙斗下部，拇指、食指、中指要分别按左右两排管孔。芦笙主要有独奏、对芦笙、套芦笙、芒筒芦笙几种，一般用于节庆、婚丧和歌舞节目演奏。20 世纪 50 年代后，音乐工作者对芦笙进行了改造，研制出了 9 管、18 管（中、低音）芦笙和 25 管（高、中音）芦笙不等。

昂　彝语音译，彝族吹管乐器，汉语称“葫芦笙”，流行于那坡县彝族居住地区。昂由笙斗和五支笙管构成。其制作时，要选择长颈葫芦为笙斗，颈部接一葫芦上方直插底部、簧片由老楠竹制作，嵌于管的下部。一般在每年九月初一至次年五月十六期间吹奏。每逢新年、祭祖节、跳弓节，昂是领群舞和伴奏的重要乐器。其声音变化多样，既有柔和之音，亦有响亮、粗犷之音，适合渲染气氛。

打击类乐器主要有铜鼓、“砻亦”、碗锣。

铜鼓　是壮、瑶、苗、彝、侗、仫佬等民族使用之打击乐器，在桂西具有悠久的历史。鼓身用青铜制成，呈倒立圆桶形，由面、胸、腰、足、耳五部分组成。鼓面与鼓身有各种各样的花纹和图案，铜鼓大小不一，类型颇多，打击方法由于时代、民族有异而不同，有竖立于地上用槌敲击的，有由两人抱着敲击的，有边走边跳起敲击的，有用皮革蒙着鼓底用槌敲击的，有悬空敲击并用木桶对着鼓腔抽送的。铜鼓音色洪亮粗

浪平平山新寨、老寨铜鼓舞活动（百色市文化广电体育和旅游局　提供）

犷，鼓声能远传数里，使人产生共鸣。

砻亦　壮语音译为“郎”，壮族打击乐器，主要流行于平果市，演奏时，一般由表演者持杵敲砻壁发出乐声。

碗锣　壮、侗等民族打击乐器。壮语音译为“亮”，侗语音译为“斯依锣”。流行于田林、隆林、西林三地。碗锣铜制，规格大小不定，常见者直径约 10.8 厘米，边高约 2.2 厘米，锣边穿孔系绳子。演奏时，左手提锣绳，右手持槌击锣，声音明亮清脆，是北路壮剧主要伴奏乐器之一。

弹拨类乐器主要有三弦琴、弹琴、月琴、四弦琴等，前三者主要流传在隆林各族自治县，后者主要流传于那坡县。这些弹拨类乐器，有竹制、木制两类，四者弦轴均为木制，从琴尾侧面插入音箱，竹或牛角制成摇杆，竖插入头部。尾部呈弓弯状，杆上多装上小型喇叭，状如小葫芦。金属弦一端则穿进杆上，喇叭系于摇杆，扁形竹片挑棒，挑弦一端则发出细而尖声音。演奏时，要将琴置于两腿之上或将琴头置于腿上，尾部则用他物支撑，亦可置于琴架上，右手则握棒挑弹，外侧掌边轻触琴身，左手摇杆推、拉，基础音区开始声音粗糙，高音区则短促尖细，用推、拉摇杆可产生各种滑音、倚音、波音、回音、颤音，特色鲜明，在文艺演出中可独奏或伴奏。

·舞蹈·

《捞虾舞》 壮族民间舞蹈，壮语音译为“珍姐达横”。“珍姐”是一位女子名字，“达横”即下河捞虾或打水草之意。该舞在德保县城关镇和燕峒乡兰堂村一带已流传了100余年。1954年，德保县文艺队经整理、改编此舞，突出表现了男青年看似钓鱼、捞虾，实则对珍姐表达爱慕之情。舞蹈分为劳动、相会、对歌、求爱、离别5个部分。1955年，该舞参加全国群众业余音乐舞蹈观摩大会演出，获优秀奖。

《鉴水河情歌》 壮族舞蹈，描写德保县一对男女青年经常在鉴水河畔捉鱼捞虾，在劳动中产生了深厚爱情的故事。舞蹈由朱国镇、于贤大、金涛等改编，林长春、丁承策作曲。1959年，由广西壮族自治区歌舞团首演，并赴京参加中华人民共和国成立10周年演出，被拍入《百凤朝阳》电影片中。

《醉歌》 壮族舞蹈，表现了粉碎“四人帮”后城镇集市恢复，3个壮族老汉用自家土特产在圩镇上换回各自需要的半导体收音机、电动玩具和小羊羔，散圩后，心情欢愉的3个老汉拿出金色酒葫芦互敬美酒，交杯畅饮，沉醉在幸福欢乐之中。1980年由百色地区艺术表演队创作演出。同年参加广西少数民族文艺会演，获舞蹈创作一等奖、演出二等奖。

《秋狂》 壮族独舞，黄汉雄编导并表演。1990年获广西民族舞蹈比赛创作二等奖、表演二等奖，全国舞蹈比赛编导奖、表演奖。

《摆嘎摆》 壮族群舞，由黄汉雄、黄秀红编导，1994年获广西舞蹈比赛编导一等奖、表演一等奖，1997年获广西文艺创作铜鼓奖，2001年获全国少数民族文艺汇演二等奖。

《红线传情》 壮族舞蹈，黄毅贞编导。2005年获全国第四届“四进社区”文艺展演金奖、第五届全国“荷花杯”民舞新蕾奖。

《拧》 苗族舞蹈，由百色地区文工团编演，讲述苗族跳坡场上姑娘在一小伙子腰上狠拧一把，以表达自己对其爱慕之情，表现新时代苗族姑娘大胆、热情和开朗的性格，通过众姑娘把“多心”的芦笙手的思想“拧”正情节，表现她们对爱情的专一。邓锐斌、黎晓娴编导，李学伦作曲。1985年创作，百色地区文工团首演。1995年参加广西首届“三月三”音乐舞蹈节会演，获创作一等奖。

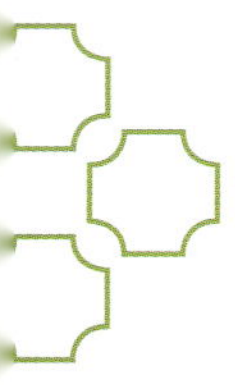

《出寨》 瑶族舞蹈，黄汉雄编导，韦志坚、黄觉先、黄小鸥表演，1997 年获全国少数民族单双三人舞比赛编导二等奖，广西舞蹈比赛编导一等奖、表演一等奖。

《醉了瑶山》 瑶族舞蹈，黄翠芳编导，2004 年获全国舞蹈比赛广西选拔赛一等奖，2005 年获第五届中国舞蹈“荷花奖”。

《五笙舞》 彝族舞蹈，最早流行于那坡县城厢区隆平乡达腊屯，表现彝族人民反抗封建统治并取得斗争胜利之情绪。1956 年由百色专区睦边县（今那坡县）文艺代表队搜集、整理。1957 年 1 月，参加广西第二届民间文艺会演。

·戏剧曲艺·

地方剧种

百色市地方剧种主要有粤剧、师公戏（壮族师公戏与汉族师公戏）、邕剧、彩调剧、采茶戏和唱灯戏及其他流行剧种。其中，彩调剧、邕剧、粤剧主要流行于右江区、田东县等壮汉杂居之地，一般都由市、县级专业文艺表演团体演出之地方戏曲剧种。其流行地域较广泛。唱灯戏则多为民间戏班演出，其流行地域多局限在某区域。

按各种剧种之声腔体制，可分为 3 种不同类型：邕、粤剧属板腔体制，彩调、唱灯戏属联曲体制，师公戏属师腔体制。这 6 种地方剧种均为外来声腔与广西某些民间曲调等本土艺术相融合，采用某种广西方言演唱，并产生了各自独有的一批传统剧目与现代剧目。

粤剧 作为南方的一种地方戏，粤剧起源于“广府戏”（广州府之戏剧），其最初以鄂（湖北）、湘（湖南）、川（四川）、滇（云南）、黔（贵州）、桂（广西）等省（区）接近之话语作为念白，故又称之为“戏棚官话”，后全用广东白话（粤语）作念白，从而使其区别于国内其他地方剧种。粤剧传入百色乃是在清道光年间（1821—1850 年），其时，随着广东移民不断迁入百色，并带来了广府文化。于是，百色艺人便组织了业余戏班，纷纷演出粤剧，粤剧由此在百色生根开花。清宣统二年（1910 年），广东新康年粤剧班来百色演出后，粤剧更受百色民众喜爱。后在民国年间，许多本地和外地粤剧团相继在百色城轮流演出，粤剧这种汉族地方戏便在百色地区流行起来。粤剧传统剧目有《绣襦记》《孟丽居》《选女婿》《醉打金枝》《梁山伯与祝英台》等。

粤剧《贵妃醉酒》剧照（百色市文化广电体育和旅游局　提供）

粤剧以“挪黄腔”为主要声腔，并整合昆、戈腔为一体，后又吸收民间歌曲、乐曲，逐渐演化自成一格。早期用中州音韵，清末民初改用广州方言，唱腔以板式变化为主、曲牌连缀为辅。此外，杂曲是粤剧中最有特色的唱腔，其包括明清俗曲、江南小调、民歌杂调，甚至是电影插曲等，任何乐曲都能填词演唱，是音乐吸收能力最强的剧种。

师公戏　称“唱师”“跳师”戏，是广西地方流布最广的民间小戏剧种。按民族划分有壮族师公戏（即壮师剧）、汉族师公戏、毛南师公戏、仫佬师公戏、苗族师公戏等。师公戏传入百色是在清光绪三十年（1904 年）。当时，奉议州（今田东、田阳一带）新编中田一里寸乡图幕桃村（今田东祥周中平村）聘请南宁沙井马村艺人黄奉山到村中传艺，组建师公戏班，自此，师公戏在田东、田阳一带盛演不衰。

师公戏早期剧目均是为酬神而演出有关神主的故事，如《三元》《北帝》《花婆》《雷王》等。后随着演出增多，剧目中亦出现了一批“土俗神”，即神化了当地英雄，如《莫一大王》《冯三界》《冯远》等。百色市师公戏代表性剧目是《梁山伯与祝英台》，此剧于民国年间由田东县江南乡（今四平村）师公戏班演出。1979 年，由黄碧云、刘华章编剧，黄金善导演的现代师公戏《木碗与鸡笼》参加田东县文艺会演，获剧本创作奖与演出奖。

汉族师公戏也称“平话戏”，流传于右江区那毕、四塘、永乐等乡镇和田东县汉族蔗园地区。汉族师公戏唱本均无念白，每唱必唱整本，其内容多反映当地农民的生产活动和生活情绪，亦有反映他们

对幸福宁静生活的向往，语言朴实生动，生活气息浓郁。表演形式为唱、念、舞三者结合，演员舞扇、紧握手帕等动作务必正确规范，角色有生、旦、净、丑等，唱腔有“插田赞一”“插田赞二”“鲁班腔”“金花仙女赞”“八娘赞”“切曹腔”“行马腔”“土地赞”“男打草腔”“女打草腔”等。

广西各地师公戏语言、音乐都不相同，它们没有统一的腔调。师公戏唱腔分两大类：一类是继承当地师公歌舞唱腔，称之为“师腔”；另一类为吸收当地民歌形成之唱腔。如田东中平师公戏班（属壮族师公戏班），其唱腔二类皆兼，而该县汉族师公戏班，其唱腔则侧重在第二类，计有“插田赞一”“插田赞二”“鲁班腔”“金花仙女赞”“八娘赞”“切曹腔”“行马腔”“男打草腔”“女打草腔”等。

木偶戏 清康熙四年（1665 年）百色壮族属地改土归流后，在靖西出现的一种地方戏曲。其演唱时多用“呀哈海”为衬腔，故又称“呀海戏”。它彰显了南方壮族民间艺人的惊人才华，是壮族传统文化中的艺术奇葩。其脸谱是用银木或柚木精心雕塑而成，后再用褐石作为脸之肉色，并根据人物的特征与演出要求，用墨

靖西市乡村木偶戏（百色市文化广电体育和旅游局 提供）

汁描绘其五官。人物角色分“方形”“小生”“青衣”“花旦”“闺门旦”“刀马旦”“须生”“红脸”“花脸”“丑生”10种。其脸谱最具地方特色和壮族特色。1966—1976年，停止演出活动。改革开放后，靖西木偶戏又活跃，在靖西、德保、那坡以及崇左天等、大新等县壮族村寨中演出。1990年，靖西有30余个木偶戏班。1949年以前，木偶剧目创作大多取材于传统小说（才子佳人、演义小说或公案小说）中，诸如《隋唐演义》《梁山伯与祝英台》等，随编随演唱，缺乏固定的台本台词，演唱语言均运用南壮民间诗韵格律（土谚语熟语）。音乐唱腔有“平板调”“采花调”“喜调”“平高调”“叹板”“哭板”“诗调”等，有时可穿插巫伦调、下甲山歌等，属板腔体和联曲体相结合的形式。演唱时多用帮腔来烘托气氛。中华人民共和国成立后，靖西木偶戏的保留节目是《梁山伯与祝英台》。

采茶戏 传统俗称“唱采茶”“采茶剧”，中华人民共和国成立后始称“采茶戏”。流行于靖西新靖、岳圩、壬庄、禄峒、荣劳、龙临、安德、渠洋等壮族地区。

采茶戏源于江西省采茶歌和采茶灯。关于其传入与形成有诸多说法。有说清乾隆至清嘉庆年间从江西经粤北传入南宁，清末再由南宁传入桂西靖西等地。另一说法是源于当地民间歌舞，现有文字资料表明，早在清嘉庆年间（1796—1820），桂东玉林诸地区盛行采茶歌，并已发展成为一种歌舞结合的采茶灯。在桂西，至少也是清同治、光绪年间由南宁艺人传入靖西等地。采茶戏音乐由“茶腔”“茶插”两类腔调和伴奏乐器锣鼓点组合而成。“茶腔”乃是主要唱腔，它包括“开荒”“点茶”“探茶”“摘茶”“十二月采茶”“炒茶”“送哥卖茶”等，“插茶”即在采茶中插入的杂腔小曲，共有110余首。如“卖架货”“五更调”“水仙花”“玉美人”等，此类曲调长于抒情，唱词多为7字句，亦有5字句和长短句，舞台语言多为桂西南路壮语方言，伴奏曲牌亦源于民间乐曲，亦有从昆曲或其他剧种借用来的如“引头”“过场曲”“浪淘沙”“绿荷包”“相思曲”等，锣鼓点源于舞龙、舞狮和南路八音，有“开场锣鼓”“采茶锣鼓”“快板头”“长锤”“冲头”等。

唱灯戏 亦称“灯戏”，它乃是居住在百色市乐业县、田林县、凌云县部分乡

2016 年，第二届逻沙唱灯文化旅游节（百色市文化广电体育和旅游局　提供）

镇的一种有地方特色的戏曲剧种。唱灯戏之来源大致有二说：一是说乐业唱灯戏是清嘉庆年间有个叫杨再强的汉人从贵州移来并在逻沙乡落户的；二是说该戏是由当地民间歌舞舞龙踩灯发展而来的。乐业县自古就有唱灯舞龙的文化传统，每当农闲或节日，该县就有灯队走村串户演出。如有建新房、婚嫁喜事，亦有请灯队唱打庆贺的习俗。灯队一般由 16 人组成，其中有 2 人一丑一旦，有 2 人为乐手，有 8 个或 12 个人手持彩灯，彩灯上除有花草虫鱼外，还分别写上“恭、贺、新、禧、风、调、雨、顺”等字样，每灯有一字，舞灯时要不断地摆出不同队形，同时，边舞要边唱具备一定情节的故事。唱腔一般要吸收当地民歌“敬烟歌”“送哥调”“要饭调”和巫师唱腔中的有益成分，故称“唱灯”。随着演唱故事成分的不断增加，以及踩灯歌舞与唱灯逐渐分离，唱灯演出在逐渐吸收其他戏曲剧种表演形式之后，便形成了一种有地方特色的戏曲剧种。唱灯戏表演时亦歌亦舞、亦叙亦唱，既有一定故事情节，又有一定表演技艺。

唱腔有正板和小调两大类，以正板为主唱腔，小调为辅腔，唱词多为上下句结构，字句多为五、七、十言，伴奏曲牌有“万年欢”“火开门”“小开门”“拜堂曲”“梳妆曲”等。

传统曲目有《葛麻走西》《马氏赶子》《断机教子》等。

邕剧　曾称“老戏”“广戏”“五六腔”“本地班”等，1951 年始统称邕剧。其源流大致有三说：一说是清道光年间（1821—1850），祁剧艺人到桂南传艺，至清咸丰初年，即产生有戏班（社）演出；二说是清咸丰年间（1851—1861），李文茂起义军从广东带来红船子弟，于起义失败后游荡广西民间，以演戏谋生，为邕剧之肇端；三说是以祁剧、桂剧为基础，吸收民间艺术而成。诸说迄今尚无定论，然不少专家认为第一种说法最接近事实。因为其演出中心主要在邕州府（今南宁）一带，而主要流行于桂南、桂西一带。它与祁、桂、粤剧同属皮黄系统，相互关系密切，师承和流布地域相互交错，其演出舞台语言多用邕州官话（即戏棚官话）演唱。

邕剧传入百色地区是在清光绪年间。其时恩隆县（今田东思林）艺人林阳岩等组建“思林邕剧班”，并多次与仑圩恒乐社联合演出邕剧。该剧社传到民国十四年（1925 年），演员已传承至第三代。1949 年，祥周街又组成剧社兴隆班，既演邕剧又演粤剧。清光绪三十四年（1908 年），仑圩艺人岑世文等组织邕剧戏班恒乐社，该社不仅在本地演出，亦应邀到万冈（今巴马）、东兰、凤山一带演出，直至解放。从 1951—1982 年，仑圩邕剧团（其时该团已更名为“仑圩农民剧团”）曾多次到田东县城平马和百色市区参加文艺会演，演出传统剧目《三气周瑜》最为出名。

邕剧声腔有“吹腔”“昆腔”“杂腔小调”3 种。“昆腔”在邕剧中习惯称为“大腔”，实为高腔中汉腔的一种，一般只在《六国封相》等少数剧目中使用。“杂腔小调”则较灵活，有民间小调“打花鼓”“盼郎归”等。邕剧舞台语言采用邕州官话（戏棚官话）。

彩调剧 百色地区称为“咿嗬嗨”，或称“采茶”“花灯”“彩调”等。其形成与源流，诸说不一。一种认为是广西土生土长的剧种，它是以民间小调为基础，吸收融合湖南花鼓、江西采茶的曲调，于清初形成；一种认为其形成于清代中叶，流徙桂北各县的大量湖南移民之中，有擅演调子（湖南南部花鼓戏的别称）的匠人（主要是泥、水、瓦、木、铁匠），在业余时间教馆调演，调子遂流入广西，后在演出中不断吸收桂北民间山歌、小调，于清末民初逐渐形成定型的，并向桂南、桂西地区流布。据有关专家对彩调剧剧目、唱腔、表演、习俗及在广西各地流布情况的考察，认为该剧应由湖南花鼓戏传入衍化而形成之说较为可信。

彩调剧传入百色是在民国初年。民国九年（1920 年），恩隆县福旺彩调戏班组建。民国十五年（1926 年），思林彩调戏班又相继组建。此两个戏班的演员至今已

传到第四代。从民国年间到新中国成立初期，此两个彩调戏班除了在本地演出，还多次赴田林乐里镇、田阳玉凤镇和田东义圩、朔良、那拔、六州、百敏以及巴马凤桥等地演出。1950 年，思林彩调团赴南宁参加广西文艺会演，黄德莹编导的《五娘游园》获优秀节目奖。

彩调剧唱腔属联曲体制。其曲调可根据戏剧角色行当、人物性格、表现内容的需要加以变化，故有“调多共用，板腔细分”之说。彩调剧是在湖南花鼓戏曲调的基础之上，广泛吸收桂北、桂西流行的“花灯”“唱灯”“耍板凳”等民歌、小调、曲艺的音乐成分发展而成。唱腔共有 400 余首，分为腔、板、调 3 类。腔类：彩调剧的重要唱腔形式，其中可大体分为老旦腔、摇目腔、旦角腔、小生腔、饮酒腔、丑角腔、和尚腔、强盗腔、盘花腔、卖糖腔、挖地腔等；板类：属叙事性腔调，其中有“诉板”“骂板”“哭板”等；调类：彩调剧调类有 400 余首，多为江南一带的民间小曲，经与本地方言、民间音乐结合衍化而成，计有“十月花调”“对口调”“九连环调”等，此外，还吸收了说唱艺术中的“莲花落调”“零零落调”“渔鼓调”等。唱词有齐言体的上下句式，亦有长短句式，且多用“尹、嗬、嗨”等衬词。

彩调剧早期剧目称“戏子调”，只有小旦、小丑两个角色，均为一种载歌载舞的短剧。后来增加了“小生”（亦称“摇旦”），称为“三小戏”。其传统剧目有《瞎子观灯》《蠢子拜门》《蠢子学艺》《张古董借妻》《夫妻情》《王三打鸟》《三看亲》《油漆匠嫁女》等。彩调剧代表性剧目是《跑菜园》。此剧乃是彩调剧传统剧目，亦是彩调艺人教授徒弟的“启蒙戏”。1952 年，江波根据李大树口述整理改编，成为广西彩调剧团长演不衰的保留节目之一。此外，1955 年，由田东福旺彩调戏班黄德荣编导的《五姐游园》亦学习、借鉴了该剧的创意与表演艺术，于同年参加广西文艺会演，获优秀节目奖。

·地方曲艺曲种·

百色曲艺曲种内容丰富、形式多样，地方民族文化特色浓郁突出。

壮族末伦 是一种具有浓郁壮民族特色的民间说唱形式，它主要流传于右江区以及德保、靖西、天等等县（市）部分壮族地区，而以靖西市旧州镇为中心。壮族末伦产生于明清时期，是一种从带有浓厚宗教色彩的巫事曲调中脱胎而来的民间曲艺，它从产生之日起就以其浓郁的民族特色和艺术魅力，深受当地壮民的热爱与推崇。1992年，在贵州省召开的全国少数民族曲艺曲种认定会上，壮族末伦被认定为壮族最有代表性的曲艺曲种之一。壮族末伦传统作品有《试情》《妹送情鞋哥送巾》《寡妇》《山清水秀的靖西》《哭寿增》等。

唐皇 也称“唐王”“堂煌”。流行于百色田阳区、右江区以及田林、平果、凌云等县（市）和河池地区东兰、巴马等县的壮族村寨中。迄今已有300余年的历史。明嘉靖三十三年（1554年），壮族女英雄瓦氏夫人从田州（今田阳区）带“俍兵”（壮族子弟兵）赴浙江沿海抗倭胜利班师回来时，其手下的俍兵将明代中期正德年间民间艺人所编的《刘文龙菱花镜》等戏目带回田州。后田阳本地壮民根据本地壮语特点进行了改编，并运用田州山歌发展润腔而成。唐皇的音乐为上下乐句结构的单乐段，五声音阶徵调式，曲调委婉抒情，并以下行旋律为主要特点，每乐句均为3个小节，同时，每乐句的落音都在“5”上，唱词多为七字句，并严格讲究腰脚韵。主要传统曲目有《唐朝传》《薛刚反唐》《文龙与肖尼》《梁山伯与祝英台》等，新编曲目有《黄治峰》《我们县委黄书记》等。

“卜牙” 也称“甫牙”“卜虾”，壮语即“老公公、老婆婆”之意。据传，此曲艺起源于百色龙州乡世家村，迄今已有200余年的历史，流行于百色右江区、田林县、田阳区、凌云县、乐业县等壮族地区。卜牙是从当地民间歌谣发展而成的一种叙事说唱形式，历经“坐相逢”（因其是由一男一女扮成夫妻坐在板凳上用当地山歌说唱的，故谓）、“问要巾”（意即演唱时站立问要巾歌）、“问结义”（即定情结义）3个阶段而趋于定型。初期以男代女，并在台上置一张桌子，男女演员以说唱形式对唱，女演员一般只露半边脸，男女演员都使用扇子作为道具。音乐结构一般以单段形式，除引子与结束句外，基本上以上下句结构为主，唱腔有“龙州调”“阳圩调”“拜年”“春擂”“问巾”“锄地”等。曲谱多为五声音阶调式和微调式，骨干音为“5”“6”“i”“2”4个音，音乐旋律起伏不大，曲调平稳流畅，腔调质朴抒情，无拖腔，且每乐句的落音多为“5”或“i”二音，伴奏乐器有马骨胡、葫芦丝、小三弦、木叶等。句式亦多为五言，句数不限，韵律严谨，腰脚韵到底。每段唱词开始均有礼貌地向对方称呼“卜

牙哎”“也，老牙哎”“也，相公哎”“也，大嫂哎”等，唱到末尾处再重复一遍，整段唱词充满情趣。

“谈来” 主要流行于田阳、田东一带壮族村寨中。“谈”即说或讲之意，“来”即快板或顺口溜，“谈来”即说顺口溜。传统的“谈来”，在百色田东、田阳有3种形式。一是讲历史故事、祖宗族源等，可在地角田边、村旁火灶边等人多的场合表演。二是以诙谐有趣的语言影射、讥讽现实生活中的人或事。这种形式可不分场合、不分男女，亦不一定是艺高胆大的人才能说，一般爱好者均可即兴编诵。三是在订婚、结婚、孩子满月、大人打老庚（老同）、起新房等喜事来临时，宾主双方均请那些能说会道的男女代表，包括寨老、族老、歌师、艺人或接送新娘新郎者等，双方在酒席上以接待亲戚朋友好坏、筵席丰简、彩礼轻重、嫁妆厚薄、人情冷暖等话题，通过演说故事的方式相互夸耀，各示谦虚，表达贫富不嫌、得失不计、永结一体的心愿。

唱春牛 流行于乐业县村寨的民间说唱表演形式，多在正月进行，艺人演唱，为主家祈吉祥、五谷丰登、消灾除难。一人自唱自演，也有二人一问一答的。艺人身着长袍，手拿一个雕刻精细并油漆得铿亮发光的黑牛，挨家挨户地去说唱春牛。主家除封2元左右的红包给艺人外，还将一块红布及一缕麻绳挂在牛头上，表示春牛驮去了灾难。唱春牛完后，艺人将一张印好的节气表赠送给主家贴在堂屋墙壁上，以便时刻谨记节令，种好庄稼。

· 民间传统戏曲 ·

北路壮剧 北路壮剧俗称“土戏”，是百色壮族的主要剧种，主要流行在从属壮语北部方言系统的田林、西林、隆林、右江区、凌云、乐业一带以及云南省文山壮族地区。从清顺治年间（1644—1661）即开始形成，其最初原型是“八音坐唱”（即“板凳戏”“杂耍”），属曲艺范畴。后随着时间推移和群众需要，“板凳戏”又发展成“平地戏”。最后走向人工搭台表演（搭台戏），于是有了特定演出服装、道具和化妆，尤注重表现剧情和人物言语、行动以及内心世界。这样，壮族“土戏”便从曲艺中脱颖而出，发展成壮族群众喜爱的壮剧。后壮族艺人又借鉴广东粤剧、南宁邕剧的演出特点，创造性运用当地壮语和田林旧州民歌“唱诗”表演唱戏剧。最初，上场诗与说白套用的是邕州（南宁）官话，唱则用当地壮话，其曲调

田林县北路壮剧表演（百色市文化广电体育和旅游局　提供）

是经过改造和发展的田林旧州、八桂民歌“乖呀咧”和“哎的奴”，后逐渐发展成为北路壮剧主要唱腔（正调），此乃北路壮剧萌芽、发展阶段。到清道光年间，产生了纯粹用壮话演出，由此北路壮剧走向定型。

北路壮剧的传承靠师传。所谓师传，指对整个北路壮剧的发展有较大贡献的艺师。有的创造和发展了唱腔，有的改革了表演程式，有的改进了乐器的演奏技巧，有的表演出色，保存了北路壮剧的本色，有的热心传播北路壮剧。

初时，北路壮剧角色的称谓有甫冒（男青年）、勒肖（女青年）、老布（老头子）、老牙（老太婆）、甫贼（强盗）、布仙（仙翁）等。到黄从善时代，开始有生、旦、老、丑之分。从黄永贵起，模仿邕剧的行当做了细分，生角有小生、中生、文生、穷生、公子、老生，旦角有小旦、正旦、花旦、摇旦、中旦、婆旦、彩旦，武角有武生、小武、老武、武旦，丑角有大丑、小丑。

北路壮剧音乐属联曲体制，其唱腔是由田林县旧州和那坡县那桑一带的民歌发展而成。主要唱腔为：

正调。初为一段四句，后改为一段两句。加“过门”，其旋律优美、欢快，适宜于抒情，为北路壮剧主要唱腔。乐曲分上、下句，唱词多为五字一句，亦有七字一句，首尾及两乐句间均有过渡音乐，称“过门”。

祭台调。原为升台前杀鸡祭祀的音乐，只奏不唱，后因其曲调旋律优美、抑扬顿挫，适宜于表现起伏不平的剧情

与人物的性格和情感，故1964年在演出现代剧目时，西林县那劳壮剧团率先给该曲调配以唱词，表演效果良好。自此以后，祭台调遂成为北路壮剧重要唱腔之一。

八音调。旋律优美、轻松，适宜于戏剧的叙事性。1964年在编演现代剧目时，表演效果良好。自此以后，该曲调遂成为北路壮剧固定唱腔。

沙梨调。是北路壮剧传统唱腔，它把正调起板去掉，再把“过门”和唱腔同时紧缩而成。

老汉调。是北路壮剧扮演老年角色常用的腔调，亦称卜牙调。

武公调。是专用于表演反面人物常用的腔调。

丑脚调。是专用于表演带兵打仗人物常用的腔调。此外，北路壮剧还有“哭调”“哀调”“升降调”“梳妆调”“破狱调”“仙姑调”“敬酒调”等。

北路壮剧伴奏乐器有，拉弦类乐器：马骨胡、二胡、葫芦胡、竹筒胡（札绒）、三弦；吹管类乐器：笛子；打击类乐器：鼓、锣、钹、钗、木鱼。

北路壮剧传统剧目大多取材于明清章回小说和民间故事传说。主要有：《岳飞》《杨六郎挂帅》《穆桂英》《包公审案》《征西》《征东》《三打祝家庄》《武松杀嫂》《乾隆下江南》《文龙与肖尼》《女状元》《秦香莲》《董永》《武大郎》《梁山伯与祝英台》《借亲记》《刘方嫂》《七仙女下凡》《孟姜女》等。这些传统剧目大多没有留下完整剧本，有的只有唱词无道白，有的只有故事梗概。20世纪50年代以后，北路壮剧艺人逐渐创作了一批新剧目，诸如《宝葫芦》《蜡纸书》《铁花瓶》《哑稼》《七姐妹》《金花银花》等。这些剧目从内容到艺术表现都具有桂西百色北路壮剧浓郁的民族和地域特色，在全国范围内产生了巨大影响。

代表性剧目是《农家宝铁》(亦称《好宝铁》，后改为《一块宝铁黑麻麻》)，此乃是北路壮剧将民间故事搬上舞台的第一个剧目，清乾隆三十年（1765年）由田林旧州龙城壮剧班在旧州首演，成为北路壮剧产生、定型的标志。

南路壮剧　百色壮族的主要剧种，它主要流传于壮语南部方言地区的德保、靖西、那坡和崇左、大新一带壮族村寨。据有关专家考证，南路壮剧源于德保县马隘村山歌、小调加工发展而成的“马隘戏”（“呀嗨戏”），其形成晚于北路壮剧的雏形“土戏”，创始人为德保县城南隆街黄现炯。据传，黄现炯年轻时外出当兵，后转到南宁邕剧班当伙夫（厨师）拜师学习邕剧，不久黄现炯返回家乡南隆街，并组织戏班子上演邕剧，因其时壮族演员不全会讲汉话，黄现炯只得在后台用汉话代替念唱，由演员在前台表演，而当地壮民根本听不懂汉话，故演出效果不佳。2 年后，黄现炯又与谢义、陈兴等人重组戏班。改用本地壮语演出，唱腔则采用马隘山歌加工而成的“马隘调”，为此演出大获成功。于是南路壮剧遂定型并逐渐流传。

南路壮剧音乐亦为联曲体制，其唱腔以德保县马隘乡和靖西市足院屯的“双簧戏”为基础，并吸收壮族提线木偶唱腔发展而成。可分平板类、喜调类、高调类、散唱类 4 种。平板类唱腔可叙事，亦可抒情，属于散板系统，节拍可一板三眼（4/4 拍）。高调类唱腔富于朗诵性，多用于陈述、叙说唱段演唱。其音乐节拍可有板无眼（1/4 拍），为上下句式，煞腔时用帮腔。散唱类唱腔中的“诗调”是以快如流水的速度散唱。20 世纪 60 年代

德保县南路壮剧表演（百色市文化广电体育和旅游局　提供）

后，南路壮剧唱腔与北路壮剧唱腔相互吸收融合，壮族艺人根据新剧目内容的需要创作了新唱腔，并在伴奏乐队中增加了大提琴、小提琴等西洋乐器，由此增强了音乐表现力，使其更丰满和富于表现力，增强了时代感。曲牌有“过场调”“拜堂调”“八音调”“祝寿调”等，曲势高亢、激越雄劲。

南路壮剧伴奏乐器以马骨胡、清胡、厚胡（又称土胡，琴筒一般用泡桐木制成）、小三弦为主。打击乐器有高边锣、大顶钹、师公钹、马锣、木鱼等。

代表性剧目有《宝葫芦》《红铜鼓》等。

第二节 视觉艺术

百色的视觉艺术在清朝后期得到了较大发展，作品有壁画、佛像画等。民国时期，百色的花卉、山水、鸟兽蜂蝶、水彩国画较为出名。中华人民共和国成立后，百色涌现一大批有影响、有造诣的艺术家。1996年，百色始创建书画院——右江书画院，2004年，又建立百色市书画院，充分开发和利用本市书画艺术资源，培养人才，推出精品，创建了一支具有专业实力的书画艺术创作团队，打造百色市书画艺术品牌，加强对外交流的文化影响力。对推动百色视觉艺术发展起到了引导作用。

·美术·

清代，凌云县官置“画匠田”（壮话“那香灰”）5亩，专给甘家画匠（擅长壁画、佛像画）作笔资，出现不少画匠。民国十三年（1924年），韦有年、林宝玉、林宝锦始用白竹布，挑出布丝，复以绣线，制成花鸟、山水图案，工艺精良，成品秀美。黄清熙擅长水墨竹石等国画，所画的翠竹，苍劲凌云，寓雅俗于清幽，独具风格，在民国初年就被上海美术出版界索稿影印广销。黄清熙的塑像手工艺术、剪纸结花工艺令人称道。林宝航擅画、精书、能诗，尤以花卉山水、鸟兽蜂蝶水彩国画著称，他的画书诗兼美，耐人鉴赏。青年时代曾在广州卖画谋生，并收徒授艺。民国三十七年（1948年），在百色举办名为“云台仙馆”的个人画展，展出作品100余幅，观者如潮，虽标价高昂，仍竞购抢手。

其《凌云水源洞景》画收藏于北京。林肇益，精于工笔水彩国画，借鉴古典小说和戏曲插图人像艺术，忆画《三国》《水浒》《西游记》中的主要人物，有关羽、张飞、李逵、武松、齐天大圣、铁扇公主等。黄永龄，上海新华艺术大学毕业，是凌云第一个艺术科班出身的女性，专攻油画，兼习工笔国画，曾画过一幅大型“天女散花”油画。

民国时期，那劳有“文化之乡”之称，艺术人才较多。韦家瑞时称“西林秀才”，能编诗作对，擅长书法、绘画、雕刻。还制作毛笔、粉笔、墨条等文化用品出售，其中“五定山房”墨条闻名乡间，远销西隆、田西和广南等县。“宫保府”后裔岑德康，爱好书法，每当练字，口中含酒，专心致志；“荣禄第”岑信皆，能写一手正楷字；农民工卜运新，识字不多，擅长绘画，手艺精巧，经常为各壮剧戏班画戏服，制作狮子、龙头等道具；妇女陈素兰善于塑像，常用泥巴、粳米捏制成小猫小狗等各类小动物，着上色彩，摆卖于街头巷尾，为少年儿童喜爱。

中华人民共和国成立后，百色涌现了一大批有影响、有造诣的画家。1957年，林宝航、雷元福创作的国画《静竹》《怒竹》和水粉画《虎啸》参加广西美术展览会展出，林宝航获创作奖，其作品上送全国美术展览会展出后由《人民画报》发表。马元威的《龙虎五藏图》连环画册由民族出版社出版，油画《跳弓》和梁式海的《添囤》被北京民族文化宫收藏；黄仁秀的工笔画《春暖》参加自治区美术展览获三等奖，韦琼花、黄焱、农琳琳的《人小志大》《跳皮筋》《葡萄》《庆祝六一节》等一批儿童画被远送日本、孟加拉国、埃及、新加坡及欧洲等国展出。

·摄影·

民国二十年（1931年），百色始有摄影活动，为人像摄影。同年，凌云县办有1家照相馆，营业人像摄影。20世纪50年代初，商业部门开设营利性摄影室。20世纪60年代，县文化馆开办室外摄影业务，为各部门拍摄。

百色得天独厚的自然景观为摄影提供了丰富的题材。来自百色的摄影作品多次在国内外举办的比赛中获奖。其中有张艺军的《亭亭玉立》参加国际花卉摄影比赛，获三等奖；梁汉昌的《月上柳梢头》《秋雨催人》分别获得全国大学

生摄影比赛二等奖；朱小华的《喜鹊迎春》被《人民摄影》选登，并获慧眼奖；覃乃系的《瑶山春》、陈勇的《凌云风光》获百色地区佳作奖，选送参加北京民族文化宫摄影展，《人民日报》海外版还刊登了《瑶山春》；黄可创的《收入不小》登了在《右江日报》上，获地区彩展一等奖，《奇洞胜景》在《中国旅游报》上发表，并获右江文艺基金奖；万崇兴的《慈母心》在《右江日报》上发表，获右江文艺基金奖等。

1985年，百色市摄影家协会成立。在市委宣传部和市文联的直接领导下，认真贯彻党的文艺方针政策，繁荣百色的摄影艺术事业，紧密配合改革开放，用摄影作品宣传百色革命老区的建设与发展，宣传百色的秀美山川及多姿多彩的民族风情。

·书法·

清代，凌云陆魁选擅颜体楷书，书法功底深厚，笔画端庄饱满。黄丕炎擅柳体楷书、行书，楷行结合，形成自然多姿的风格。清末至民国年间，王彭年擅长隶书、草书，尤以隶书笔锋浑圆，字划伟拔著称，“百色中山公园”牌坊横额、凌云县“中山纪念堂”门额是王彭年的手笔。王章甫，精于行书，学过王羲之、何绍基等书家字体，形成“采百树之花，酿一家之蜜”的个性，独树一格，且擅武术，臂力过人，其行书字体雄浑，笔力遒劲。

中华人民共和国成立后，全市书法爱好者不断出现，作品常刊载在市级以上的书报刊物。1987年8月，杨永福的硬笔书法参加在湖南湘潭举办的全国年轻人硬笔书法大赛获得优秀奖。1990年，唐进忠硬笔书法《心静延年》入选全国首届硬笔书法展。1992年，农延光的《魂系中华》（草书）入选《当代翰墨大观》，在中国香港、台湾地区及日本、加拿大等国展览。1993年，农延光《龙腾虎跃》（草书）入选《墨苑掇英》一书。陆平凡1984年起开始进行书法创作，先后有多幅书法作品入展全国书法展，曾获书法“兰亭奖”新人优秀奖等多个奖项。李章益于2004年参加中国当代艺术家收藏大典作品展荣获金奖，同年参加中国烟草学会、中国收藏家协会举办的全国烟草行业书画影艺术作品联展，其书法作品荣获全国金奖，2008获首届中国书画“书圣奖”金奖。

·篆刻·

百色印社成立于1989年8月1日，是经百色市民政局登记注册，以研究和弘扬中国印学兼及书法、美术、摄影等艺术为主，由各门类艺术家加盟组合而成的法人社团，是百色市文学艺术界联合会的团体会员。有社员 60 多人，下设理论学术委员会、创作评审委员会、组织工作委员会、文物保护与鉴赏委员会、书画篆刻部、摄影艺术部、信息网络部等，与右江书画院并存。社名由我国著名金石书画家、西泠印社副社长钱君匋先生题写。社员作品多次入选全区、全国展览，多个作品分别刊发在《书法报》《青少年书法报》《中国书画报》等，《周坚艺术传略》被《中国印学年鉴（1988—1992）》《中国当代篆刻家辞典》等收录。印社还成功地举办了纪念毛泽东同志 100 周年诞辰书画篆刻摄影作品展览，纪念百色起义 70 周年全国书画篆刻名家作品邀请展览，右江书画院首届、第二届艺术作品双年展览，右江书画院成立十周年“墨韵风采”书画篆刻摄影艺术作品展览等高水平的艺术作品展览。每年还组织社内书画艺术家到少数民族山区开展义务送春联活动，为群众送去新春的祝福，到边防哨所慰问子弟兵等，受到各族群众的热烈欢迎。每年组织社员进行艺术雅集，到大中专院校义务讲授书画篆刻艺术知识。在国内各位艺术名家的大力支持下，为公益事业捐赠艺术作品和捐建艺术景观，促进西部地区文化艺术发展，成为一支活跃在八桂大地上的艺术群体，是广西最大的印学社团。百色印社成立后，篆刻爱好者不断培训交流，创作了许多有影响的作品。1995 年，社员玉庭艳、陆平凡书法作品入展全国第六届中青年书法篆刻家作品展；1995 年，周坚篆刻作品入展中国书协培训中心首届学员结业暨教学成果展览；1999 年，周坚篆刻作品入展中国书协培训中心成立六周年教学成果回顾展览、全国印社北京邀请展览；1999 年，周坚篆刻作品入选西泠印社第四届篆刻作品评展；2002 年，周坚篆刻作品入展全国中青年篆刻家作品展览。

第九章 物质文化遗产

百色盆地是世界早期古人类活动中心之一，迄今发现的古人类遗址有100余处，主要分布在右江流域第四阶地上和盆地边缘的洞穴内。遗址之多、出土文化遗物之丰富，举世罕见。经过2次全国文物大普查，在百色市发现新的古文化遗址、古墓葬、古窑址、石刻、古建筑、近现代重要史迹等。百色市文博单位结合国家西部大开发中重大建设工程项目，认真妥善地处理好文物保护和经济建设的关系。2003年后，右江民族博物馆、右江区文物管理所、田东县博物馆等单位切实做好国家、自治区重点基本建设项目的考古发掘工作。其中，革新桥新石器时代遗址考古发掘被评为“2002年全国考古十大新发现”。2005年后，百色市文博单位又与中国科学院、中国社科院、中山大学、广州考古所、广西文物考古所等全国知名考古科研单位在右江区阳圩镇百达遗址、古墓群遗址、营盘遗址和田林县弄瓦乡八六坡遗址、龙王庙等遗址进行抢救性考古发掘，出土了一批珍贵文物。

第一节 保护与研究

百色市文物保护工作严格按照“四有”要求，划定保护范围、树立标志说明、建立记录档案、设置保护管理机构，不断完善红七军军部旧址、红七军政治部旧址、右江工农民主政府旧址、百色旧石器百谷遗址、檀河遗址等全国重点文物保护单位以及自治区重点文物保护单位的“四有”工作。针对各县（市、区）级重点文物保护单位多而散的特点，采取了设置保护管理机构、建立群众保护组织、聘请业余保护管理人员等方式，有效地解决了一些偏远地区文物保护单位的保护问题。同时，加强对各级文物保护单位的保护和监督力度。百色市积极组织开展文物安全大检查行动，加强对全国重点文物保护单位、自治区重点文物保护单位的巡查力度，严防事故发生，确保文物的安全。

·文物保护单位·

截至2022年，百色市全国重点文物

保护单位共有 12 个，自治区级文物保护单位共有 23 个。此外，还有 421 个市、县级文物保护单位和 451 个已登记未定级的文物点。

表 9-1 百色市全国重点文物保护单位名录（截至 2022 年）

序号	文物保护单位名称	公布时间	类别	年代	地理位置
1	中国工农红军第七军政治部旧址	1988 年	近现代重要史迹及代表性建筑	1929—1930 年	右江区
2	中国工农红军第七军军部旧址	1988 年	近现代重要史迹及代表性建筑	1929—1930 年	右江区
3	百谷遗址	2001 年	古遗址	旧石器时代	右江区
4	那赖遗址	2013 年	古遗址	旧石器时代	田阳区
5	右江工农民主政府旧址	1996 年	近现代重要史迹及代表性建筑	1929 年	田东县
6	高岭坡遗址	2001 年	古遗址	旧石器时代	田东县
7	布兵盆地洞穴遗址群	2013 年	古遗址	旧石器时代	田东县
8	连城要塞遗址和友谊关——靖西龙邦十二道门	2006 年	古遗址	清代	靖西市
9	感驮岩遗址	2006 年	古遗址	新石器时代	那坡县
10	连城要塞遗址和友谊关——那坡县弄平炮台	2006 年	古建筑	清代	那坡县
11	西林岑氏家族建筑群	2013 年	古建筑	清代	西林县
12	“西林教案”发生地	2019 年	近现代重要史迹及代表性建筑	清代	田林县

注：此表信息来源于百色市文化广电体育和旅游局官方网站信息。

表 9-2 百色市自治区级文物保护单位名录（截至 2022 年）

序号	文物保护单位名称	公布时间	类别	年代	地理位置
1	灵洲会馆	2009 年	古建筑	清代	右江区
2	广西劳动第一中学旧址	2017 年	古建筑	清代	右江区
3	粤东会馆	2009 年	古建筑	清代	田阳区
4	瓦氏夫人墓	1994 年	古墓葬	清代	田阳区
5	广西省田南道农民运动办事处旧址	1994 年	近现代重要史迹及代表性建筑	1927 年	田东县
6	恩隆县农民运动讲习所旧址	1981 年	近现代重要史迹及代表性建筑	1926 年	田东县
7	田东印茶摩崖造像	1981 年	石窟及石刻	宋代	田东县
8	百银古城	2017 年	古遗址	宋代	田东县
9	岑氏土司墓	2017 年	古墓葬	明代	田东县
10	陆氏将军墓	2017 年	古墓葬	明代	田东县
11	利老遗址	2017 年	古遗址	新石器时代	田东县
12	弄良明墓	1994 年	古墓葬	明代	平果市
13	镇安府孔庙	2017 年	古建筑	清代	德保县
14	镇安府秀阳院	2017 年	古建筑	清代	德保县
15	镇安府三堂	2017 年	古建筑	清代	德保县
16	云山独秀峰摩崖石刻	2017 年	石刻	明代至民国时期	德保县
17	岑氏土司墓群	1994 年	古墓葬	明代至清代	靖西市
18	胡志明在靖西活动旧址	2017 年	近现代重要史迹	民国	靖西市
19	丹桂塔	2009 年	古建筑	清代	那坡县
20	中山纪念堂	2009 年	近现代代表性建筑	民国	凌云县
21	水源洞石刻	2000 年	摩崖石刻	清代	凌云县
22	中国工农红军第七军第八军会师旧址	1994 年	古建筑	清代	乐业县
23	岑氏宗祠	2017 年	古建筑	清代	田林县

注：此表信息来源于百色市文化广电体育和旅游局官方网站信息。

· 文物研究 ·

旧石器研究 百色的旧石器研究取得了重大成果。出版的《亚洲人类智慧之光——百色旧石器考古探秘之旅》一书由右江民族博物馆编著，广西师范大学出版社2012年出版，共计9.6万字。据编著者介绍说：百色旧石器从1973年发现至今，在中外考古工作者的努力探索和研究下，已取得了阶段性的重大成果，这些成果在考古学界等领域引起了强烈的反响。作为百色旧石器所在地的地方博物馆，承担起了系统介绍探索研究结果这一责任。

百色旧石器研究是集考古学、第四纪地质学、古环境学和天体物理学等多学科的综合性国际合作项目，百色旧石器遗址群业已成为东亚乃至世界范围内研究的热点，在国内外都有着重要的研究意义和价值。百色旧石器是一笔宝贵的人类文化遗产。

百色研究成果诞生之前，考古学界长期受“莫维士线”（一种考古学理论）所主导，认为在早期人类进化的200多万年的绝大部分时间里，“西方”（全非洲、欧洲的南、中、西部以及中东和印度半岛）是先进的“手斧文化圈”，文化发展迅速、朝气蓬勃。相比之下，“东方”（包括中国在内的东亚、东南亚和印巴次大陆北部）是落后的“砍斫器文化圈”，文化发展保守落后、死水一潭。这一理论的主要考古证据是西方发现了技术先进的手斧，表明那里的人聪明、灵巧，而东亚没有，东亚只有简陋的打制石器。

随着百色盆地旧石器遗址考古发现的尘埃落定，在百色发现制作技术与西方一样的手斧，而且证明它的年代比欧洲的还早了许多。这个发现无疑以有力的事实和足够的证据回答并推翻了带有明显种族偏见的“莫维士线”。

句町文物研究 1969年12月15日下午，在西林县修筑县城到那劳的公路的时候，在普驮屯驮娘江边的公路上平纳小队民工发现一座罕见的古墓，墓内埋葬了一具用铜铸成的棺材。棺长200厘米、宽65厘米、高68厘米，壁厚1.5～2厘米，净重400多公斤，内外壁表面全部鎏金。铜棺上、下盖较厚，棺头、棺尾及两侧铜板镶嵌有神兽面具、流云等鎏金铜饰件，棺内有玉珠、玉管、玉片等陪葬品。遗憾的是，出土时墓址已被破坏，铜棺被撬开，上盖板被砸烂，碎片被民工分散拿走，玉

珠、玉管、玉片等随葬品则被民工用刮板刮去填路基。一年后，上级文物部门知道此事，进行追查，县革委派出人员分头到土黄、木呈、平用等村寨寻找修路民工，追回散失的文物，但大多数已丢失，无法挽回。

1989 年 12 月间，西林县教师进修学校一位教师到普驮屯，在和群众闲谈中，无意了解到该屯一农户还藏有一块铜棺碎片，回县城后立即报告县文化局。县博物馆立即征回这块铜棺碎片，这是所收集回来的铜棺碎片中最大的一块。1992 年 2 月，成都科技大学冶金系学生郑卒（原是西林中学学生）到西林县文物馆取一块铜棺碎片做样品，对铜棺冶金技术进行研究。

虽然铜棺已被毁，给研究工作带来困难，但许多专家、学者都认为西林普驮铜棺墓葬应是西汉时期的墓葬，墓的主人应是同时代的古句町国王或王族贵人。

1972 年 7 月，八达公社普合粮站在开辟晒场时，发现一座用铜鼓作葬具的古墓，出土了一批珍贵文物。墓坑圆形，直径 1.5 米、深 2 米。距地面深 0.6 米处有一块圆形的石板盖住墓口，石板下面并排放置 12 块大小不等的石条，均是已风化的石灰石，并有加工的痕迹，石条下面是铜鼓，共 4 件，互相套合。随葬品一部分散布铜鼓周围，一部分装在铜鼓内，在最内的铜鼓里放置骨骸。出土器物包括葬具和随葬品大小共有 400 多件。其中，铜器类有铜鼓、铜骑俑、铜坐俑、铜钟、铜铃、铜铣等，共 270 多件；玉石玛瑙器类有玉环、玛瑙环、玉管、玛瑙串珠、玛瑙配饰等，共 100 余件。其他类还有铁器等。

广西文物工作队专家调查认为，普驮铜鼓墓属“二次葬”墓，而以铜鼓作葬具的“二次葬”墓在广西为首次发现。关于墓葬死者性别，经广西医学院解剖教研室对骨骸鉴定，为 25 岁左右的男性，其身份应是当时统治阶级的一员。专家还认为，西林在西汉初期为句町国地，武帝时设句町县，这个墓葬可能同当时的句町有密切的关系。西林县普驮村先后发现铜棺墓葬和铜鼓墓葬，轰动了国内外。

革命文物研究 百色起义留下了丰富的革命文物，百色市组织专家进行研究，揭示了这些文物背后的故事。

当年邓小平领导百色起义时期使用过的马鞭，属于国家二级文物。马鞭长

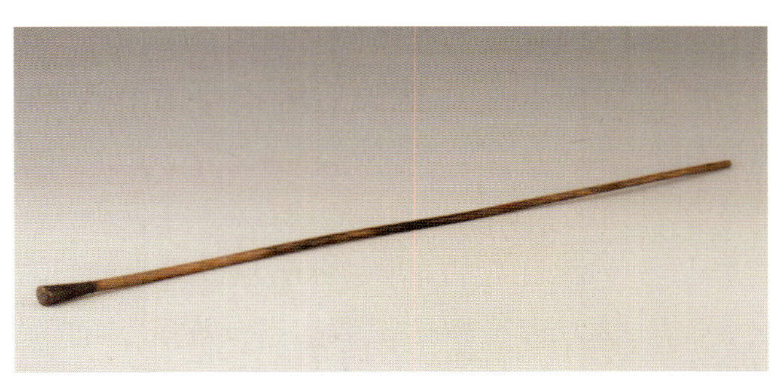

邓小平曾用过的马鞭（百色市文化广电体育和旅游局 提供）

里，炊事员黎爱廷把它收藏起来，希望再次见到这位神采奕奕的年轻的邓政委时，将马鞭还给他。可是，此后黎爱廷再也没能见到邓政委。邓小平离开后不久，林逢区掀起了土地革命热潮，黎爱廷也分得了一份土地，他对邓政委无比感激，把这根马鞭当作宝物珍藏着。

81 厘米，质地为白藤，一头镶嵌铜套。这根普通的马鞭历经近百年，仍完好地保存着，其中蕴藏着一个感人至深的故事。

邓小平领导百色起义期间，担任红七军前委书记，又兼任红七军、红八军政委，他在繁忙的工作之余，经常走村串户，深入群众，访贫问苦，开展调研，群众都亲切地称他邓政委。1930 年秋天的一个早上，邓小平在恩隆县（今田东县）苏维埃政府领导陪同下，骑着一匹高头大马，风尘仆仆地赶到林逢区苏维埃政府视察工作。下午，邓小平在林逢区苏维埃政府召开座谈会，深入了解当地的社会状况，听取当地干部群众的心声，对如何有效地开展土地革命提出了一些指导意见。傍晚时分，邓小平要赶回县城，因走得匆忙，将马鞭遗留在林逢区苏维埃政府饭堂

1931 春，国民党反动派大举“围剿”右江革命根据地。敌人知道黎爱廷曾在苏维埃政府工作过，所以一进村就直奔他家，而提前得知消息的黎爱廷早已转移到深山里。敌人放了一把火把黎爱廷家的房子烧得只剩下黑乎乎的几堵墙，但是放在屋里的马鞭却安然无恙。原来，为了保护这条珍贵的马鞭，黎爱廷在自家墙上挖了一条细槽，将马鞭镶嵌在槽中，然后再用泥巴糊上，敌人虽然放火烧了房子，却没有烧到马鞭。后来，为了更好地保存这根马鞭，黎爱廷将马鞭进行了蒸煮处理，因为这种白藤经过蒸煮后，几十年都不会生虫。蒸煮之后，黎爱廷还把桐油涂在马鞭上，又缠上布条，加以保护。1958 年黎爱廷病重时，他把外甥韦赞超唤来身边，将这根珍藏 28 年的马鞭托付给了外甥，

再三叮嘱这是邓政委用过的马鞭，以后有机会一定要亲手把马鞭交给邓政委。1961年，右江革命文物馆（百色起义纪念馆前身）筹建时，文物征集小组到田东县林逢公社（现林逢镇）征集革命文物，黎爱廷的外甥韦赞超将珍藏多年的马鞭捐献给右江革命文物馆。邓小平用过的这根马鞭，历经90多年的风雨，依然保存完好，这里面倾注了黎爱廷和他的外甥两代人的心血，更体现了百色老区人民对邓政委的殷殷深情。

张云逸在1955年被授予大将军衔时的军礼服，属于国家一级文物。这套军礼服共有衣裤、帽子、手套、领带5件。

张云逸大将军礼服（百色市文化广电体育和旅游局 提供）

1965年取消军衔制后，张云逸的这套珍贵的军礼服就一直存放在家里的纸箱里。当时有些将军的家属觉得军衔制已取消了，留着军礼服也没什么用处，就改作日常穿着的衣服。张云逸的夫人韩碧对大儿媳王婷说：“我的衣服够穿，如需要参加重要活动，你陪我到王府井做两套便装（因她平时都穿军装）。爸爸的军礼服，要好好保存起来，不能改作他用。”她还嘱咐大儿媳王婷经常把军礼服拿出来晒一晒，以免生虫损坏。

1989年10月18日，张云逸的大儿子张远之代表张云逸夫人韩碧，把这套珍藏多年的张云逸大将的军礼服捐赠给百色起义纪念馆。这套珍贵的大将礼服，是张云逸同志革命功勋的历史见证，更凝聚着张云逸和他的家人对广西人民的深厚情谊。

张云逸军长在百色起义时领到的红七军第一个月的饷银舍不得花完，留下一枚做纪念。这枚银圆直径4厘米，厚0.3厘米，重26.7克。这是一枚不寻常的银圆，它是百色起义的光辉历程的纪念，它是红七军的英雄业绩的纪念，它是中国共产党人奋斗

百色起义时张云逸领到的银圆（百色市文化广电体育和旅游局　提供）

历史的永恒的纪念。1961 年，百色右江革命文物馆在张云逸等老革命前辈的倡议下得以建立，张云逸还把自己珍藏多年的这枚银圆捐赠给了百色右江革命文物馆。这一枚珍贵的银圆见证了右江各族人民在中国共产党的领导下，为了中国人民的解放事业英勇奋斗的历史，向观众展示了它在百色起义历史中的风采和故事。1995 年，广西壮族自治区文物鉴定委员会将百色起义时期张云逸领到的这枚银圆评定为国家二级文物。

韦拔群领衔署名传单——《敬告同胞》是百色起义纪念馆珍藏的国家一级文物。1925 年，韦拔群、陈伯民在东兰的农民运动遭遇镇压后，为了寻找农民解放运动的正确经验，他们到广州进入广州农民运动讲习所第三届学习班学习。

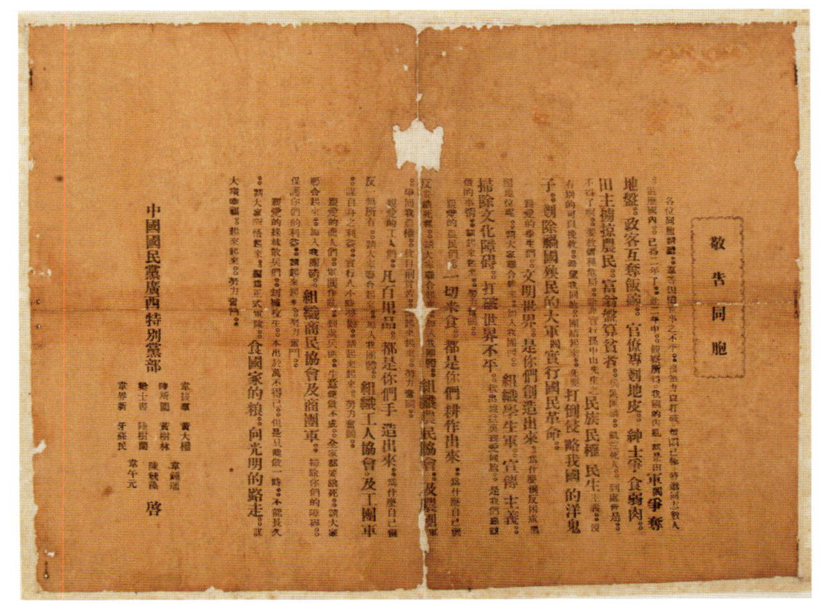

敬告同胞

中國國民黨廣西特別黨部

韋拔羣　黃大權　韋錫瑞　陳所聞　黃樹林　陳鼓濤　黎士書　陳樹勳　韋午元　韋界新　牙蘇民　啓

韦拔群《敬告同胞》原稿（百色市文化广电体育和旅游局提供）

在广州农民运动讲习所，他们结识了彭湃、阮啸仙等共产党人，并系统地学习了《帝国主义侵略简史》《政治经济学概要》《农民运动之理论》《农民协会与农民自卫军的组织法》《农村教育》和军事训练等课程。他们在广州农民运动讲习所提前毕业后，由国民党中央农民部部长廖仲恺委派为农民运动特派员回广西工作。他们回到东兰后，开始翻印从广州带回来的各种文件，并起草和印刷韦拔群领衔署名的国民党党部印发的传单——《敬告同胞》等各种革命传单，散发到东兰各地，同时，组织进步青年到各地宣传革命思想，成立各乡区农民协会，恢复和发展农民自卫军。《敬告同胞》等宣传品成为推动整个红水河流域及右江流域各地农民运动蓬勃兴起的早期宣言书。在广大进步青年和革命群众的心中扎下了深深的根，激发了广大人民群众的革命激情，成为推动农民运动发展的强大精神动力。

《韦拔群、韦士贤给士乙乡苏维埃政府的信》，纸质为宣纸，字迹为毛笔手书，纵列右读，横 37 厘米，纵 20.4 厘米，中

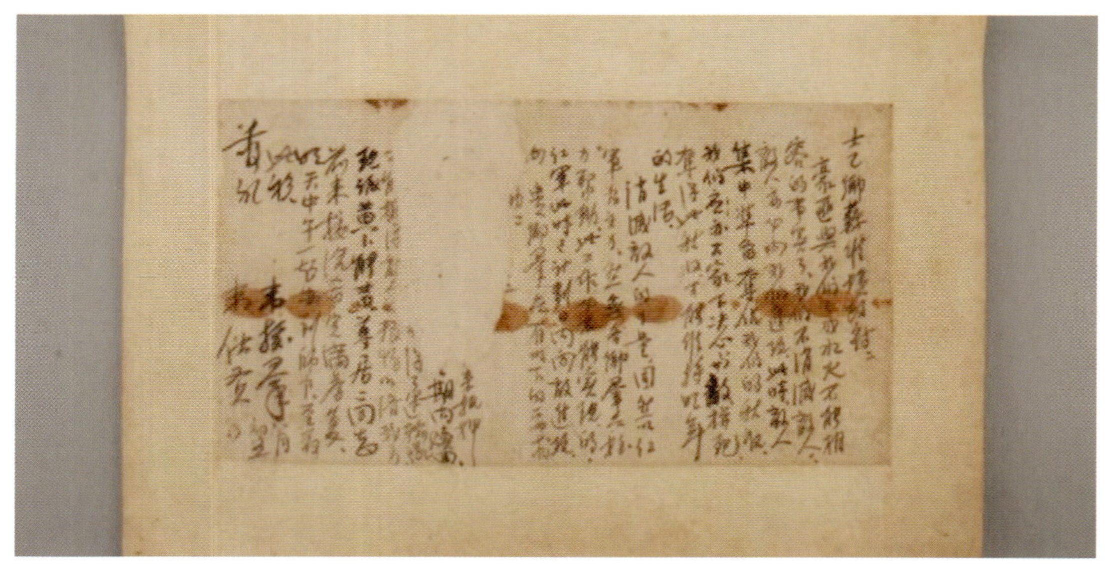

《韦拔群、韦士贤给士乙乡苏维埃政府的信》原稿（百色市文化广电体育和旅游局提供）

部有残损，能够分辨清楚的文字有198个，中部印有一字形排开的7个红色手印。这是1931年9月16日（农历八月初五）韦拔群、韦士贤写给东兰县士乙乡苏维埃政府的指示信。20世纪60年代，百色起义纪念馆文物征集组赴东兰县乐里乡弄吉大队征集革命文物时，由村民韦尚荣捐赠。1994年，被国家文物鉴定委员鉴定为一级文物。

莫文骅将军捐赠的金戒指，它见证了莫文骅将军与战友杨英深厚的革命情谊。这枚金戒指直径1.5厘米，重2克，通体金黄，无纹饰，国家三级文物。

莫文骅是广西南宁人，杨英是湖南宝庆人，他们都参加了邓小平、张云逸领导的百色起义，参加了红七军。在火热的革命斗争中，两人结下了深厚的友谊。1930夏天，莫文骅和杨英一起在广西果化参加整训。为了纪念他们的友谊，杨英把自己珍藏的一枚小金戒指拿出来，小金戒指有5克重，他分打成2枚，每枚重2克，自己留一枚，另一枚赠给莫文骅。1930年11月，红七军主力北上江西，莫文骅与杨英随部队一起转战到江西中央苏区。

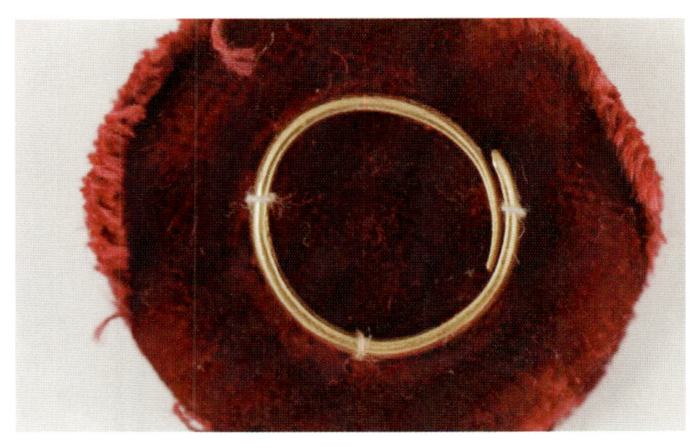

莫文骅将军的金戒指（百色市文化广电体育和旅游局 提供）

1932年初，在赣州攻坚战中，杨英壮烈牺牲。战友虽然走了，但是对战友许下的承诺还清晰地刻在莫文骅的心里。在后来的岁月里，他从未停止过打听杨英家人的情况，却一直没有消息。1999年，《湖南日报》刊登了一篇题为《杨英的家人，你在哪里》的寻亲书，这封特殊书信的作者就是莫文骅将军。当时年近90岁高龄的莫文骅将军深情地写道："在纪念共和国50华诞的日子里，我特别想念那些和杨英一样牺牲了的战友，也勾起了我几十年来一个未了的心愿——寻找战友杨英的家人。几十年来，我一直深深地怀念这位伟大的英雄。我年近90，已不能踏遍青山寻找他的忠骨，也

不能亲往他的家乡寻找他的家人。如果借助烈士家乡的新闻媒体能了却这个心愿，如果我还健在的话——我想告诉他们杨英是怎样牺牲的。”但是，直到莫文骅辞世，杨英的家人依然没有联系上。没能帮战友完成寻找家人的心愿，成了莫文骅心中永远的憾事。

从一枚金戒指到时隔大半个世纪的“寻亲书”，承载了一段刻骨铭心的革命情谊，更向我们讲述了一个感人至深的英雄故事。

巴遮乡苏维埃政府旗是用手工纺织的棉布染成红色制作而成，它纵 74.5 厘米，横 110 厘米，在它的右边用布纵向绣着“巴遮乡苏维埃政府”。它是 1924 年韦秀邦在东兰县组织农民自卫军时制作的一面旗。百色起义后，在根据地范围内建立各级苏维埃政权，开展土地革命运动。这面旗帜曾作为一种权利的象征在巴遮乡苏维埃政府门前飘扬，在根据地各种活动中留下了它那鲜艳的身影。1931 年红七军离开右江革命根据地后，为了保住这面红旗，韦秀邦将此旗缝入被子，躲藏过敌人一次次的搜查。后来韦秀邦将此旗转交给侄儿韦福寿保存，1961 年 9 月，韦福寿将这面珍贵的红旗捐献给百色起义纪念馆。

1995 年，广西壮族自治区文物鉴定委员会评定巴遮乡苏维埃政府旗为国家二级文物。

滕国栋曾佩戴的红领巾。这条红领带的质地为棉布，红色，细长条形，一端缺失，长 51 厘米，宽 5 厘米，是 1929 年滕国栋参加百色起义时佩戴过的。

曾使用的巴遮乡苏维埃政府旗（百色市文化广电体育和旅游局　提供）

滕国栋曾佩戴的红领带（百色市文化广电体育和旅游局　提供）

滕国栋，1902年生于广西恩隆县（今田东县）林逢乡的壮族农民家庭。在百色省立第五中学读书期间，接受了民主革命思想，积极参加了百色学生联合会领导的爱国运动，后因家境贫穷，辍学回乡。在乡里，他积极参加宣传和组织农协会活动，成为林逢农民运动的重要骨干。1926年，任恩隆县农民自卫军大队大队长，领导农军开展打土豪劣绅，反对贪官污吏的斗争。1927年，任右江农民自卫军第二路副总指挥，率领农军主力坚持七里山区的武装斗争。1929年参加百色起义，1930年11月，红七军主力奉命北上后，他被选为红七军二十一师党委委员。

这条珍贵的红领带见证了一段风云激荡的革命岁月，具有重要的文物价值。20世纪60年代百色起义纪念馆文物征集组到田东县百敏公社百定大队征集革命文物时，滕国栋亲属凌善珍将这件珍藏多年的文物捐献给纪念馆。1995年，广西壮族自治区文物鉴定委员会将其评定为国家二级文物。

陆浩仁在1931年从事革命斗争工作期间办公所用的马灯。整灯高23厘米，底径14厘米，由灯架、灯罩、底壶、提手等部分组成，灯架、底壶、提梁为铁制品，灯罩为玻璃制品。底垂直口鼓腹平底，内中空，可装灯油；灯架近似椭圆形，中部有3根环状铁线保护灯罩；灯罩近似花瓶，上小下大；提手为曲线状。在烽火连天的岁月里，无论战斗多么频繁、所处环境如何艰苦，陆浩仁都将马列主义、共产党、苏维埃和人民当家作主等新词汇、新思想、新主张传播给劳苦大众，让革命在他们心中燃起一把火，指引着他们起来斗争，去赢得光明。

陆浩仁使用过的马灯（百色市文化广电体育和旅游局 提供）

1995年，广西壮族自治区文物鉴定委员会将陆浩仁使用过的马灯评定为国家二级文物。

韦界烈在红七军干部训练所的《机

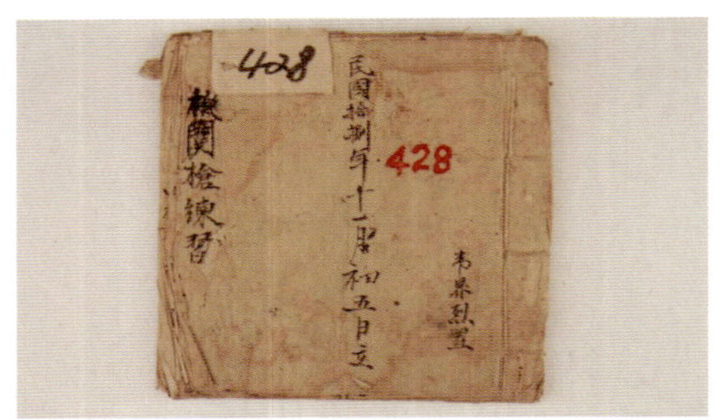

韦界烈抄写的《机关枪练习》原稿（百色市文化广电体育和旅游局　提供）

关枪练习》抄本，是国家二级文物。它为砂纸质地，线装右翻，纵 19.7 厘米，横 18.3 厘米。文字纵列左读，毛笔手抄本。封面中间署“民国十八年十一月初五日立”，均为楷书直读，主要内容为记述机关枪操作的理论知识。

奉议县机织香业工会会员章，是国家二级文物。奉议县即今百色市田阳区辖地。会员章为链子带圆形章，金属质地，通长 4.5 厘米，圆径 3 厘米，正面纹饰：顶纹“奉议机织香业工会”，中部为镰刀、铁锤图，下部纹饰为“会员章”，背面无纹饰。

奉议县机织香业工会会员章（百色市文化广电体育和旅游局　提供）

百色起义时，根据地各级政府组织根据地各行各业的经济生产，发展经济支援红军。在各工商业建立工人联合会组织，“奉议县牌楼机织香业工会”是当时比较大的一个工会组织，有 100 多名工会会员，此件是张桂芬加入奉议县牌楼机织香业工会时领到的会员章，张桂芬在百色起义后加入工会后，1930 年 6 月—7 月间领到此奉议县牌楼机织香业工会组织证章，一直保存到新中国成立后，1977 年，张桂芬在田阳县田州公社隆早大队将其捐赠给百色起义纪念馆。

1929 年 10 月 14 日，邓小平、陈豪人等率领警卫部队和部分党委机关干部，指挥满载军械物资的船队，溯右江驶向百色。张云逸等人则率领我党所掌握的武装部队，从陆路掩护前进。到达百色的起义部队总共近 2000 人，有枪械 1300 多支。在军械方面，除部队已有的装备以外，还有从南宁搬来的步枪 500 支，子弹 78000 发，火炮、迫击炮 10 多门以及电台等军

红七军战士使用过的驳壳枪（百色市文化广电体育和旅游局 提供）

红七军战士使用过的步枪（百色市文化广电体育和旅游局 提供）

械物资和现金。经过1个多月的精心准备，于12月11日，邓小平、张云逸、韦拔群等同志在百色发动领导了武装起义，创建了中国红军第七军。当天，整个百色城区内彩旗飘扬，锣鼓喧天，呈现一派生机勃勃。至此，在祖国西南边陲的地平线上，树立起了一面“工农武装割据”的光辉旗帜。

第二节 遗址和文物藏品

·遗址·

百谷和高岭坡遗址群 距今80万年前的旧石器时代文化遗址群，由百谷遗址和高岭坡遗址两部分组成。

百谷遗址位于右江区那毕乡大和村百谷屯右江四级阶地上，原始地貌保存完好，遗址表面发现许多大型砾石石器。遗址石制品埋藏丰富，与石制品伴生出土了玻璃陨石。与石器同层位的玻璃陨石，解决了百色旧石器的年代问题。经美国伯克利地质年代学研究中心经科学测定，百色旧石器年代为距今80.3万年。

高岭坡遗址位于田东县林逢镇檀河村六组西南约700米处的高岭坡，面积约15万平方米，属于右江沿岸第四级阶地。自20世纪80年代以来，该遗址在未经扰乱的地层内发掘出土了数量较多的石制品和玻璃陨石等，为百色旧石器的原生层位、

年代测定提供了重要依据。

考古研究表明，百谷和高岭坡遗址群是旧石器时代早期包含西方阿舍利石器工业技术的重要遗址，是东亚最为著名的世界级遗址之一，展示了东亚早期直立人的行为能力和高超的石器工业技术，具有较高的历史科研价值。2001 年 6 月 25 日被国务院公布为第五批全国重点文物保护单位。

布兵盆地洞穴遗址群 位于田东县祥周镇，为平行于百色盆地的小型附属盆地，喀斯特地貌发育，洞穴极为丰富，目前有 10 余个洞穴发现古代遗存。

该洞穴遗址群于 1999 年被发现。2002 年起，广西自然博物馆和田东县博物馆对布兵盆地茅草洞、吹风洞、么会洞、感仙洞、雾云上洞、宝来洞、雾云洞、陆那洞、小山洞、中山洞、鲤鱼洞（原名定雾洞，改名为鲤鱼洞）和村空洞等进行了长期的调查、发掘和综合研究。在吹风洞发掘的 5.5 平方米范围内，出土哺乳动物化石 1007 件，包括哺乳动物化石 915 件、巨猿牙齿化石 92 件。哺乳动物群共 24 种，是典型早更新世早期的代表性种属，吹风洞动物群的时代为早更新世早期，距今 200 万年左右。2004 年，么会洞 2 次发掘的面积 30 平方米，发现 625 件哺乳动物化石和 8 件石制品，哺乳动物 22 种。么会洞发现的距今 180 万～ 200 万年的人类牙齿化石，是迄今为止东亚发现最早的人类化石之一。

布兵盆地洞穴遗存发现了丰富的动物化石、人类化石和石制品，对于研究东亚早期人类的起源、现代人类的起源和中国南方第四纪环境变化意义重大。

那赖遗址 位于田阳区内西面约 3000 米，坐落于田州镇兴城村与那坡镇六合村交界处的山包上，面积约 5 平方千米。该遗址于 2003 年发现，属右江南岸四级阶地，高出山脚约 70 米，网纹红土层厚 1 ～ 4 米，砾石层距地表 10 ～ 25 米。遗址内散布着丰富的打制石器及加工碎片，器型有手斧、手镐、砍砸器、刮削器等。在遗址的最高点有一处约 50 平方米的核心区，石制品分布密集。2005 年，广西文物工作队等对那赖遗址进行局部抢救性发掘，出土大量的砍砸器、手斧、手镐、刮削器等石制品和玻璃陨石。经对与手斧同地层出土的玻璃陨石进行年代测定，该遗址的年代为距今 80.3 万年。

那赖遗址是一处大型旧石器时代遗址，在遗址内发现的有一定规模的石器加工场，是百色盆地旧石器遗址中的首次发现，可能是迄今中国发现的年代最早的旧石器时代石器加工场。那赖遗址石制品丰富，种类齐全，保存较好，是百色旧石器的重要成员，对研究我国南方史前文化具有重要的价值。

革新桥遗址 位于右江区百城街道办事处东笋村百林屯东南约300米的台地上。该遗址于2002年4月发现，面积约5000平方米。2002年10月—2003年3月，为配合百色至罗村口高速公路工程建设，广西文物保护和考古研究所（原广西文物考古研究所）组织考古队对遗址进行发掘，发掘面积1600平方米。

遗址主要有大型石器制造场和2座墓葬，石器制造场揭露面积500平方米，墓葬保存有人骨架，一座保存较完整。出土遗物有数以万计的石制品、少量的陶器以及一批动植物遗存。石器加工工具主要有石锤、石砧、砺石、磨石等。石器有打制石器和磨制石器两种。打制石器的类型有砍砸器、刮削器、尖状器、敲砸器、切割器等。磨制石器主要有研磨器、锤捣器、石斧、石锛、石凿、石璜、石拍等。陶器数量不多，只发现碎片，没有完整陶器。动物遗存有鹿、猪、牛、猴、熊、竹鼠、大象、龟鳖、鱼和鸟等。植物遗存主要是橄榄核碎片。

根据地层堆积关系及出土遗物的特征，革新桥遗址的文化遗存可分为2期，第一期的年代距今约6000年，第二期的年代距今约5500年。

遗址为一处石器制造场，它的发现填补了广西此类遗址的空白，这对研究当时石器制作流程、制作工艺和技术方面具有很高的学术研究价值，而墓葬的发现也是百色新石器时代遗址的首次发现，为研究该地区及周边地区古人类的关系及壮族起源与分布提供了宝贵的实物资料。

革新桥遗址的发现与发掘，对了解该地区的生产活动、经济生活、生存与环境以及与周边地区古代文化的关系具有重要的学术意义。该遗址的发掘在2002年度全国十大考古新发现评比中名列榜首，被评为“2002年度全国十大考古新发现”。2003年8月，百色市人民政府公布为百色市第一批市级重点文物保护单位。

感驮岩遗址 位于那坡县城北约500米的后龙山下，为一洞穴遗址。现存遗址面积1200平方米，有400平方米文化堆积层保护较好。发现于20世纪50年代末，1997—2000年进行抢救性发掘，揭

那坡感驮岩遗址（百色市文化广电体育和旅游局　提供）

露面积380平方米，发现墓葬3座、灰坑1个、用火遗迹多处，完整的陶、石、骨、蚌、铁器1000余件。依地层叠压关系及出土遗物的变化，感驮岩遗址的文化遗存可分为新石器时代晚期、青铜文化早期、铁器时代文化遗存3期。感驮岩遗址的发掘，出土的文物不仅数量多，而且风格独特的牙璋、炭化粟等在广西史前考古中还是首次发现。牙璋的发现，证明感驮岩遗址与中原地区古代文化有比较密切的联系。感驮岩遗址的发掘填补了广西史前文化空白，为研究华南乃至东南亚地区古代社会面貌及古代文化的互动关系提供了极为珍贵的资料。

宾山洞穴遗址　此遗址位于靖西市新靖镇东北约1公里处。旧石器时代遗址。洞穴面积85平方米，洞口西南向，相对高约1米，洞口高1.5米，宽3～4米，深22米，文化层厚0.6米，1985年试挖，露天面积10平方米，出土4枚人牙化石和猫、象、虎、猴、猪、牛、鹿等18种动物化石。

杨屋遗址　位于右江区龙景街道办事处大旺村扬屋屯东面约250米的杨屋山上。20世纪80年代初由百色市文物管理所首次发现。该遗址为一处呈南北狭长状的坡地，南北长约600米，东西宽约350米，分布面积约21万平方米。在裸露的网纹红土地表和冲沟中发现有丰富的石制品，包括手斧、手镐、砍砸器、刮削器等，也有玻璃陨石。该遗址亦是百色旧石器遗址群中的重要成员。

1998—2009年，中国科学院古脊椎动物与古人类研究所曾多次对该遗址进行考古发掘，发掘面积达100平方米，出土了手镐、砍砸器等近100件石制品及玻璃陨石等文物。2003 年 8 月，百色市人民政府将其列为市级重点文物保护单位。

紫幕遗址 位于右江区龙景街道办事处大旺村紫幕屯西面约 10 米的后山上，20 世纪 80 年代初由百色市文物管理所首次发现。该遗址由 25 处相连不断的、呈不规则状的坡地组成，南北长约 1500 米，东西宽约 1200 米，分布面积约 180 万平方米。在裸露的网纹红土地表和冲沟中发现有丰富的石制品，包括手斧、手镐、砍砸器、刮削器，也有玻璃陨石。该遗址是百色旧石器遗址群中的一名重要成员。1998 年 11 月，中国科学院古脊椎动物与古人类研究所对该遗址进行了考古发掘，发掘面积 100 平方米，出土了手镐、砍砸器等近 100 件石制品及玻璃陨石等文物。2003 年 8 月，百色市人民政府将其列为市级第一批市级重点文物保护单位。

大梅遗址 位于右江区四塘镇桂明村大梅屯所在的大梅坡，20 世纪 80 年代初期百色市文物管理所首次发现。2003 年 8 月，百色市人民政府公布为百色市第一批市级重点文物保护单位。

整个遗址由 3 处呈东西狭长状的山坡和坡间凹地组成，南北长约 1600 米，东西宽约 1000 米，分布面积约 160 万平方米。在裸露的网纹红土地表和冲沟中发现有丰富的石制品，包括手斧、手镐、砍砸器、刮削器，也有玻璃陨石。该遗址是百色旧石器遗址群中的一名重要成员。2005 年 6 月，广西文物考古研究所对该遗址进行了考古发掘，发掘面积 3500 平方米，出土了手镐、砍砸器等大批石制品及玻璃陨石。

小梅遗址 位于右江区四塘镇桂明村小梅屯所在的小梅坡上，20 世纪 80 年代初期百色市文物管理所首次发现。2003 年 8 月，百色市人民政府公布为百色市第一批市级重点文物保护单位。

遗址为一处呈不规则状的坡地，南北长约 1000 米，东西宽约 600 米，分布面积约 60 万平方米。遗址南面边坡因修建南宁至百色高速公路取土破坏了约 6 万平方米。在裸露的网纹红土地表和冲沟中发现有丰富的石制品，包括手斧、手镐、砍砸器、刮削器，也有玻璃陨石。1996 年 3 月，中国科学院古脊椎动物与古人类研究所对该遗址进行了考古发掘，发掘面积 200 平方米，出土了手镐、砍砸器等一批石制品及玻璃陨石。该遗址是百色旧石器遗址群中的一名重要成员。

南坡山遗址 位于右江区龙景街道

办事处大同村南面约 800 米的南坡山上，20 世纪 80 年代初期百色市文物管理所首次发现。2003 年 8 月，百色市人民政府公布为百色市第一批市级重点文物保护单位。

遗址由 3 个呈不规则状分布的山坡组成，南北长约 1400 米，东西宽约 900 米，分布面积约 126 万平方米。地表和冲沟中发现有丰富的石制品，包括手斧、手镐、砍砸器、刮削器，也有玻璃陨石。

江凤遗址 位于右江区龙景街道办事处江凤村那宁屯所在的那塘山上，20 世纪 80 年代初期百色市文物管理所首次发现。2003 年 8 月，百色市人民政府公布为百色市第一批市级重点文物保护单位。

整个遗址由 4 个相连不断的、呈南北状分布的、地势较平缓的土坡组成，南北长约 1200 米，东西宽约 700 米，分布面积约 84 万平方米。遗址上曾采集到较多的玻璃陨石和石制品，包括石核、石片、断块和砍砸器。该遗址是百色旧石器遗址群中的一名重要成员。

横山岛遗址 位于右江区永乐乡澄碧湖水库库区内的横山岛上。2002 年 9 月百色市文物管理所和广西文物工作队首次发现。2003 年 8 月，百色市人民政府公布为百色市第一批市级重点文物保护单位。

该遗址四面环水，系一个呈南北狭长状分布的、横亘在澄碧湖中的孤岛，故名。南北长约 900 米，东西宽约 400 米，分布面积约 30 万平方米。地表和冲沟中发现有丰富的石制品，包括手镐、砍砸器、刮削器，也有玻璃陨石。该遗址是百色旧石器遗址群中的一名重要成员。

百维遗址 位于右江区泮水乡百维村百维屯东南面约 250 米处坡射山半山腰的岩厦底部，1982 年 5 月百色市文物部门与广西壮族自治区考古研究所首次发现。1983 年 7 月，原县级百色市人民政府（今右江区）公布为县级重点文物保护单位；2003 年 8 月，百色市人民政府公布为百色市第一批市级重点文物保护单位。

整个遗址由几处不连续分布的、东南向的岩厦组成，南北长约 60 米，东西宽约 10 米，分布面积约为 600 平方米。地表曾采集到石片、石核和石锤、砺石、砍砸器、研磨器、磨盘等遗物，另有部分灰黑色和红褐色的夹砂陶片，属新石器时代中晚期遗址，其年代距今五六千年。

林屋宋代窑址 位于右江区龙景街道办事处逻索村匠架屯到莲塘村林屋屯之间右江北岸的一级阶地上，20 世纪 80 年代初期百色市文物管理所首次发现。2003 年 8 月，被百色市人民政府公布为百色市第一批市级重点文物保护单位。

该窑址东西长约 1500 米，南北宽约 300 米，分布面积约为 45 万平方米。在林屋屯南面有 3 处较明显的窑室址，长 15 ～ 20 米，宽 12 ～ 20 米，高 2.5 ～ 3 米。该窑炉有陶、瓷两种产品，瓷质产品有碗、碟、杯、瓶等，多施青黄或乳白釉；陶质产品有缸、罐、灯座、烟斗、盘子、纺轮等，多施酱黑釉；窑具有匣钵、支座等。器物多为素面，极个别器物上印有文字。其产品做工不精，应属民窑，年代大致在宋明之间。

阳明洞遗址 亦称“万人洞”，位于平果市新港口对面的江岸。岩洞上沿镌刻“阳明洞天”4 个大字，于洞口峭壁上还刻有明代嘉靖年间王守仁（王阳明）督军抚恩田土目卢苏、王受之乱后所发的布告碑文《嘉庆戊子季春臣王守仁稽拜书》以及历代巡官骚客所作的诗词。洞口左下方石板上，还留下了当年明军将士刳凿的一处石臼，传说古时洞内很宽，能容纳上万人，故人称“万人洞”。

三大将军庙遗址 3 座岑大将军庙分别是“右江区塘兴红山岑大将军庙”“凌云朝里那巴岑大将军庙”“田林利周坛达岑大将军庙”。这 3 座岑大将军庙所供奉的是同一个人，即元代土官“怀远大将军”岑世兴，凌云朝里那巴岑大将军庙里还供奉岑世兴之妻陆氏。据民间传说，每年农历二月初八是岑大将军的庆神日，也是岑大将军生日，这一天各地村民都要到将军庙前聚会，以祈求来年风调雨顺、五谷丰登和老幼平安。有一次，在到岑大将军庙祭祀的队伍中，有岑大将军之妻陆氏，当她走到田林利周时，却在那巴岭病故，人们将她葬于此山中。后来人们在重建岑大将军庙时，便特别立了岑大将军之妻陆氏的灵位并进行供奉。此种民间习俗一直延续至今。因而在田林利周坛达岑大将军庙内有供“本境社令神祇岑将军、陆氏官员”大红字幅。此外，每年正月，在这 3 座岑大将军庙前，人们还举行各种祭祀民俗。在田林利周坛达，每到正月祭祀日，当地群众会敲铜鼓演北路壮剧，然后用当地壮话唱《铜鼓下的巷歌》，歌谣全部用古壮字写成，内容是祈求岑大将军赐福，保佑来年风调雨顺、五谷丰登和老幼平安等。

百粤古道 位于德保县城北面，汉龙村弄迷屯后山弄至阿弥坳下县农资公司

库。现存的古道最大宽度为3.6米，最小宽度为2.2米。均为石片路面。遗道全长1.75公里，其中阿弥山地段389米。阿弥山东面山脚的石头上，镌有“百粤坡”3个大字，字径116厘米，每字占地面积0.16平方米。此遗址是德保县一级文物保护单位。

·墓葬·

锅盖岭战国墓 位于田东县祥周乡甘莲村江同屯北锅盖岭。1976年发现清理，墓2座。其中，一座为长方形土坑墓，葬具无存，仅残存人肢骨，出土铜器8件；另一座为长方形土坑墓，人骨架完整，出土铜器6件、玉饰5件。两墓出土铜器有铜鼓、剑、矛、戈、镦斧、叉形器等。《考古》1979年第6期曾报道。墓中的出土文物，现收藏于自治区博物馆。

瓦氏夫人墓 位于田阳县田州镇那豆屯东北岑家墓地（壮语地名曰“地太”），明嘉靖三十三年（1554年）十月，瓦氏夫人率田州俍兵（壮家子弟兵）4100余人赴江浙沿海抗倭，功勋卓著，受明朝廷2次嘉奖，封为二品夫人。三十四年（1555年）秋，瓦氏夫人班师回田州，次年病故于田州府内，葬于州城那豆屯东北岑家坟地。墓前立有墓碑，为田州知州、岑家世袭二十六世岑煜所立，墓前两边还立有石狮、石狗和华表等。1958年，墓堆被挖平种红薯，墓碑则被隆平村平街屯抬去盖桥（现已收回保存）。1988年，重新确定墓址修复，但墓两边的石狮、石物等已荡然无存。1990年8月，县里有关部门收集被拆散之物并复原。1993年3月重修并划分好保护范围和控制地带。1994年7月8日，广西壮族自治区人民政府将瓦氏夫人墓列为自治区文物保护单位，是田阳区爱国主义教育基地。

啸天龙棺葬 位于凌云县一处天然石灰岩洞穴，为岑氏土司岑云汉与其妻许淑珍合葬墓。岑云汉（1580—1644），岑怒木罕第十二世孙，岑绍勋的嫡子，乳名奇瑞，字天章，号中黄，泗城州第十二代土司，广西都司佥书兼理州印，授援黔副总兵。原岩洞下有拜台、石碑、石人、石狮、华表等文物，新中国成立后全部被毁，1973年该墓又被盗。1974年广西文物工作队整理发掘，确认有两具棺木和男女二尸，并挖掘出随葬文物玛瑙扣、玉石器、金项链、金银片、铜锁头、铁剪刀等。

张天宗墓园 位于靖西市旧州镇东南约500米处。张天宗原为江西人氏，宋时随民族英雄文天祥抗元，兵败后南下定居那签（今靖西旧州），后被推为峒主，有政绩。清同治三年（1864 年），靖西老百姓在鹤山下立了座纪念性墓冢，并镌刻有“峒主佳城”碑记，清光绪十年（1884 年）增建墓冢和墓园。1983 年重修，墓园有墓 8 座，东面为圆形，碑记 4 块，占地面积 232 平方米。

一品夫人谢氏墓 位于西林县那劳乡人民政府南侧公路旁。谢氏为云贵总督岑毓英的继母（西林普合人）。墓碑为青石板，高 220 厘米，宽 100 厘米，碑上方正中为龙头，四周浮雕龙凤呈祥。正中主体碑文“皇清诰赠一品懿德显妣岑母谢氏老夫人之墓”。右侧一行小字：“同治十年岁次辛未促春月吉日重修”。左侧一行小字落款为岑毓英、岑毓祥、岑毓宝、岑毓琦等孝男孝女姓名。

陆纯刚墓 位于右江区龙景街道办事处福禄村西南面约 1.5 公里的岩美坡上，20 世纪 80 年代初期百色市文物管理所首次发现。1983 年 7 月，原县级百色市人民政府（今右江区）公布为县级重点文物保护单位；2003 年 8 月，百色市人民政府公布为百色市第一批市级重点文物保护单位。

陆纯刚（1827—1881），字覃三，号和庭，右江区龙景街道办事处（原那毕乡）大和村百谷屯人，生于清道光七年（1827 年），死于清光绪七年（1881 年），享年 55 岁。曾任清右江提督、总兵，振威将军等职，清光绪五年（1879 年），因作战英勇、战功显赫，受到清光绪帝的亲自接见，并获赐“巴图鲁”（满语“勇士”之意）称号，是清末百色名人之一。

原墓为土堆墓，墓前原立有石人、石貔貅、石鱼狮、石猪等石作。主碑为大理石碑，高 1.08 米，宽 0.63 米，中间刻写有“皇清寿化振威将军讳纯刚字覃三号和庭陆公之佳城”22 个楷体字，是其堂弟陆仕信于清光绪九年（1883 年）所立。墓前左右两侧各有 1 只守墓貔貅，相距约 6.55 米。1955 年该墓被盗，随葬品散失。现存墓葬为其后裔在原墓被盗后，将墓葬后移约 4 米后重建。石碑、石貔貅、石鱼狮等尚存，石人、石猪等已散失。

陆纯刚父母墓 位于右江区龙景街道办事处大和村百谷屯东面约 400 米的那能坡脚，20 世纪 80 年代初期百色市文物管理所首次发现。1983 年 7 月，原县级百色市人民政府公布为县级重点文物保护单位；2003 年 8 月，百色市人民政府公布为百色市第一批市级重点文物保护单位。

该墓系清右江提督、总兵，振威将军陆纯刚父母亲的合葬墓，形制为土堆墓，呈圆形，坐北向南，直径 2 米，高 1.5 米；墓周边用长宽 65 × 45 厘米的石条围砌；墓前拜台以长宽 115 × 65 厘米的石条铺砌，面积约 10 平方米；墓前原立有石碑，两侧有石狮，石狮前约 15 米处立有两根华表，两根华表之间的距离约为 18 米。整个墓地占地面积约为 60 平方米。1988 年该墓被盗，石碑散失，但墓外观基本保持原样。2012 年，该墓再次被盗。

岑毓光墓 位于隆林各族自治县介廷乡往那达村 3000 米的路旁，建于 1930 年，墓座为全封土，有墓碑 1 块。碑高 1.4 米，时任广西省教育厅厅长雷沛鸿先生为岑毓光撰写墓志铭。碑文为阴刻楷书，约 1000 字，主要记叙岑毓光生平。岑毓光（1847—1930），壮族，原西林县那劳乡那达村洞城屯（现属田林县定安镇）人。1883 年，随族兄云贵总督岑毓英入越南抗击法军，征战中屡立战功，获清廷授予游击衔补都司（三品官），受封振威将军。岑毓光在隆林历史资料文献中缺少文字记录，其墓建于隆林境内，其碑文为研究其人其事提供了珍贵的文字资料。

何朝成墓 位于隆林各族自治县德峨乡三冲村弄麻屯北面 1000 米的山坡上。该墓坐东朝西，墓座用石块堆砌成圆形，内封土。有墓碑 1 块，碑文阴刻楷书，150 多字，记录了何朝成从贵州迁移该地的年代和到此地的时间。该墓葬于清光绪四年（1878 年），何朝成，仡佬族，生平不详，是最早迁入弄麻屯的仡佬族先民，墓碑文为现存记录仡佬族最早迁徙隆林提供了宝贵的历史文字资料。

·城址·

连城要塞 明至清代的连城要塞遗址位于北海市、防城港市、宁明县、凭祥市、龙州县、大新县以及百色靖西市、那坡县的边境线上，全线分布长 1200 余公里，宽约 15 公里。连城要塞也称垒城，有海防炮台 22 座、陆防炮台 82 座、碉台 82 座、关隘 109 处、关卡 66 处，构成气势雄伟的军事防御体系，是清代我国南疆边境抵御外敌的牢固长城。百色靖西的十二道门、那坡平孟弄平炮台是连城要塞遗址的组成部分。连城要塞，不仅在近代史上为保卫南疆边防起着极其重要的作用，而且也是现存近代边防军事设施中，保存最为完整，最重要的设施之一，具有重要的历史、军事、艺术与科学价值。2006 年 6 月 25 日，国务院公布为第六批全国重点文物保护单位。

十二道门　位于靖西市龙邦镇南 1 公里处的七星山顶，是建在山顶土层下的一个圆盘状军事大堡垒。建于清光绪十八年（1892 年），用大块料石砌造。

中法战争（1884—1885）结束后，清朝广西提督兼边防督办苏元春为加强我边防建设，在中越边线我方一侧建设了一批军事设施，包括炮台、地堡，防御性的连城以及军事指挥机构等，在靖西边线建有炮台等军事构筑 12 处，十二道门便是其中之一。这个堡垒，长 31.5 米，宽 22.5 米，高 11.4 米，占地 708.3 平方米，顶上覆盖着一两米厚的土层，共有 12 道拱门，由 12 条 1 米左右宽的通道与内堡连接，因名“十二道门”。

弄平炮台　位于那坡县平孟镇弄平屯一座海拔 1000 多米的山顶上，是清朝广西提督苏元春于清光绪二十二年（1896 年）建成的边关战地防御遗迹。炮台基地占地 150 平方米，坐南朝北，四面绝壁，只有西面用人工开凿的羊肠小道可通到山顶。炮台正门门额上刻有“金城”二字（为苏元春所题），意为固若金汤。清代时炮台共设置大铜炮 2 门、小铜炮 10 门。整个炮台呈四方形，周围砌成墙垛，四面建有交通壕、蔽兵坑、重掩蔽部、观测台、炮座等。弄平炮台是广西西线构筑的

弄平炮台（百色市文化广电体育和旅游局　提供）

165 个炮台中所处位置最为险峻、施工难度最大因而最后竣工的炮台。

镇安镇城池 位于德保县城关镇内。宋代至元代为土官官舍。明洪武二年（1369 年），镇安土知府岑天保将府治从感驮岩（今属那坡县）移建于此。年间，并建有 3 个城门，东曰保定门，南曰镇南门，西曰永顺门。各门均建有谯楼。清乾隆初年，德保县城发生火灾，东、西两门同时起火，烧毁城内外居民房不下百间。知府沈嘉征以此城池多火患为由，拆去了南门楼，在东南隅建起魁星楼。清咸丰年间，苏日照农民起义军由后龙山坳口攻入城西街。知府苏在中于逐弄山加筑城墙。1950 年 10 月 19 日，法国飞机炸毁南桥，县城民众再度拆城墙石料修桥，仅留保定门，1965 年，保定门被拆除，镇安府城池至此全部被拆毁。至 2005 年，镇安府建筑仅存府署三堂 1 间（今称第二会议室，大部分已改建）、府学 1 间（后改为秀阳书院，1990 年重修）、明代土府卫衙石狮 1 尊。

·古建筑群·

西林岑氏家族建筑群 位于西林县那劳乡那劳村，明弘治年间（1488—1505）上林长官司土司岑密始建。经其后裔于清代在土司府的基础上维修、扩建后形成现今规模。建筑群依山而建，包括岑氏土司府、将军庙、旧府、宫保

西林岑氏家族建筑群——宫保府（百色市文化广电体育和旅游局 提供）

府、南阳书院、增寿亭、荣禄第、岑氏祠堂、思子楼、孝子孝女坊、围墙、炮楼、南北闸门 13 座建筑，总占地面积约 4 万平方米。

岑氏家族建筑群是桂西、桂西北壮族地区保存规模最大、延续时间最长、保存最为完整的土司建筑群，在广西乃至西南地区现存的土司府第、衙署中占有一定的地位。尤其是岑氏家族建筑群历经明清两朝，其演变、发展反映了我国西南少数民族地区土司制度的兴亡历程，对研究壮族的历史、壮族建筑沿革均有重要的价值。

西林教堂　位于田林县定安镇东新街，占地 2040 平方米。建有经堂和 4 幢厢房，四周有围墙，内系庭院式建筑，门木、门石都刻有山水、人物、花卉、兽等，经堂为欧式风格建筑。

清咸丰三年（1853 年），法国天主教神父马赖非法潜入广西西林县（今田林县）定安镇进行非法传教活动，马赖一伙目无官府、横行霸道、欺压百姓、奸淫妇女，引起命案发生。1856 年，新任知县张鸣凤顺应民意，逮捕马赖等 15 人，并依法判决马赖及其教徒白小满、曹贵 3 人死刑，这就是近代史上震惊中外的重大历史事件——“西林教案”（即“马神甫事件”）。同年十月，法国以马神甫事件、英国以亚罗号船事件为借口，联合向中国发动侵略战争，史称第二次鸦片战争。“西林教案”成为第二次鸦片战争的导火索之一。“西林教案”充分体现了我国各族人民不屈于外来压迫和侵略的英勇抗击精神以及反帝爱国斗争精神。1994 年 7 月 8 日，西林教堂列入第四批自治区文物保护单位。

“西林教案”遗址（百色市文化广电体育和旅游局　提供）

粤东会馆 位于右江区解放街39号，此馆始建于清康熙五十九年（1720年），由广东旅邕商帮集资兴建。原馆分前、中、后三进，周边配有厢房20多间，占地8000多平方米，现仅存前进头门。馆内画栋雕梁，古色古香，雕塑有许多人物和吉祥物。粤东会馆为广东商人聚会和洽谈生意的场所，如今这些历尽沧桑的建筑保留了下来。在百色，粤东会馆是值得人们骄傲的，因为在那里曾留下中国革命的壮举遗迹。当年邓小平、张云逸等老一辈革命家就是在这里运筹、指挥了威震南天的百色起义。

灵洲会馆 位于右江区解放街7号，20世纪80年代初期百色市文物管理所首次发现。1983年7月，原县级百色市人民政府（今右江区）公布为县级重点文物保护单位；2003年8月，百色市人民政府公布为百色市级重点文物保护单位。

会馆始建于清乾隆五十六年（1791年），清光绪二年（1876年）重修，为三进五间砖木结构的四合院式建筑，占地面积860平方米。硬山顶，穿斗式梁架，脊檐、梁柱多饰以石雕、瓷塑等，具有典型的南方古代建筑风格。系广东新会商人捐资兴建，作为新会商人往来百色休息住

粤东会馆（百色市文化广电体育和旅游局 提供）

宿、聚会议事之所。

清真寺 位于右江区中华街35号，20世纪80年代初期百色市文物管理所首次发现。1983年7月，原县级百色市人民政府（今右江区）公布为县级重点文物保护单位；2003年8月，百色市人民政府公布为百色市级重点文物保护单位。

该寺始建于清康熙二十四年（1685年），由云南回族乡亲捐款兴建，清光绪三十二年（1906年）重修。原建筑为二进三间砖木结构的四合院式古建筑，硬山顶，穿斗式梁架，券拱门窗。整个建筑由临街门楼、四角亭、礼拜大殿、东西两侧厢房和后院组成，具有浓郁的伊斯兰教风格，建筑面积为2167平方米，是百色伊斯兰教信教群众开展活动的场地。

·石刻·

神仙洞摩崖石刻 位于靖西市旧州镇布胲屯。洞壁上镌刻有《贡峒清神记》，刻于南宋乾道四年（1168年），此乃是靖西市内发现的最早的碑刻。元至正十九年（1359年），顺安峒官张琅旺入洞学道，人称之“张神仙”，故此洞称为“神仙洞”，后人有诗刻颂其有“仙人之德”。

汾州摩崖石刻 泗城岑氏土司所留下的汾州、五指山摩崖石刻，主要有明万历二十八年（1600年）到崇祯十一年（1638年），土官岑绍勋（1553—1608）、岑云汉（1578—1644）父子的题刻，其分布在今凌云县伶站瑶族乡、下甲镇和五指山山麓隐蔽之处。

汾州位于今凌云县下甲镇汾州街头，是明代泗城岑氏土司的别墅地。土官岑绍勋于明万历年间致仕后，于汾州设钓鱼台，并题词刻诗多处，传至其子岑云汉，增刻了散文《游东湖记》和《渔家诗》《江上吟》及家训、杂文等10余处，这些石刻内容，对于研究明代泗城历史地理和壮族文化颇有价值，1983年被确定为凌云县重点文物保护对象。

五指山摩崖石刻 分“泓字印”（壮语意为“石字潭”）和《岑氏族谱》两处。“泓字印”石刻离地面10余米，字幅高5米，宽2米，上刻“四山高耸，一水中流，是为泗中形胜；百粤推尊，两江上郡，上承天上恩波。辛酉年孟秋岑云汉题书”38个字。岑云汉在汾州刻下“此江上下皆有题咏”。估计当时岑氏土司们还刻下不少的摩崖石刻，可惜如今所见不多。五指山摩崖石刻有两处值得一提。一是《岑氏族谱》，据传是明嘉靖二年（1523年），田州土官岑猛作乱，他领军攻破泗

城，杀害泗城土知州岑接等人，并尽毁泗城岑氏祖墓。岑氏土司有感于此次浩劫，于是在五指山山麓隐蔽处刻下了《岑氏族谱》，是壮族唯一存世的岑氏族谱。二是时任广西提刑按察司副使兼布政司右参议监军分守左江道流官林梦琦叙述岑云汉不幸身世的石刻。

凌云石刻碑 《岑氏族产碑》是清代改土归流后，岑氏土司留给后人又一大文化遗产。此碑镌刻于民国二十五年（1936 年）三月，叙述了泗城岑氏土司于清代雍正五年（1727 年）改土归流后奉祀官管理四大庄田（指泗城土司改土归流后，官府划出的城厢、下甲、蒙村、史村四大庄田）变迁，以及民国时期县政府历届委员清查审理情况和成立“岑氏族产保管委员会”的动因等。是后人了解清代岑氏土司改土归流后善后处理情况的资料，原碑树于岑氏祠堂内，现收藏于凌云县博物馆。

《重修将军庙碑》叙述了清咸丰年间（1851—1861）凌云县群众于岑大将军（元代壮族土司岑世兴）庙前举行大集会，抗击隆安县土匪张三作乱保卫家乡的事迹。今存凌云县伶站瑶族乡府内。

《岑怒木罕墓碑》主要记叙元代来安路土官岑怒木罕重视军事、组织严密以适应元朝政治，该碑原立在凌云县郊外西秀村边，民国时期因战乱被毁坏，现碑为 1989 年重立。

仙竹洞碑刻 仙竹洞碑刻位于百色市右江区龙川镇龙川村班祥屯东面约 800 米处甘龙山半山腰处，20 世纪 80 年代初期百色市文物管理所首次发现。1983 年 7 月，县级百色市（县级）人民政府公布为县级重点文物保护单位；2003 年 8 月，百色市人民政府公布为百色市第一批市级重点文物保护单位。

该碑刻位于甘龙山半山腰，是龙川摩崖石刻的组成部分之一，凿刻于清咸丰二年（1852 年），作者是龙川村本地秀才岑挺尉，主要内容为岑挺尉在当年的乡试中取得了第六名的好成绩，遂专门刻碑以作纪念。现保存完好。

郑家化碑刻 位于隆林各族自治县蛇场乡新寨村郑家化屯南面 150 米处，郑家化碑刻碑高 1.18 米，面积 1 平方米。碑题是永远管业碑记，阴刻楷书，碑文叙述当地居住有汉、壮、苗等民族，因土地问题发生纠纷的过程，经官府派人踏勘地界、丈量土地后，勘定造册给予认定。为防止复起争端，西隆州府勒石立碑告示。此碑对研究地方史志和民族关系有重要的参考价值。

团石修路碑 位于隆林各族自治县德峨乡八科村团石屯正西面500米路边，面积0.3平方米，碑题修路碑记，碑文阴刻楷书，团石修路碑立于清道光十七年（1837年），碑文虽简短，但却记录了当时的团石坝中苗、彝、汉3个民族同村共寨，同心协力，行善修路的史实。

·重要藏品·

百色重要的藏品包括化石、石器、玉器、陶瓷、石刻、金属器、货币等，分别收藏于各文博馆和民间。

化石 主要保存于洞穴遗址中，多个县（市、区）均采集或出土有较多的动物化石，其中靖西、田东和隆林出土有人牙化石，隆林的老么槽洞穴遗址还出土有人头骨化石。

右江河谷旧石器遗址众多，右江区、田东县和田阳区均采集收藏有大量的石器标本。右江民族博物馆旧石器标本收藏有5000件左右，标本类型有手斧、手镐、砍砸器、刮削器、石片、石锤等。百色各县（市、区）均分布有新石器时代遗址，各地的文博馆所都收藏有新石器标本，多数馆所收藏的数量并不多。标本类型主要有砍砸器、刮削器、石锤、石片、石锛、石斧、研磨器、石铲等。

玉器 收藏的数量和种类较少，如右江民族博物馆收藏的玉器仅几件，最早有商代的玉环、玉璧，也有较晚的清代玉佩，民国时期的玉手镯等。

陶瓷器 年代大致从新石器时代到近现代均有收藏。新石器时代的陶器在右江民族博物馆收藏有人面纹单孔陶埙，那坡感驮岩新石器遗址也出土有夹砂陶器，但都不在本地收藏。收藏的种类主要有以宋代的陶罐、陶碗，清代的瓷碗、瓷盏等为主。

古松盆口瓷瓶 瓶身通体施表釉、光滑而匀称。其盆口、半肩及颈部均设有双狮形耳。母子双狮对望，瓶腹部饱满圆润，瓶底呈内凹，瓶内为淡蓝色，原为西林县那劳云贵总督岑毓英宫保府所收藏，现存于西林县博物馆。

花瓣口瓷瓶 瓷瓶口呈花瓣形，直径往下内收。瓶颈附有双狮耳，腹鼓圆足，腹内有一往外突出疤痕，底足边缘有5处残缺。原为西林县民间收藏，现藏于该县博物馆。

莲花瓷瓶 瓷瓶形状为圆柱形，通体有莲花纹饰，底部印有楷书“康熙年间”4字，为清康熙年间（1662—1722年）官窑所烧制。原为西林那劳宫保府藏品，现存

于该县博物馆。

寿星云彩瓷瓶 瓶身通体施青釉，直口，直颈。颈部有双龙形耳，印有飘动云彩，腹中饰“寿星踩荷过海图”。下部渐收，平底、内凹，双耳已缺，腹部有裂断痕迹。此瓷瓶原为西林那劳宫保府所收藏，现为该县博物馆收藏。

石刻 以碑刻为主，年代多为清代或近代的文物，各地的文博馆所均有收藏。如《光绪三十二年永安主佃告示碑》《嘉庆十八年奉宪严禁积弊告示碑》《光绪十五年重建西林县城碑》《民国十九年西林县政府保状碑》等碑刻现收藏于右江民族博物馆。

金属器 主要收藏的有铜器、铁器和锡器。铜器有早到战国时期的青铜钺、青铜矛、青铜戈、青铜剑、铜鼓等，这时期的铜器主要来源于右江流域和田东战国墓出土的文物。多年来，在右江河流域出水较多的战国铜器，主要是兵器类铜器，右江民族博物馆和田东县博物馆、田阳区博物馆都有此类铜器的收藏。1977 年，广西壮族自治区工作队对田东的 2 座战国墓进行了发掘整理，出土有战国时期的铜鼓、铜剑、铜矛、铜戈、铜斧等一批铜器，部分收藏于田东博物馆。除上述的战国时期的铜器外，商代的铜剑、明代的铜权、清代及近现代的铜鼓和铜手镯等均有收藏。

铁器 收藏数量较多，年代比较晚，大多为清代和近现代的文物。比如清代的铁钟、铁矛、铁刀、铁权等，近现代的铁刀、铁锣、铁锅及革命类文物枪、炮等。

锡器 收藏的数量不多，早至清代，有清代的锡饰品，收藏的数量极少。民国时期的锡器较多，多数为容器和储物类的文物，有锡壶、锡罐、锡盒等，现代的主要为锡质的生产、生活用品，包括锡制的项圈、项链等。

货币 收藏的数量较多，包括唐代的方孔铜钱至近代的纸币，各县（市、区）文博馆所也有收藏。唐代的有开元通宝、乾元重宝等；宋代的有皇宋通宝、天禧通宝、祥符元宝、绍圣通宝、乾道元宝、庆元通宝等，宋代各个时期的铜钱均有收藏，种类多，数量大；明代的钱币有崇祯通宝、永乐通宝、洪武通宝等；清代所收藏的钱币有乾隆通宝、雍正通宝、咸丰通宝、嘉庆通宝等，清代的方孔钱数量和种类都比较多。1997 年，西林县博物馆从民间购到 100 余公斤古钱币，共有 2 万余枚。经过有关专家鉴别，共选出唐、宋、明代铜币 50 多枚，清代铜钱 1 万余枚。近代收藏的有铜币也有纸币，民国时期的铜币和纸币种类繁多，收藏的数量也很多。

木雕匾“福寿”匾 清代慈禧太后爱新觉罗氏亲自御笔钦赠云贵总督岑毓英三子岑春煊的木质字画。清光绪二十六年（1900年）九月，英、法八国联军进犯北京，岑春煊因保驾慈禧太后和光绪皇帝载湉有功，深受清皇帝宠信，岑氏由原山西布政使升任陕西巡抚。同年十二月，正值岑春煊40寿辰，慈禧亲书“福寿”二字，遣人送往西安，为其祝寿。岑氏以此为荣耀，将此匾复制件悬挂于那劳老家——宫保府正厅。匾为横式，长190厘米，宽90厘米，黑底黄字，“福寿”二字为行书，字径65×48厘米，匾中间上方镌刻有“皇太后御笔”5个正楷字，左侧刻“赐头品顶戴陕西巡抚臣岑春煊”，右侧落款刻“光绪二十六年十二月”，亦均行正楷字，字径4.5×4.5厘米，现收藏于西林县博物馆。

“松竹”匾 清代慈禧太后亲自御笔钦赠两广总督岑春煊之木质字画。原为西林那劳宫保府所收藏，并悬挂于该府正厅。匾为直立式，长200厘米，宽90厘米，黑底黄字。匾题“松竹”二字为行书，字径74×68厘米。于“松”字之右上方镌刻“慈禧太后御笔之宝”篆书加印章，右侧落款刻有“光绪三十年正月”一行正楷小字。现收藏于西林县博物馆。

“禾寿”匾 清光绪三十二年（1906年）两广总督岑春煊45岁生日时慈禧太后钦赠的直立式木字画。匾长200厘米，宽90厘米，黑底黄字，匾题“禾寿”二字为草书，字径85×54厘米，于“禾”字上方入笔处镌刻“慈禧太后御笔之宝”篆书印章。左侧刻有“赐头品顶戴赏黄马褂兵部尚书署理两广总督岑春煊”，右侧落款刻“光绪三十一年正月二十四日”字样，均为正楷小字，字径4×4厘米。原悬挂于那劳宫保府正厅，现收藏于西林县博物馆。

“荣禄第”门匾 直立式木质门匾，原悬挂于那劳“荣禄第”府大门上方。匾长宽为176×90厘米，红底黄字行书，字径40×40厘米，框边浮雕九龙戏珠图案。1966年遭破坏，九珠龙眼均被人挖掉。后被西林县博物馆收回保存。

“南阳书院”门匾 横式木匾。清光绪三十二年（1906年）岑春煊于广州请人书写，后将样纸寄回西林那劳老家按样刻制。匾长宽为190×90厘米，黑底黄字正楷。1966年遭人破坏，后经修复虽恢复原

样，然匾中字迹都有些变形。今收藏于西林县博物馆。

“松柏长青”匾 清末云南省开广总兵覃修纲于西林县弄汪乡覃氏家族中收藏的木质字画，该匾长宽为190 × 6.5厘米，匾中间阴刻“松柏长青”4个正楷大字，字径为38 × 38厘米，蓝底红字。今收藏于西林县博物馆。

“壁水文英”匾 西林县那佐乡达下村民收藏的木质横式字画匾。长宽为180 × 60厘米，黑底红字。匾中间阴刻“壁水文英”4个行书大字。左侧阴刻“西林县儒学正堂卢鼎”9个字，由此可知此匾乃是西林县儒学正堂卢鼎之所书写。右侧落款刻“清道光二十二年立”字样，均为正楷小字体。

“思子楼”门匾 横式木质字画。原悬挂于西林县那劳宫保府后面“思子楼”二楼大门上方。匾长宽为180 × 80厘米，字径48 × 48厘米，红底黄字魏体。现收藏于西林县博物馆。

铜棺铜片 1969年12月，在西林县普驮屯铜棺墓葬中出土一尊铜棺，后被砸烂熔化，只剩下部分碎片，广西文物工作队把这些铜棺碎片拿回，收藏于广西壮族自治区博物馆。1989年12月，西林县博物馆到普驮屯向民间征集铜棺碎片，征到其中一块最大的碎片。碎片长53厘米，宽32厘米，重11.5公斤，表面镀鎏金。其余碎片仍收藏于民间。

唐代铜镜 1958年，西林县有人在收购废旧时发现了一面唐代铜镜。铜镜呈圆形，直径12.5厘米，边厚度为0.6厘米，正面光滑，有部分已被腐蚀。背面则镌刻着“五桂联芳”4个字，镜中心有圆钮，直径为1.5厘米，高1厘米，钮根穿孔，便于穿绳使用。此铜镜今收藏于民间。

宋代观音 1956年，西林县有人在收购废铜废铁时发现了一尊宋代观音。此观音铜质中空，俑身高11厘米，莲花座高3.5厘米，半裸着上身，双手交抱，手心向下，并将其置身于肚脐前处，身披袈裟，盘膝而坐，两耳垂肩，两眼微闭，头发梳成玉珠形小髻，专致打禅，形态憨直，神情安然。今收藏于民间。

铜床 原为云南省广南县县长李匡时祖传之物，铜质坚固，工艺精细，床头、床尾皆镌刻花纹图案，形态逼真。今收藏于民间。

古铜钱 20世纪80年代，在百色古玩市场发现1枚铸造于西汉元凤年间（前80—前75），形状像铲，上端穿洞，长约

60 × 23 毫米，正面铸“货币”二字。

开元通宝 是唐代开元年间（713—741 年）铸造的古钱币，币值有 5 分、1 角、2 元、5 元不等，青铜币质，外径约 23 毫米，内方孔长宽 7 × 7 毫米。此币在百色市及其各县（市、区）博物馆和民间均有收藏。

宽永通宝 铸造于日本后尾宽永二年［即我国明代天启五年（1625 年）］。青铜币质，外径 20 毫米，中方孔长宽为 7 × 7 毫米，正面铸“宽永通宝”4 字，背面已磨光。百色市各县（市、区）民间均有收藏。

西王赏功 “西王”，指明代农民起义军首领张献忠。明崇祯十六年（1643 年），张献忠率领农民义军攻陷武昌，次年攻取四川成都建国称帝，国号“大西”，并自称“西王”，为鼓励全军将士，特铸此币。该币青铜币质，外径 46 毫米，中方孔长宽为 10 × 10 毫米，边厚 3 毫米，西林县民间有私人收藏。“永历通宝”（明永历年间制造）、“大顺通宝”（明末张献忠义军铸）、“兴朝通宝”（明末孙可望义军铸）、“裕民通宝”（明末耿精忠所铸）、“利民通宝”（明末吴三桂铸）、“洪化通宝”［明末吴世番洪化元年（1679 年）铸］、“顺治通宝”［清顺治元年（1644 年）铸］、“雍正通宝”［清雍正元年（1723 年）铸］、“太平天国”（太平天国时期所铸）等，百色市各县（市、区）民间均有收藏。

“紫禁城骑马”“赏穿黄马褂”匾 是一对书写正楷体字横式木字画。清光绪二十六年（1900 年），岑春煊因护驾慈禧太后与光绪皇帝往西出逃，躲避八国联军攻陷北京之祸有功而接受清廷钦赐之“宝物”。岑春煊将样纸寄回老家西林那劳，让人复制悬挂于宫保府正厅。两匾长宽均为 165 × 50 厘米，黑底黄字。新中国成立初期遗失。

第十章　非物质文化遗产

截至2021年底，百色全市有17035项非物质文化遗产信息载入数据信息库，有1545个项目列入国家、自治区、市、县级人民政府的非物质文化遗产保护名录，形成了四级非物质文化遗产名录保护体系。

第一节　保护与传承

百色坚持“保护为主，抢救第一，合理利用，继承发展”的方针，以积极的、科学的态度对各级非遗项目进行针对性、系统性挖掘、抢救、保护和合理利用。为了从政策保障、组织机制等方面确保全市非物质文化遗产保护工作的顺利开展，从2005年开始，相继转发、出台了《国务院办公厅关于加强我国非物质文化遗产保护工作的意见》《广西壮族自治区人民政府关于加强我区非物质文化遗产保护工作的意见》《百色市非物质文化遗产保护工作实施方案》等一系列文件规定和实施方案。

百色市重视对传承人的保护及扶持工作，积极鼓励民间老艺人开展传承活动，加强对传承人的传承情况、生活状况的调查了解，对列入保护名录的项目，对传承人给予必要的资金补助，传承人也积极开展传承工作。

靖西壮族织锦技艺代表性传承人陈晔认真履行传承义务，每年到壮锦厂指导和传授织锦技艺达10次以上，还收了15名学徒，对他们给予精心指导，国家级非遗代表性传承人李村灵就是她的学生之一。市壮锦厂先后开办的9期壮锦技艺培训班，陈晔不遗余力地给予全面的支持和帮助，她精心备课，认真讲学，悉心指导学员。还配合市非物质文化遗产普查组人员开展调查工作，积极参与公益性的宣传活动，保存有壮族织锦技艺的部分实物和相关资料。

那坡县壮族民歌传承人罗景超带头举办8期壮族山歌手培训班，亲自授课，深入乡村收集壮族山歌120余首，并译成壮、汉两种文字，每年参加指导乡镇举办的壮族传统情歌比赛活动10次以上。

田阳布洛陀口传史诗第七代传人黄

达佳，整理制作《布洛陀古歌》光盘 400 盒。与黄明标合作出版《布洛陀敢壮山祭祀山歌》《布洛陀与敢壮山传说故事》等书。他常年到乡下摆设麽公道场。2005 年后，共发展传承人 4 人，发放巫经资料，口头传授经书唱法，学习古壮字版本，深入各乡镇收集布洛陀诗经唱调。

田林瑶族铜鼓舞传承人班点义，自 2009 年起，每年到县专业剧团传授铜鼓舞技艺 3 次以上，每年培训本屯铜鼓舞表演队及本村中小学生学习铜鼓舞 10 次以上，并组织学生参加活动。

第二节 代表性项目

截至 2021 年，百色市列入国家级非物质文化遗产代表性项目名录共计 9 项，自治区级非物质文化遗产代表性项目共计 147 项，市级非物质文化遗产保护名录共计 215 项。国家级传承人 5 人、自治区级传承人 139 人、市级传承人 320 人、县级传承人 718 人。

表 10－1 百色市列入国家级非物质文化遗产代表性项目名录统计表（截至 2021 年）

序号	项目名称	申报地区或单位
1	布洛陀	田阳区
2	那坡壮族民歌	那坡县
3	壮族织锦技艺	靖西市
4	狮舞（田阳壮族狮舞）	田阳区
5	壮族嘹歌	平果市
6	铜鼓舞（田林瑶族铜鼓舞）	田林县
7	瑶族金锣舞	田东县
8	凌云壮族 72 巫调音乐	凌云县
9	末伦	靖西市

注：此表信息来源于中国非物质文化遗产网。

表 10-2　百色市列入自治区级非物质文化遗产代表性项目名录统计表（截至 2021 年）

序号	项目名称	申报地区或单位
1	布洛陀	田阳区
2	田东壮族排歌	田东县
3	右江壮族排歌	右江区
4	平果壮族丧歌	平果市
5	乐业壮族古歌	乐业县
6	壮族巫辞	右江区
7	那坡彝族开路经	那坡县
8	平果壮族唱文龙	平果市
9	那坡壮族民歌	那坡县
10	壮族嘹歌	平果市
11	凌云壮族 72 巫调音乐	凌云县
12	壮族马骨胡艺术	德保县
13	那劳山歌调	西林县
14	靖西壮族山歌（靖西上下甲山歌）	靖西市
15	凌云瑶族长号艺术	凌云县
16	田州壮族山歌	田阳区
17	隆林壮族山歌（隆林哥侬呵山歌）	隆林各族自治县
18	田东瑶族噜吡咧	田东县
19	靖西壮族民间小调	靖西市
20	田东瑶族山歌	田东县
21	靖西壮族八音	靖西市
22	田东咸水歌	田东县
23	田东蔗园歌	田东县
24	田东壮族欢侬	田东县
25	田东壮族嘹歌	田东县

续表

序号	项目名称	申报地区或单位
26	田林定安调	田林县
27	壮族北路八音	西林县
28	隆林壮族南盘江调	隆林各族自治县
29	凌云壮族欢隆	凌云县
30	壮族多声部民歌（田阳古美山歌）	田阳区
31	壮族多声部民歌（德保壮族山歌）	德保县
32	壮族春牛舞	西林县
33	田林瑶族铜鼓舞	田林县
34	壮族打砻（榔）舞	平果市
35	瑶族金锣舞	田东县
36	平果壮族踩花灯	平果市
37	舞狮技艺	田阳区
38	靖西壮族舞蹈（舞春牛）	靖西市
39	靖西壮族舞蹈（壮族弄腊舞）	靖西市
40	靖西壮族舞蹈（壮族田间矮人舞）	靖西市
41	靖西壮族舞蹈（壮族马绿舞）	靖西市
42	凌云瑶族龙凤舞	凌云县
43	乐业壮族龙灯舞	乐业县
44	田林瑶族盘王舞	田林县
45	壮族提线木偶戏	靖西市
46	乐业唱灯	乐业县
47	北路壮剧	田林县
48	汉族师公舞	田东县
49	隆林北路壮剧	隆林各族自治县
50	西林那劳土戏	西林县

续表

序号	项目名称	申报地区或单位
51	田东彩调	田东县
52	田东粤剧	田东县
53	田东邕剧	田东县
54	那坡壮剧	那坡县
55	德保壮族提线木偶戏	德保县
56	南路壮剧	靖西市
57	南路壮剧	德保县
58	壮族末伦	靖西市
59	德保壮族末伦	德保县
60	田东壮族唐皇	田东县
61	壮族卜牙调	右江区
62	壮族八音坐唱	隆林各族自治县
63	隆林彝族打磨秋	隆林各族自治县
64	壮族踩风车	隆林各族自治县
65	靖西壮族棋艺	靖西市
66	靖西壮族民间剪纸	靖西市
67	靖西壮族堆绣	靖西市
68	田林瑶族刺绣技艺	田林县
69	壮族织锦技艺	靖西市
70	把吉造纸技艺	乐业县
71	靖西壮族绣球制作技艺	靖西市
72	靖西壮族夹砂陶制作技艺	靖西市
73	凌云火纸制作技艺	凌云县
74	右江壮族糜乜制作技艺	右江区
75	靖西东球供纸制作技艺	靖西市

续表

序号	项目名称	申报地区或单位
76	凌云白毫茶制茶技艺	凌云县
77	隆林苗族服饰制作技艺	隆林各族自治县
78	右江瑶族服饰制作技艺	右江区
79	德保麦秆花篮制作技艺	德保县
80	乐业壮族纺织技艺	乐业县
81	隆林蓝靛膏制作技艺	隆林各族自治县
82	壮族衮服制作技艺	隆林各族自治县
83	平果芭蕉芋粉制作工艺	平果市
84	隆林辣椒骨制作技艺	隆林各族自治县
85	德保壮族藤编技艺	德保县
86	田阳壮族麦秆花篮编织技艺	田阳区
87	靖西壮族土陶烧制技艺	靖西市
88	田东瑶族吡咧制作技艺	田东县
89	那坡瑶族织绣技艺	那坡县
90	那坡壮族服饰制作技艺	那坡县
91	凌云壮族儿童配饰制作技艺	凌云县
92	隆林壮族背带制作技艺	隆林各族自治县
93	隆林壮族蓝靛染布技艺	隆林各族自治县
94	靖西壮医驳骨疗法	靖西市
95	平果壮族眼疾疗法	平果市
96	靖西壮族端午药市	靖西市
97	那坡彝族跳弓节	那坡县
98	德峨苗族跳坡节	隆林各族自治县
99	右江瑶族歌堂习俗	右江区
100	隆林壮族歌会习俗	隆林各族自治县
101	右江壮族岑王庙会	右江区

续表

序号	项目名称	申报地区或单位
102	壮族祭瑶娘	田林县
103	德保壮族歌圩	德保县
104	凌云泗城壮族夜婚习俗	凌云县
105	隆林仡佬族拜树节	隆林各族自治县
106	西林壮族欧贵婚俗	西林县
107	平果壮族歌圩	平果市
108	那坡彝族祈雨节	那坡县
109	壮族抛绣球习俗	靖西市
110	靖西扮台阁	靖西市
111	田东仰岩歌圩	田东县
112	壮族土俗字	平果市
113	那练游鲤鱼	德保县
114	靖西壮族抢花炮	靖西市
115	靖西壮族航诞	靖西市
116	壮族祭瑶王	田林县
117	瑶族抛绣包	田林县
118	壮族唱娅王	西林县
119	彝族祭送布谷鸟	隆林各族自治县
120	那坡舞春牛习俗	那坡县
121	田东那拔歌圩	田东县
122	田林壮族吼敢	田林县
123	西林瑶族度戒	西林县
124	田东壮族牛魂节	田东县
125	右江赛龙舟习俗	右江区
126	靖西壮族花灯习俗	靖西市
127	凌云汉族婚俗	凌云县

续表

序号	项目名称	申报地区或单位
128	壮族抢花炮（龙合花炮节）	那坡县
129	壮族抢花炮（田阳抢花炮）	田阳区
130	壮族歌圩（凌云县朝里壮族“吼喊”歌圩）	凌云县
131	壮族歌圩（田阳敢壮山壮族歌圩）	田阳区
132	田东米花制作技艺	田东县
133	祥周岭南商旅福神庙会	田东县
134	田东壮话快板	田东县
135	平果“根个”交友习俗	平果县
136	德保隘章土布制作技艺	德保县
137	靖西壮族田螺笛制作技艺	靖西市
138	那孟传统酒饼制作技艺	那坡县
139	乐业汉族山歌	乐业县
140	隆林黑米粽制作技艺	隆林各族自治县
141	隆林壮族绣花鞋制作技艺	隆林各族自治县
142	隆林壮族“三层楼”服饰制作技艺	隆林各族自治县
143	隆林彝族传统烤茶技艺	隆林各族自治县
144	隆林苗族刺绣	隆林各族自治县
145	隆林壮族六月六敬田节	隆林各族自治县
146	隆林汉族“吃袍汤”习俗	隆林各族自治县
147	隆林苗族芦笙舞	隆林各族自治县

注：此表信息来源于中国非物质文化遗产网。

表 10－3　百色市市级非物质文化遗产代表性项目名录统计表（截至 2021 年）

序号	项目名称	县（市、区）
1	布洛陀	田阳区
2	那坡壮族民歌	那坡县

续表

序号	项目名称	县（市、区）
3	壮族织锦技艺	靖西市
4	壮族嘹歌	平果市
5	凌云壮族72巫调音乐	凌云县
6	壮族春牛舞	西林县
7	田林瑶族铜鼓舞	田林县
8	田阳壮族狮舞	田阳区
9	靖西壮族端午药市	靖西市
10	那坡彝族跳弓节	那坡县
11	德峨苗族跳坡节	隆林各族自治县
12	田阳敢壮山壮族歌圩文化	田阳区
13	乐业逻沙唱灯	乐业县
14	凌云朝里壮族“吼喊”歌圩文化	凌云县
15	靖西市陶器制作（夹砂陶）	靖西市
16	古美山歌	田阳区
17	壮族排歌	田东县
18	壮族山歌	德保县
19	布洛陀圣乐	田阳区
20	唢呐曲	平果市
21	瑶族长号	凌云县
22	壮族马骨胡艺术	德保县
23	逛乌达	右江区
24	瑶族金锣舞	田东县
25	踩花灯舞	平果市
26	打砻舞	平果市
27	南路壮剧	德保县
28	提线木偶	靖西市
29	南路壮剧	靖西市

续表

序号	项目名称	县（市、区）
30	壮族末伦	靖西市
31	壮族刺绣	乐业县
32	壮族纺织	田林县
33	把吉古老造纸术	乐业县
34	颠罗颠罗那	隆林各族自治县
35	岑氏将军祭典	右江区
36	都督庙	平果市
37	抢花炮	田阳区
38	龙合花炮节	那坡县
39	度戒	西林县
40	娅王	西林县
41	祭瑶娘	田林县
42	抛绣球习俗	靖西市
43	上下甲山歌	靖西市
44	舞春牛习俗	靖西市
45	哥（侬）呵壮族山歌	隆林各族自治县
46	扮台阁	靖西市
47	壮族丧歌	平果市
48	红彝祈雨节习俗	那坡县
49	田州山歌	田阳区
50	壮族中山请仙习俗	那坡县
51	壮族山歌	西林县
52	田东瑶族唢呐习俗	田东县
53	卜蛮山歌	乐业县
54	彝族祭送布谷鸟节	隆林各族自治县
55	卜隆古歌	乐业县

续表

序号	项目名称	县（市、区）
56	仡佬族拜树节习俗	隆林各族自治县
57	壮医驳骨疗法	靖西市
58	壮族欧贵婚俗	西林县
59	麽乜制作技艺	右江区
60	壮族夜婚	凌云县
61	乐业舞龙	乐业县
62	汉族火纸技艺	凌云县
63	壮族绣球制作技艺	靖西市
64	壮族歌墟	德保县
65	壮族末伦	德保县
66	壮族歌墟	平果市
67	北路壮剧	田林县
68	靖西弄腊舞	靖西市
69	壮话快板	田阳区
70	蓝靛瑶龙凤舞	凌云县
71	卜牙调	右江区
72	点灯图	右江区
73	姆娘山的传说	平果市
74	田间矮人舞	靖西市
75	壮族排歌	右江区
76	壮族马绿舞	靖西市
77	田东仰岩歌圩	田东县
78	靖西东球供纸制作技艺	靖西市
79	祥周岭南商旅福神庙会	田东县
80	凌云白毫茶制作技艺	凌云县
81	壮族土俗字习俗	平果市

续表

序号	项目名称	县（市、区）
82	隆林苗族服饰制作技艺	隆林各族自治县
83	那练鲤鱼舞	德保县
84	靖西壮医夹（刮）痧疗法	靖西市
85	舞象习俗	德保县
86	靖西壮族抢花炮	靖西市
87	田东布努瑶民歌	田东县
88	靖西壮族八音	靖西市
89	靖西壮族航诞	靖西市
90	靖西壮族民间小调	靖西市
91	田阳巴别山歌	田阳区
92	母里亚母系习俗	乐业县
93	田林瑶族盘王舞	田林县
94	壮族祭瑶王	田林县
95	壮族破狱舞	平果市
96	瑶族抛绣包	田林县
97	壮族跳高台	平果市
98	句町祭祀神坛	西林县
99	隆林北路壮剧	隆林各族自治县
100	右江瑶族服饰制作技艺	右江区
101	那劳土戏	西林县
102	田阳巴别麦秆编织	田阳区
103	汉族师公戏	田东县
104	德保麦秆花篮制作技艺	德保县
105	田东壮族唐皇	田东县
106	靖西香糯传统美食制作技艺	靖西市
107	壮族巫辞	右江区
108	靖西酸嘢制作	靖西市

续表

序号	项目名称	县（市、区）
109	凌云高山汉族婚俗	凌云县
110	田林者仙河壮族“吼敢”习俗	田林县
111	壮族六月六	隆林各族自治县
112	壮族拜花婆习俗	平果市
113	那坡春牛戏习俗	那坡县
114	田东那拔歌圩	田东县
115	凌云巴岩香酒传统酿造技艺	凌云县
116	乐业壮族纺织	乐业县
117	隆林蓝靛膏手工技艺	隆林各族自治县
118	壮族衮服制作技艺	隆林各族自治县
119	德保藤编技艺	德保县
120	靖西壮族堆绣技艺	靖西市
121	田东粤剧	田东县
122	凌云壮族“欢隆”	凌云县
123	田林县定安壮族叹歌	田林县
124	壮族八音坐唱	西林县
125	八音坐唱	隆林各族自治县
126	布林调	右江区
127	田东汉族蔗园话山歌	田东县
128	靖西凌准土陶制作技艺	靖西市
129	靖西壮族民间剪纸技艺	靖西市
130	那孟传统酒饼制作技艺	那坡县
131	那孟传统酿酒技艺	那坡县
132	规弄蓝靛瑶绣	那坡县
133	田东壮族侬歌	田东县
134	田东壮族嘹歌	田东县
135	田东汉族水上叹歌	田东县

续表

序号	项目名称	县（市、区）
136	蔗园仪式歌	右江区
137	彝族开路经	那坡县
138	彝族打磨秋	隆林各族自治县
139	壮族踩风车	隆林各族自治县
140	田东壮话快板	田东县
141	田东彩调	田东县
142	田东邕剧	田东县
143	那坡“哎的呀”壮剧	那坡县
144	唱文龙	平果市
145	平果壮族谚语	平果市
146	蒙台的故事	平果市
147	壮族达稳歌	平果市
148	没六鱼洞的传说	平果市
149	平果壮族童谣	平果市
150	平果壮族谜歌	平果市
151	平果壮族文歌	平果市
152	平果壮族侬歌	平果市
153	平果壮族勉歌	平果市
154	平果壮族行孝歌	平果市
155	平果壮族祭祀笛曲	平果市
156	靖西壮族田螺笛	靖西市
157	隆林壮族山歌（南盘江调）	隆林各族自治县
158	右江端午赛龙舟	右江区
159	古壮拳	田东县
160	平果壮拳	平果市
161	靖西壮族棋类活动	靖西市
162	靖西壮族花灯	靖西市

续表

序号	项目名称	县（市、区）
163	隆林汉族打鸡儿棒	隆林各族自治县
164	田东瑶族噜吡咧制作技艺	田东县
165	田东米花制作技艺	田东县
166	黎明芭蕉芋粉丝手工制作	平果市
167	那坡壮族服饰制作技艺	那坡县
168	凌云壮族传统儿童配饰技艺	凌云县
169	乐业壮族云雾茶制作技艺	乐业县
170	田林瑶绣	田林县
171	隆林辣椒骨制作技艺	隆林各族自治县
172	隆林壮族背带制作技艺	隆林各族自治县
173	壮族黑粽子制作技艺	隆林各族自治县
174	壮族绣花鞋制作技艺	隆林各族自治县
175	隆林壮族传统染布技艺	隆林各族自治县
176	壮族“三层楼”服饰制作技艺	隆林各族自治县
177	六色糯饭加工技艺	西林县
178	壮族眼疾疗法	平果市
179	田东南路壮剧	田东县
180	平果邕剧	平果市
181	德保提线木偶戏	德保县
182	作登瑶族布努节	田东县
183	印茶歌圩	田东县
184	江城牛魂节	平果市
185	开生仪式	平果市
186	平果壮族达汪节	平果市
187	平果朋友节	平果市
188	侬智高六旗兵阵	靖西市
189	凌云庆丰节	凌云县

续表

序号	项目名称	县（市、区）
190	定安“销正月”	田林县
191	隆林汉族哭妈娘习俗	隆林各族自治县
192	隆林汉族袍汤节	隆林各族自治县
193	隆林彝族火把节	隆林各族自治县
194	德保隘章土布制作技艺	德保县
195	高山汉族山歌	乐业县
196	彝族烤茶技艺	隆林各族自治县
197	苗族刺绣技艺	隆林各族自治县
198	苗族芦笙习俗	隆林各族自治县
199	百色凉糕	右江区
200	右江壮族狮舞	右江区
201	田阳瓦氏古壮拳	田阳区
202	凤梧面塑彩绘	平果市
203	平果岩茶	平果市
204	榜圩特色小食巴乖	平果市
205	榜圩生榨米粉	平果市
206	太平梁氏手工竹编技艺	平果市
207	壮族农民画	靖西市
208	靖西大果山楂食品传统制作技艺	靖西市
209	靖西壮族新春民俗大巡游	靖西市
210	凌云红茶制作技艺	凌云县
211	乐业发粑技艺	乐业县
212	壮族五色糯米饭制作技艺	田林县
213	壮狮制作技艺	百色市
214	龙狮鼓战鼓制作技艺	百色市
215	陆氏古壮针剑麻痧疗法	百色市

注：此表信息来源于中国非物质文化遗产网。

第十一章 人 物

本书文学、科学、音乐、书法、美术等各文化领域收录百色市部分文化名人，对百色当地文化发展做出贡献的人士以及获得国家级奖励的人物。

·文学·

岑云汉 （1578—1644），乳名奇端，字天章，号中黄，明朝末期广西泗城壮族土司、诗人、散文家。明天启元年（1621年）被朝廷封为广西都司佥书、广西都指挥使司都指挥使兼掌泗城州印务、加衔援黔副总兵官统督汉土官兵右军将军。公务之余，岑云汉在汾州澄碧河上、下石壁铭刻所作的《渔家诗》《江上吟》《游东湖记》和家训、杂文等，打造了一条文化长廊。

岑应祺 生卒年不详，字侯山，田州人（今田阳区），清康熙四十年（1701年）袭任田州知州。任期内重视发展教育，教化黎民。康熙六十年（1721年），岑应祺在州署东创建义学，兴建文庙及养济院。立章程进行教化，使“野竖村童渐晓诗书之语，穷乡僻壤粗知礼让之风”，改变了村民的许多陋俗恶习。清雍正二年（1724年），岑应祺又在州署西建州学，选用学绩优异者为州吏。岑应祺在任40年，创建学宫，教养并行，地方大治，善政多，获军功四级记录6次，是土官中较为贤能者。

何福祥 （1799—1879），字善夫、宇光，号东轩。归顺州城小东街人（今靖西市民权街），壮族。清道光五年（1825年）乙酉科岁贡中式第九名举人，授岑溪县教谕，调西隆州（今隆林县）学正，敕授文林郎保加国子监典籍衔。归顺州自清雍正七年（1729年）改土归流100余年无志书，何福祥深恐史书不记载的事湮没散失，反复考阅前辈覃恩祚著的《归顺州志》稿，袁思名著的《归顺州志略》《镇安府志》中有关州志，以自己广泛采集和见闻，对袁志的地舆卷做了补充，并增加绘图和艺文二卷，著的《续增归顺州志旧稿》为百色历史文化研究提供宝贵的参考资料。覃、袁著稿早已散失，何志稿抄本今存于中国台湾省。

黄家德 （1810—1880），号达三，泗城府（今凌云县）正北街人，壮族。清道光十七年（1837年）拔贡生，常主办乡夜、诗社，传播地方文教。咸丰八年（1858年）受朝廷引见，先后委任广东开建、鹤山、新兴知县。在鹤山著有《八省鸿印诗草》《仙石舫全集》《介石园余草》等诗集刊行于世。广西名人象州进士郑献甫十分器重他，曾为他的诗集作序。旧《凌云县志》载其“灵洞响泉”“五指捧月”“云台览胜”“屏山列翠”“空谷传声”“天池玉液”“山城早市”“北郭归樵”八景诗，至今仍为地方文人传颂。

岑毓英（1829—1889），字彦卿，号匡国，西林那劳人，壮族，清末大臣。在云贵总督任上，他极力把文化教育全面推行到少数民族地区，并用制度予以保证，对百色地区的社会进步、民族和睦有着划时代的历史作用。岑毓英一生戎马却不失文人本色，著有《岑襄勋公遗集》《岑襄勤公年谱》等作品以及《大理城南大石上亭联》《挽越南之役战死将士联》等诗词流传于世。

岑春煊（1861—1933），字云阶，号炯堂老人，曾用名云霭、春泽，西林人，壮族，云贵总督岑毓英之子。1885年考取举人，以恩荫入仕，是中国近代史上著名的政治人物，历任山西巡抚、四川总督、两广总督等职。受父亲影响，岑春煊十分重视教育。任期内先后创办了山西大学堂（山西大学）、广西高等学堂、两广优级师范学堂等10多所西式学堂，还亲自督办筹建泗色中学堂（今百色中学）。直到退出政治舞台在上海闲居，岑春煊仍想着发展教育，并在上海创办了一所“襄勤大学”，可谓中国近代史上“兴教翘楚”之一。著有《乐斋漫笔》一书。

梁宗岱（1903—1983），祖籍广东新会县，出生于百色。1917年于百色完成小学学业，后考入广州培正中学，1923年被保送入岭南大学文科，1924年留学法国。回国任教后又翻译过莎士比亚的诗歌和歌德的《浮士德》等名著。梁宗岱年少成名，16岁时就被誉为“南国诗人”。代表作有《梁宗岱选集》、诗集《晚祷》、词集《芦笛风》、论文集《诗与真》等。梁宗岱是我国现代文学史上一位集诗人、理论家、批评家、翻译家于一身的罕见人才。

曾文经（1917—1979），靖西人。在学术上有较高的造诣，为在百色地区宣传马列主义、毛泽东思想，办好人民大学，培养党的理论干部，贡献了自己的力量。先后写出《中国的社会主义工业化》《谈谈矛盾论问题》《毛泽东同志关于人民内部矛盾问题理论的重要意义》等著作和《宗教和唯心主义》《论社会主义民主》《论

社会主义基本经济规律的作用》《论汉民族的形成》《世界人民反对殖民制度的斗争》等主要论文。其中《中国的社会主义工业化》被译成俄文出版。

蒙　锋（1924—1975），泗城镇胜利街人，壮族。读书时，常阅读进步书报，写了散文《落叶》、诗歌《春汛》《黑夜》及时事评论文章《中原到湘北》《论节二战场》等抨击当时政局。1945 年回凌云任教，8 月考入国立桂林师范学院，参加学院史地学会活动，编会刊，发表《忆郁达夫》《高尔基语录》等文章，演反内战的话剧。1949 年毕业回南宁参加地下活动，11 月加入中国共产党。南宁解放后任南宁市军管会干事，后历任南宁市人民政府调研组组长、市委秘书、科长、市委办公室副主任、市文化局副局长、市文联常务委员。

黄勇刹（1929—1984），笔名洞眼、南风，田阳人，壮族。历任广西文联民间文学研究会理论研究组组长、秘书长，中国文联第四届委员，中国作协第三届理事，中国少数民族民间文学学会理事。1945 年开始发表作品，1979 年加入中国作家协会。著有歌剧剧本《刘三姐》，民歌集《大寨良种撒壮乡》（合作），戏剧剧本《韦拔群》《指天椒》《三女争夫》，电影文学剧本《龙泉》《刘三姐》，论著《歌海漫记》《壮族歌谣概论》，诗集《高歌向太阳》《木棉花开》等。

替仆支不（1933—1998），隆林德峨人，彝族，汉名韦革新。历任农村教师，百色地区文联、县文化科及文化馆干部，县人大常委会副主任，县文联主席，地区文协主席。1957 年开始发表作品，共发表诗歌、散文、小说 200 余篇（首），1986 年加入中国作家协会。著有诗集《缅娓集》、叙事诗《金麦黄熟了》等。诗歌《嘎达水库》获全国首届少数民族文学创作奖。

冯植生（1935—　），1959 年毕业于匈牙利罗兰（布达佩斯）大学语文系。中国社科院外文所研究员、国际匈牙利学会会员，享受政府特殊津贴。1985 年加入中国作家协会，著有《匈牙利文学史》《莫里兹》《裴多菲传》，论文《呼唤民族意识觉醒的歌者》《裴多菲诗歌创作简论》《论尤若夫的诗歌创作》等，译著（含合作）《米克沙特短篇小说选》《匈牙利短篇小说选》《匈牙利民间故事选》等。主编《被忘却的歌》《东欧短篇小说选》《20 世纪中欧、东南欧文学史》。

潘荣才（1937— ），田东人，壮族，笔名丁采。1960年毕业于广西师范学院（今广西师范大学）中文系。《广西文学》原副主编、编审。广西教育学院中文系客座教授、广西民族大学中文学院社会课堂导师。1958年开始发表作品。1988年加入中国作家协会。著有中短篇小说集《上梁大吉》，长篇小说《天眼》，长篇文学《现代儒家梁漱溟》《陆地传》《广西当代作家丛书·潘荣才卷》等。获首届广西文艺创作铜鼓奖、中国作协文学荣誉证书。

梁　学（1939— ），壮族，又名农穆。广西作协会员，原百色地区文联副主席。著有长篇小说《血证》《恐怖死角》、中篇小说《茫茫人海有人哭》、传记《陈洪涛传》等作品。其中，长篇小说《南国冬雷》于1989年获广西首届壮族文学奖，中篇小说《槟榔盒》获全国少数民族优秀文学奖和首届广西文艺创作铜鼓奖。

陈雨帆（1940—2021），靖西人，壮族，笔名宇凡、杜宇。历任百色地区文化局创作员、文联文学部负责人，广西作协第三、第四、第五届理事，广西民族文学研究会第一、第二届副会长，中国少数民族作家学会第一、第二届理事。1988年加入中国作家协会。著有长篇小说《血地·血族》、小说集《国门虎兵》，长诗《山鹰的琴》《岸竹歌》、电影文学剧本《紫裙河》（合作）、专著《壮族歌会》《含羞草诗丛——广西青年诗人十二人集评论》等。论文《关注于现实的价值选择》获全国少数民族文学研究优秀成果奖，《醉了的码头》获广西首届民族文学创作奖，中篇小说《冰棕榈》获广西第二届民族文学创作奖，电影文学剧本《布洛陀河》获上海首届国际电影节腾飞奖。

陈道平（1940— ），笔名波明、龚西。中国群文学会会员、广西民间文艺家协会会员、广西诗词楹联学会会员，曾任田林县文化馆馆长。先后4次主持举办全国性灯谜展、猜谜会和灯谜创作赛，作品多次在全国性灯谜会或创作赛中获奖。1989年被评为“中华当代百名谜家”，事迹和代表作入编《中国当代灯谜艺术家大辞典》《中国诗词著作家档案辞典》《中国当代楹联艺术家大辞典》。灯谜作品集《龚西文虎》获广西民间文艺第四届优秀成果奖二等奖。个人于1991年获评为广西文化系统模范工作者，1992年被田林县委、县人民政府授予“田林县首批科技拔尖人才”称号，1999年被广西民间文艺家协会授予“德艺双馨民间文艺家”荣誉称

号，2007年被授予由海峡两岸灯谜社团联合创立的中华灯谜民间最高奖项“沈志谦文虎奖”。

黄碧功（1950— ），田东县人，壮族，原名黄碧宫，笔名王白石。中国民间文艺家协会、中国民族古文字研究会会员，广西作家协会、广西戏剧家协会会员，广西民间文艺家协会第六届副主席、第七届理事。创作发表戏剧、散文、报告文学、歌词作品近100万字。其中，右江革命故事《神鞭》于1988年获广西首届民间文艺优秀成果奖，报告文学《戍边爱民少校情》于2002年获“三个代表”的忠实实践《人民文学》报告文学征文优秀奖等。1991年，黄碧功获评艺术科学中国民间文学十大艺术集成先进工作者；1988年获广西民间文艺家协会首届“德艺双馨”民间文艺家称号；1989年获广西“三八红旗手”称号；2010年获首届刘三姐民间文艺成就奖，被地委、行署授予“百色地区专业技术拔尖人才”荣誉称号。

黄佩华（1957— ），西林人，壮族，笔名老原。1985年毕业于广西民族学院政治理论专业。历任西林县委秘书、宣传部部长，《三月三》杂志主任、副社长兼副总、社长兼总副编审，广西作协副主席，壮族作家创作促进会会长。1981年开始发表作品，1995年加入中国作家协会。著有小说集《南方女族》《远风俗》《广西当代作家丛书·黄佩华卷》、长篇传记《瓦氏夫人》、长篇小说《生生长流》《流水谣》等。作品获广西首届青年文学创作奖、独秀奖，第二、第四、第五届壮族文学奖，全国第四、第七届少数民族文学创作骏马奖，第四、第七届广西文艺创作铜鼓奖等。

周作学（1963— ），田东人，壮族，笔名金吉。2007年加入中国作家协会，著有长篇小说《剑棋网》《射天狼》，散文《走进布洛陀》《非常风行》，短篇小说《诚》。《剑棋网》在1997年获全国检察机关第二届优秀金鼎奖，电视剧剧本《责任谁担》在1998年获全国17个省区市电视法治宣传节目展评优秀霞飞奖。

杨文升（1963— ），隆林人，苗族。中国作家协会会员、中国少数民族作家学会会员、广西作家协会会员、广西作协理事。历任百色市作家协会副主席、主席，百色市苗学会会长。代表作有短篇小说《月亮在山那面》《长满苞谷的山寨》《春心》、中篇小说《野猪坪轶事》《南瓜花开》《苞谷林的歌》、长篇小说《神山》、散文《母亲画的蜡花布》《父亲的苞谷林》等，共100万余字。其中《神山》被中国作协列入重点扶持作品。个人获“象山杯·我与奥运”“各民族与奥运”全国文学征文大赛小说组最高奖，市级文学创作优秀奖、文艺“金绣球”奖。

杨映川（1972— ），广西百色人，笔名映川。1997年毕业于广西师范大学中文系，获文学硕士学位。毕业后到《广西日报》工作，曾任综合副刊部副主任，为广西第三届和第六届签约作家。1999年开始小说创作，2005年加入中国作家协会。在《人民文学》《花城》《作家》《上海文学》等杂志发表过小说，有长篇小说《女的江湖》和中短篇小说集出版。作品曾获广西独秀文学奖、2004年度人民文学奖。小说《我困了，我醒了》入选2004年度中国小说排行榜。

罗皓予（1977— ），西林人，苗族，笔名雪成冰。百色市首届签约作家、市诗歌协会理事。创作涉足诗歌、散文、小说、歌词及电视专题等。小小说《勇者无敌》在2002年5月时代青年杂志社举办的第二届“新世纪文艺新秀大奖赛”中荣获优秀奖；短篇小说《画眉之死》参加第17届全国青年征文大赛，入选“文友星系”丛书，并获佳作奖；填词歌曲《苗家湾》《您是我们的父母亲》在《歌海》杂志社举办的《歌海》“风采杯”第13届全国词曲作品比赛中分别获二等奖和三等奖。

黄玉珍（1962— ），广西作家协会会员、广西民间文艺家协会会员。诗歌作品《心心相印》1986年获广西第二届少数民族文学优秀作品奖（当时没设等级）。诗歌《农家小曲》（外一首）2008年10月获“纪念改革开放30周年全国文学征文”新诗类一等奖（中国散文学会、《阳光》杂文社主办）。

黄　微（1972— ），壮族，笔名于为、微型、韦开炮。市作家协会会员、那坡县作家协会主席。1992年起发表文学作品，迄今已在区内外各级刊物发表小说、散文、诗歌、文艺评论等各类文学作品30余万字，有多篇文学作品获奖并入选各类专辑。其中短篇小说《无穷无尽的等待》荣获2010年《小说选刊》杂志社举办的首届全国小说大赛三等奖，散文《雪月》获“华文杯”西南地区文学作品比赛二等奖，诗歌《高贵的清贫或仰望》《永远的荷》曾获百色市征文比赛二等奖。

·科学·

梁绍鸿 （1917—1979），百色镇共和街（今右江区共和街）人，1931年以第一名的成绩考入广西省立第五中学（今百色中学）。初中毕业后开始对数学进行系统的研究，有时竟达废寝忘食的程度，从而积累学习资料100余万字。由于他的好学钻研，先后著有《几何运算的基本原理》《近世几何学研究之一：朋力点》《近世几何学研究之二：九点圆图采之推演》等书，并在《朋力点》一书中提出“燧心定理”，引起学界轰动。

梁宗巨 （1924—1995），出生于百色，梁宗岱之弟。1942年考入复旦大学化学系，并自学高等数学和天文学，奠定了他从事数学及数学史教学与研究的基础。中华人民共和国成立后，历任辽宁师范大学教授、中国科学技术史学会副理事长、全国数学史学会副理事长、全国政协委员。他长期从事数学史研究，著有由我国数学史工作者独立完成的第一部世界数学史传——《世界数学史简编》，主编《数学家传略辞典》。

陆钦尧 （1945— ），乐业县甘田镇人。1966年毕业于百色医专中专部，后留校任教。1974年、1979年受人民卫生出版社之托，主持编著、修订《液体疗法》一书。1975年后，在人民卫生出版社、香港、台湾、广西等出版《益寿中草药》《益寿方选》《护理论文写作》《现代名医百病良方》等著作8部。1980年获广西优秀科技成果二等奖。获1985—1988年度广西“优秀新闻工作者”称号。1990年获“全国民族团结进步先进个人”称号。1997年获1990—1996年度“广西优秀科普作家”称号，1998年获中共广西壮族自治区委员会、广西壮族自治区人民政府授予荣誉勋章。有20篇作品获全国、广西优秀作品奖。

·音乐（戏剧）·

黄现炯 （1799—1864），德保县城南隆街人。壮剧艺人，南路壮剧创始人之一，有“戏状元”的雅号。曾在广东学戏3年，清光绪二十五年（1899年），辞班返乡途经南宁，因身上盘缠已尽，投班演出，因有吞烟喷雾化妆绝技而出名。后随妻定居马隘，组织当地艺人模仿木偶戏的形式用当地的民歌和道场音乐来演唱。即师傅坐在帐帘里，边唱边敲竹筒制的木鱼，演员在帐前按师傅演唱内容表演各种动作，这种演唱分离的双簧戏维持了较长的时间，到了辛亥革命前后，才逐渐发展成为唱做合一的形式。黄现炯始创的这种戏，人称“土戏”。因为唱腔中多用“呀嗨”作衬腔，又叫“呀嗨戏”。黄现炯去世后，每逢从外地来德保演出的戏班，都穿戏服到其墓前祭拜。

杨六练　生于清康熙年间，田林旧州那度村人，壮族。初时学演“地台戏”，清乾隆二十五年（1760 年）到四川做生意，因亏本而留川务工。在川看戏时，觉得当地的搭台戏比家乡的地台戏更气派，要把这种做法搬到家乡来。清乾隆二十八年（1763 年）回到故乡，把本屯的八音班和旧州的地台戏班合并，组成“龙城班”学戏。乾隆三十年（1765 年），在旧州街上搭起 2 丈宽的舞台，演出《一块家铁》，唱腔用“平调”，得到群众称赞，这是北路壮剧首次登台演出，由此，北路壮剧在百色土地上生根发芽。3 年后回那度村另组戏班，“龙城班”由其弟子朱胜明执主。乾隆末期逝世，后人尊称他为“台师”。

黄从善　生卒年不详，田林旧州央白村人，壮族。一生为北路壮剧作出重大贡献：他给北路壮剧的主调正名（“平调”改为“正调”）；音乐伴奏从只拉正线发展为正反合声；多次外出传教，嘉庆十年（1805 年）到隆林县的隆或、徕也传戏，他是田林县的板坚、八渡、平塘戏班的传习师，晚年还到隆林冷水、云南富宁县那良屯教戏。他逝世后，八渡戏班曾立有“黄从善先师之位”的牌位。第七代艺师黄永贵手抄的《台符》也将其名排在第一位。北路壮剧的继承人都称他为先师。他的贡献成为北路壮剧发展史的第二个里程碑。

黄永贵　（1855—1914），田林旧州央白屯人，壮族。22 岁赴南宁应考时，为邕剧所迷，被邕剧师傅雷喜彩发现，收为弟子。1880 年回乡组织“万和班”，仿唱邕戏，后又成立“共和班”演唱邕剧。由于演出时唱念夹土夹汉，被人叫作“土汉班”。清光绪十三年（1887 年），“土汉班”应邀到梧州演出，历时半个月，盛极一时。回到央白，为适应群众需要，他把邕剧的精华融入土戏之中。土戏以前只长于文戏，他运用武打；土戏以前只拉 4 把二胡，他引进打击乐和扬琴伴奏；土戏唱腔多是落板，他改为有起板；各种行当和表演程式以及土戏的步法等技艺，经他提炼后特色更明显。他对土戏的发展作出了不可磨灭的贡献，在北路壮剧发展史上有重要意义，被誉为“全师”。

李春芬　（1914—1987），田阳区田

州镇那塘村晚史屯人，壮族。1979年加入广西民间文艺家协会，任百色地区文联民间文学组副组长。他热衷于民间文学搜集工作，常到对歌现场搜集民歌素材，创作各种山歌。1975年，他的民歌《高歌向太阳》《跟党好比线跟针》等作品载入人民文学出版社出版的民歌集《高歌向太阳》；1977年，他的《过海不忘领航员》载入广西人民出版社出版的民歌集《红太阳永远照南疆》；1978年，《诗刊》刊登他的新作《我家住在莲花峰》。李春芬注重培养接班人，经常辅导年轻歌手学山歌，几十年来培养了大批优秀歌手参加山歌比赛，取得了好成绩。壮族诗人、作家黄勇刹称他为“山歌校长”。

方士杰（1936—　），德保人。历任县文化馆创作辅导员、自治区壮剧团编剧、自治区文联民间文学研究室主任、中国民间文艺协会会员、广西民间文艺协会常务理事。对壮族末伦（民间曲艺）有研究，曾出版《壮族末伦》（选集），发表论文《壮族末伦初探》，创编的末伦壮剧《女儿媒》获1981年广西文艺会演剧本创作一等奖、1985年第一届全国少数民族题材剧本创作评奖团结奖。还发表了《简论壮族山歌》，获广西首届民间文艺优秀成果奖。

欧阳可传（1937—　），凌云人，壮族。百色市群众艺术馆副研究员、中国音乐家协会会员。1982年，作品《幸福谣》《一群蝴蝶舞翩跹》获全区声乐作品评奖创作奖；1984年，为石钟创编小歌剧《新酒》参加广西业余戏剧、曲艺会演荣获戏剧音乐三等奖；1985年，《跳坡乐》在广西第一届音乐舞蹈节上获创作二等奖；1986年，作品《你们来自富有的村庄》在全区民间音乐舞蹈表演中获创作一等奖，《多情最是瑶山雨》《银簪击鼓》获创作三等奖；1988年，《打扮》获广西第二届“三月三”音乐舞蹈节创作奖，同年参与《中国民歌集成·广西卷》编纂工作，获自治区文化厅、自治区民委授予“先进工作者”称号；1990年，作品《阿妞觉觉的耳朵不给摸》《凤凰在歌唱》分别获广西群众文艺会演创作一、三等奖。获文化部、国家民委、全国艺术科学规划领导小组颁发的荣誉证书。

李西克（1950—　），靖西人，壮族，靖西壮族八音代表性传承人。先后在靖西市文艺宣传队（文工团）、文化馆、壮族博物馆工作，尤其擅长靖西壮剧、八音、末伦及民间小调的传统器乐演奏。1999年，组建靖西民俗表演队，不断挖掘靖西壮民族传统文化，恢复了濒临失传的靖西壮族八音演奏，把靖西壮族传统文化艺术活化石田间矮人舞、田螺笛演奏搬上舞台，使民俗表演队成为外界了解靖西乃至整个壮族的传统文化艺术的重要窗口。伴奏的《瓦氏祭旗》获第二届中国曲艺节二等奖；作品《马绿迎新娘》参加自治区文化厅举办的文艺会演获二等奖；台阁作品《瓦氏出征》参加广州第七届中国民间艺术节获银奖，并获第九届中国民间艺术节“山花奖”；《靖西壮族八音》获第二届广西刘三姐民间文艺表演奖。李西克积极传承靖西壮族土乐器、壮剧、末伦、山歌、舞蹈、小调等传统文化艺术，为靖西民族民俗文化艺术的保护、传承和发展作出了突出贡献，本人也被评为自治区群文先进工作者。

林燕飞（1960— ），出生于凌云县，原籍靖西，壮族。历任百色地区文化局副局长，广西歌舞团团长，广西演艺集团党委书记、董事长，广西文联副主席，广西音协副主席等职，国家一级演员，正高职称。先后策划创作音乐剧《桂花雨》、壮族岩画音乐舞蹈诗《花山》、民族音乐剧《山歌好比春江水》等作品。其中，《桂花雨》获文华大奖特别奖和文华剧目奖、中宣部“五个一工程”奖、全国少数民族文艺汇演“剧目金奖”以及广西文艺创作铜鼓奖等；《花山》获全国少数民族文艺汇演“剧目银奖”等；2012 年被评为在全国国有文艺院团体制改革工作中作出突出贡献的个人；2015 年 10 月被评为广西文化名家暨“四个一批”人才；2016 年 3 月授予广西三八红旗手荣誉称号；2020 年度全区政协履职提质增效先进委员。

黄和东（1969— ），广西音乐家协会会员，多年来一直从事艺术创作、表（导）演工作。2000 年，参加全市专业文艺会演，演唱歌曲《神秘的金锁等着开》获得一等奖；参加全区“八桂群星”文艺会演的快板表演《死老汉逛街》获得银奖；2001 年，指导“尼的呀”合唱团参加全国群众歌咏比赛获得一等奖；2009 年，指导“尼的呀”合唱团参加番禺“星海杯”国际合唱节比赛获得金奖；2011 年，参与导演的专场文艺节目《那歌·那人·那坡》参加全市文艺会演获得金奖；2012 年，创作小品《劝舅》参加全区“八桂群星”文艺会演获得创作一等奖；同年，参与创作导演的专场文艺节目《歌飞这坡飞那坡》参加全市文艺会演获得一等奖。

黄　峰（1958—2023），那坡县文

化馆馆员、那坡县民间文艺家协会主席、那坡县非物质文化遗产课题研究专家。长期从事戏剧小品、歌词创作和壮族文化理论研究。作品曾多次在国家级、省市级文艺会演或刊物上获奖、发表。其中，翻译成壮语版的歌曲《山歌年年唱春光》2002年参加全国群众歌咏比赛获金奖，论文《黑衣壮歌谣艺术传承与保护》2007年在中国科学院出版的丛书发表。

黄依兰（1958— ），国家一级演员、右江民族歌舞团副团长、广西音乐家协会副主席。演唱歌曲有《一幅美丽的壮锦》《布洛陀河》《神女梦》《艺海飞歌》等。曾获广西壮族自治区第一届、第二届“三月三”音乐舞蹈节声乐表演三等奖、二等奖，第四届全国少数民族传统体育运动会文艺活动“刘三姐杯”金奖，全国少数民族声乐比赛青年组民族唱法一等奖等荣誉奖项。是广西首届中青年“德艺双馨”文艺家五十杰之一。

谭庆云（1946— ），右江民族歌舞团一级演奏员、广西音协会员。配器的舞蹈《拧》《明淘春》分别获广西第一届“三月三”音乐舞蹈节创作一等奖、二等奖；为壮族独舞《秋狂》配曲，获广西民族舞蹈比赛音乐三等奖、全国少数民族舞蹈（单双三人舞）比赛作曲演出奖。此外，还为《山魂》《心中的绣球》《瑶山乐》《朗》等舞蹈作曲，均获自治区级奖项。

韦　艺（1984— ），市民族文化传承中心副主任、国家三级演员。2006年获百色市第一届文艺会演独唱一等奖、广西青年歌手电视大奖赛三等奖，2007年获广西民族声乐创作演唱二等奖、广西音乐舞蹈比赛组合演唱一等奖、第十三届CCTV青年歌手电视大奖赛广西赛区流行唱法优秀奖，2009年获第五届广西音乐舞蹈比赛声乐演唱奖、第七届广西戏剧展览会大型剧目展演表演奖、第十一届中国戏剧节优秀表演奖，2013年获第七届广西音乐舞蹈比赛声乐演唱二等奖和组合演唱二等奖。个人曾先后获“广西壮族自治区先进工作者”“百色市第六届技术拔尖人才”等荣誉称号。

李少庆（1926—2022），中国民间文艺家协会会员、广西民协第三届理事、广西壮族歌王。1979年，中华人民共和国成立30周年大庆曾在北京人民大会堂演唱田东嘹歌《高唱太阳永不落》，引起法国、日本、泰国、美国等民俗专家和考古专家的关注和赞赏。整理出版的壮族民歌汉文本《壮族排歌选》获广西人民政府首届“振兴广西文艺创作铜鼓奖”，《右江排歌》获中国作家协会广西分会、广西民间文学研究会颁发的第二届少数民族文学评奖优秀作品奖。

杨建伟（1957— ），广西群众艺术馆戏剧曲艺部戏剧编导，国家一级演员，中国戏剧家协会、中国曲艺家协会会员，广西曲艺家协会理事。从事戏剧曲艺表演和创作近20年，创作的小品《敲门声》参加广西“八桂群星奖”获编剧一等奖、表演一等奖、演出一等奖，小品《竞选》《敲门声》参加全国第十一届“群星奖”分别获金奖、银奖，小品《巴儿狗罐头》参加第十一届中国曹禺奖小戏小品大赛获专业组一等奖。此外，还有小品《一瓶矿泉水》《大海啊！故乡！》等代表作，均获自治区奖项。

莫掩策（1974— ），德保人，壮族。广西音乐家协会会员、平果市音乐家协会主席、平果市民俗文化传承展示中心副主任。2005年，正式成立哈嘹乐队，负责词曲创作。曾赴澳大利亚悉尼、阿联酋迪拜、越南等地展示壮族原创音乐作品。代表作有《月亮》《山中画眉》《古谣在传唱》《赶圩乐》《太阳的故乡》等。其中，《月亮》获第十三届CCTV全国青年歌手电视大奖赛广西赛区通俗唱法一等奖、广西第三届音乐金钟奖作品提名奖。

黄春香（1979— ），2002年，参加全国“希望之星”大赛获广西民族唱法“十优”奖、广西通俗唱法“十佳”奖、全国总决赛通俗组“十优”奖。2004年，创作的歌曲《我的家乡美》获自治区文化厅举办的广西“八桂群星奖”演出三等奖。2006年，创作的歌曲《杜鹃花开》获自治区文化厅举办的广西“八桂群星奖”优秀奖。2007年10月，歌曲《杜鹃花开》（作词、作曲）获自治区文化厅举办的广西原创民族声乐歌曲大赛创作三等奖。

蒙秀峰（1941— ），广西戏剧家协会、广西曲艺家协会会员。创作的歌剧《边陲碧玉》获全国少数民族题材创作铜奖，壮剧《弃婴谣》获广西文艺创作铜鼓奖，小品《老爸》获广西曲艺文学三等奖，壮族末伦《慈母心》获全国曲艺新曲（书）目比赛创作三等奖。此外，还有壮族末伦《瓦氏祭旗》《一诺千金》《人民的打工仔》《春暖虎将》等代表作，均获自治区级奖项。

彭志达（1940— ），广西民间文艺家协会会员、广西音乐家协会会员、百色市文联会员。作词的《春姑娘迷恋我瑶寨》

歌曲1986年参加全区音乐舞蹈调演获群艺奖（当时不设等级奖，自治区文化厅主办）。2005年，合作创作的歌曲《笑看夕阳》（黄安成、彭志达词，赵光锋曲）获中国首届群众创作歌曲大赛金奖并辑入《神州歌海——中国首届群众创作歌曲大赛获奖作品集》一书（中国广播电视出版社出版）。

何天星（1955—2016），国家二级演奏员，系中国歌舞厅音乐协会会员。壮族末伦《春暖虎将》获第二届全国少数民族曲艺展演赛三等奖。歌曲《铁龙进山寨》获文化部等6个单位的歌曲创作一等奖；《黑尼黑》获2001年广西舞蹈比赛作曲三等奖，《暖暖碾乖乖措》获2008和谐广西舞蹈大赛金奖；参加伴奏的曲艺《慈母心》获自治区文化厅、广西曲协1986年全区曲艺新曲（书）目比赛二等奖；舞蹈音乐《花、血、魂》获1990年自治区文化厅举办的广西群众文艺会演创作三等奖。

黄曼妮（1977—2013），参演的节目《穷在深山有远亲》在1993年全国少数民族曲艺展演中获节目二等奖；《瓦氏祭旗》在1995年第二届中国曲艺节录像节目评选活动中获二等奖；《弃婴谣》在1999年广西第五届剧展暨“壮剧格林艺术杯”展演中获表演奖，在2001年获第四届广西文艺创作铜鼓奖；舞蹈《黑尼黑》在2001年广西民族舞蹈比赛中获节目三等奖；壮剧《山风送爽》在2003年国际小戏剧节中获银奖；壮族末伦《春暖虎将》在2004年第二届全国少数民族曲艺展演中获演出三等奖。

王　迅（1970—　），百色市戏剧家协会副主席。2002年，创作话剧小品《立碑记》参加中国文联、中国剧协主办的曹禺戏剧文学奖获二等奖；2006年，创作唱灯戏《七婶嫁媳》参加广西“八桂群星奖”比赛获铜奖（自治区文化厅主办）。2008年，创作话剧小品《暗香》，参加自治区党委宣传部、自治区文化厅、自治区精神文明委主办的全区小品大赛获金奖。

卢志良（1956—　），中国合唱协会会员、广西音乐家协会会员。2000年，创作歌曲《竹筒情歌》在2008年全国第五届“东方之春·中国民族歌曲演创大奖赛”中获“中国民歌百首金歌”金奖。作品《灯妹乐》《水灵灵的花》分获“八桂群星奖”三等奖、一等奖。

·舞蹈·

黄汉雄（1961—　），凌云人，壮族，国家一级导演。历任右江民族歌舞团团长，百色市文化广电局党组副书记、副局长，中国舞协会员，广西舞协副主席，百色市文联副主席，百色市舞蹈家协会主席，百色市民族文化传承中心主任。代表作有苗族舞蹈《山魂》、瑶族舞蹈《铜铃乐》《出寨》、壮族舞蹈《秋狂》《摆嘎摆》等，均在自治区和全国获得奖项。个人获得“全区文化系统先进工作者”、“百色地区专业技术拔尖人才”、“自治区民族团结进步先进个人”、“四个一批”广西文化名家、广西“八桂文化艺术奖”先进个人等荣誉称号。

张丽璧（1942— ），右江民族歌舞团原舞蹈编导、国家级编导，中国舞蹈家协会会员，广西民族民间舞蹈研究会常务理事，百色地区第二、第三、第四届文联委员，第四届音舞协副主席。编导的舞蹈有《苗寨月夜》《壮家七姐妹》等，壮族舞蹈《弯弯歌圩路》参加广西民族舞蹈比赛获三等奖，《山水情》参加“中国民族周”文艺汇演获二等奖。

韦志坚（1978— ），市民族文化传承中心副主任、国家一级编导。参加全国第七届孔雀奖少数民族舞蹈比赛，《出寨》获表演三等奖；参加广西民族音乐舞蹈调演，获舞蹈表演二等奖；参加广西民族舞蹈比赛，《鼓恋》获表演二等奖、编导三等奖；在第六届全国舞蹈比赛广西选拔赛中，作品《青青草笛》《心中图画》获舞蹈表演奖；作品《水》《梦图腾》在广西音乐舞蹈比赛中分获编导一等奖、三等奖；编排的《心在同行》在广西首届农民工主题文艺会演中获一等奖。

许　超（1934— ），国家二级舞台美术设计师、广西美术家戏剧家舞蹈家协会会员。设计的彝族舞蹈《醉歌》获全国少数民族文艺会演优秀奖；壮族舞蹈《淘春》获广西壮族自治区首届“三月三”音乐舞蹈节舞美设计二等奖；苗族舞蹈《彩色的溪流》获广西第二届音乐舞蹈节演出服装设计奖，《山魂》《裙韵》获广西壮族自治区第二届“三月三”音乐舞蹈节舞美设计三等奖；壮族舞蹈《秋狂》获全国民族舞蹈比赛服装设计二等奖；粤剧《龙门会》获广西第三届戏剧展览会优秀舞美设计奖，《县长钓鱼》获广西第四届戏剧展览会舞美设计奖；瑶族舞蹈《甘泉谣》《山间铃响瑶妹来》、彝族舞蹈《月镯》获广西民族舞蹈比赛服装设计奖。

黄翠芳（1973— ），创作的舞蹈《醉了瑶山》在2004年1月参加第六届全国舞蹈比赛广西选拔赛获节目一等奖；

2004年5月，参加文化部第六届全国舞蹈比赛进入复赛；2005年11月，参加中国舞蹈家协会举办的全国民间舞蹈优秀作品展演获作品十佳奖；2006年，获第五届广西文艺创作铜鼓奖。

黄毅贞（1973— ），2005年，创作的舞蹈《红线传情》参加第四届全国“四进社区”文艺展演活动获金奖。

朱素华（1959— ），广西舞蹈家协会会员。1985年，瑶族独舞《扮》参加当年中国民族民间舞蹈比赛广西选区获一等奖，被选送参加首届中国民族民间舞蹈比赛，获优秀奖。1996年，壮族群舞《热土情》参加广西“八桂群星奖”音乐舞蹈比赛获编导、演出一等奖。1998年，创作的瑶族群舞《长发瑶》参加广西“八桂群星奖”舞蹈比赛获一等奖。

·书法（篆刻）·

凌发彬（1880—1939），字雅林，靖西新靖镇人民街人，壮族。清附生，曾留学日本，获法学士学位。后在家挂牌为律师，还开药铺兼当医师。民国时期先后任百色统税局税务官，国会众议院议员，县立中学校（今靖西中学）教员、校长等职。而真正让凌发彬驰名海内的，则为书法，康有为曾书赠联云：“书法超秦汉，吾道是西南。”其楷、行、草、隶、篆等皆有独创，楷书内圆外方，行书、草书秀润遒劲，驰名国内，后来因散落各地导致无一遗留。如今只有黄姓氏堂联和《凌润桥临碑杂存》1册。

王彭年（1886—1940），凌云泗城正南街人，壮族。清附生，毕业于广西政法学堂。擅长文史、书法、诗，其隶书笔锋浑圆，字划伟拔，民国时期“百色中山公园”禅坊横额和凌云县“中山纪念堂”门额隶书即王彭年的手笔。曾编过《泗城府志》及做《凌云县志》的起草工作，后因世态动乱而停顿。1933年任凌云县修志局局长，着手编写《会集凌云县图志》，1939年当选为凌云县临时参议员。

黄毓庭（1940— ），田东人，壮族。广西历史学会、中国诗词家联谊会、中国书画艺术家协会、华夏书画收藏研究院会员、副研究员、理事。诗、书、联及文学作品多次在地方及国家级、国际级参展和发表。40余幅书法作品入选《中华百业杰出人才大典》《历史的回眸》《翰墨中国》《广西名胜风景大观》等30多部名作。其中《艺海无涯勤是岸》书法作品获“世界和平书画摄影艺术展”特别金奖。曾获中国中外名人文化研究会授予“中华百业杰出人才”称号，文化和旅游部授予首批全国文化“和谐使者”称号，获庆祝中国共产党成立85周年书画联展组委会授予“中华杰出艺术家”荣誉称号。

黄文勇（1955— ），田林人，字重久，号云山老九，别署山野之人。中国书法家协会会员，曾为广西书法家协会副主席、百色市书画院院长、书法协会主席、百色学院客座教授、市政协教科文卫体委员会主任、广州书法家协会评委，参加第二、第三届中青展，广西首届网络原审工作。1999年，书法作品获“全国首届扇面书法艺术展”一等奖。作品先后入选中国第六届艺术节国际书法大展、中南五省书法联展、中日书法家自作诗书法展、全国第八届书法篆刻展等。2007年获中国书法进万家行动计划先进个人，书法作品及传略被收入《中国书法年鉴》《中国书法大事记名家卷》。

何泓延（1960— ），德保人，又名刘则达，别号索达居士。中国书法家协会会员、广西书法家协会理事、百色市书法家协会常务副主席。书法作品曾入选全国第四届书法新人作品展览、全国第七届书法篆刻作品展览、全国首届西部书法展、纪念傅山400周年诞辰全国书法艺术大展等展览。曾获广西第二届书法“百花展”二等奖、联合国“唐诗宋词颂”书画赴日本展览铜奖、广西第二届“卫士之光”书法展一等奖、广西社科联成立20周年书画作品展二等奖、第八届全国公安系统“金盾文化工程”金盾艺术奖书法一等奖、中国电影百年书画大展佳作奖、全国首届公安民警书法大赛二等奖等奖项。个人获“2002年度中国青年书法家百杰”称号。

陆平凡（1963— ），德保人，壮族。中国书法家协会会员，广西书法家协会创作评审委员会委员，百色市书法家协会副主席，百色市文联委员，德保县第六、第七届政协委员。先后获得中国书法家协会“德艺双馨”会员、百色市文化工作先进个人、德保县首届专业技术拔尖人才。书法作品入展第六、第八届“全国中青年书法篆刻家作品展”，“第七届全国书法作品展”等10余次国展，书法作品《陶渊明诗·饮酒》《赵翼诗一首》《兰亭序》先后获中国首届书法“兰亭奖”新人优秀奖、第四届广西文艺创作铜鼓奖、广西“八桂群星奖”书法一等奖、百色市首届文艺创作“金绣球奖”等。

甘文锋（1966— ），平果人，署

名大风、桂人大风、大风无迹。中国书法家协会会员、广西书法家协会会员、广西百色市书法家协会副主席、广西书法家协会第九届主席团副主席。书法作品曾入选全国第八届书法篆刻作品展、纪念红军长征胜利 70 周年全国书法展等展览。曾获广西第二届中青年书法展一等奖、全国首届公务员书法大展二等奖、纪念傅山 400 周年诞辰全国书法大展一等奖等奖项。是广西唯一入选书法杂志社和全国各省区市书协联合评审的“2005 年中国青年书法百强榜人物”的书法家。

周　坚（1965—　），百色人，壮族。字文清，号山林布衣，别署彩石斋。广西书法家协会会员、百色市文联会员、百色市印社社长、右江书画院院长。篆刻作品于 1997 年入展由中国文联、中国书协、天津市人民政府主办的中国（天津）首届书法艺术节暨全国印社篆刻艺术作品邀请展；1999 年，入选由西泠印社主办的全国第四届篆刻作品评展；1999 年，入展由中国书协主办的中国书法家协会培训中心成立 6 周年教学成果回顾展览；2002 年，入展由中国文联、中国书协、天津市人民政府主办的中国（天津）第二届书法艺术节暨“全国中青年篆刻家作品展览”。

王庭艳（1964—　），中国书法家协会会员、百色印社副社长。书法草书毛泽东《浪淘沙·北戴河》、草书对联、草书作品分别入选由中国书法家协会主办的全国第六届中青年书法篆刻家作品展览、全国第二届楹联书法大展、全国首届行草书大展”并编入《作品集》。隶书《团结奋斗》参加中国著名美术家、书法家艺术精品展，获三等奖，并在中国美术馆、广西人大会堂展出。

·美术·

林宝航（1888—1970），凌云泗城中大街人，壮族，原名葆恒，笔名南篓。林宝航一生致力教育，并擅画、精书、能诗，尤以花卉山水、鸟兽蜂蝶水彩国画著称。不少作品以画为主，诗书兼而有之。青年时曾在广州卖画并收徒授艺，举办画展。1948 年，在百色大街举办名为“云台仙馆”的个人画展，展出作品 100 余幅，观者如潮，竞相购买。著有《濮爽通史》《南楼竹谱》《刘永福抗外战史》《广座珍闻》《凌云中学校刊》等书。其名收入上海人民出版社出版的《中国美术家人名辞典》中。

赵大宜（1938—　），靖西新靖镇旧州街人。山水秀丽的旧州常有画家到此作画，从小爱好美术的赵大宜在务农之余，虚心向到家乡画画的人求教，刻苦学画。1962 年，师从著名书画家邵伟尧，从此便与绘画结下了一生之缘。1977 年，《民族画报》刊登了赵大宜的作品——《田七园里花正红》，身处祖国西南边陲小镇的赵大宜随即名声大噪，他一手耕田、一手作画的形象便逐渐被世人所熟知，各级媒体纷纷进行报道。其国画作品曾荣登中央、省、地报刊多幅，作为中国美术家协会广西分会会员，名字被编入《中国美术家人名录》，世人多称他为“农民画家”。

黄闪夜（1958— ），出生于平果，旅美著名壮族艺术家。1977 年考入广西艺术学院。1985 年加入中国美术家协会。1990 年任广西艺术学院美术系讲师。曾在北京中央美术学院及美国洛杉矶艺术学院研修，1993 年应邀赴英国和美国举办个人画展。他曾多年应邀在洛杉矶著名的洛耀拉玛丽蒙大学做客座教授，以及在加利福尼亚州的州立大学讲学及举办个展。其作品还入选在国际艺术博物馆、拉斯库萨斯美术馆和“纽约艺术收藏”等多个美术馆及画廊展出。7 次参加国际艺术评审展并获奖。

马元威（1939— ），广西美术家协会会员。作品《苗山古寨》入选庆祝中国国民党革命委员会成立 60 周年中国著名美术家、书法家艺术精品展在广西人大会堂中国美术馆台湾逸仙美术馆展出，获银奖。《东风吹来满眼春》纪念邓小平 100 周年诞辰美展入选，获铜奖（新华社湖南分社美术研究院举办，全国评委评定）。《令箭荷花》参加新加坡共和国新神州美术院第五次组办的“醒狮杯”中国全国精品书画创作大赛获特等奖。《亲切关怀》参加中国河南许昌吴道子画院主办的第二届吴道子基金大奖获银奖。

黄仁秀（1944— ），中国美术家协会广西分会会员。1984 年，作品《春暖》获庆祝中华人民共和国成立 35 周年全区美术作品展览三等奖。1987 年，作品《等》获广西首届少数民族作者美术作品展览三等奖。1992 年，作品《瑶家妹仔》获广西首届各民族女职工书画展览三等奖。1998 年，作品《英雄赞》获第五届广西职工书法、美术、摄影作品展览三等奖。1999 年，作品《顶天立地》获庆祝中华人民共和国成立 50 周年美术作品展览三等奖。2001 年，作品《南国佳果满清香》获庆祝建党 80 周年广西美术精品展二等奖。

莫若莹（1936— ），广西美协理事、广西艺术摄影协会常务理事、百色市群众艺术馆退休干部。1998年，中国文联、中国书协、中国美协主办全国书画作品展，国画《喜相逢》入选，在中国美术馆展出。2001年10月，中国美术家协会、中国少数民族美术促进会主办“民族百花”奖第五届中国各民族美术作品展，国画《赶集归来阿里里》入选，在北京民族文化宫展出。2001年5月，国画《苗苗》入选文化部等单位举办的“我爱中华”中国画油画大展。自治区文化厅、广西美协主办纪念毛泽东同志《在延安文艺座谈会上的讲话》发表50周年广西美术作品展，油画《绣春》获三等奖。1993年3月，举办广西国际民歌节少数民族风情画展”油画《巡辅导又一寨》获铜奖。1997年，自治区文化厅主办广西第一届国画展览会，《做绣的苗族姑娘》获佳作奖（无等级，只有入选国画选集和较佳作品奖，无获奖证书，有奖金和奖品）。摄影《龙舞壮乡》入选1988年12月中国摄影家协会、中国影协广西分会联合举办的“可爱的广西”摄影作品展，在北京展出。

林　肯（1958— ），广西美术家协会理事、百色市文联副主席（兼）、百色市美协主席。油画作品《墙》入选庆祝自治区成立30周年广西美术作品展览，获三等奖；《赶集归来阿里里》入选庆祝中华人民共和国成立40周年广西美术作品展览，获优秀奖；《阳光》入选庆祝建党70周年广西美术作品展览，获一等奖；《集归》参加广西“八桂群星奖”比赛获三等奖。2002年，为广西木偶剧团赴捷克参加布拉格国际木偶艺术节演出做舞美设计，该剧团在此次演出中获最受儿童观众欢迎奖和最佳艺术表演奖；为广西木偶剧团芭蕾木偶剧《小美人鱼》做舞美设计，该剧于2003年参加第二届“金狮奖”，获全国金奖；于2005年参加第六届广西戏剧总展演，获广西“桂花一等奖”，舞美设计获广西“桂花优秀奖”。

·影视·

李永锋（1964— ），中国摄影家协会会员、广西摄影家协会摄影理论委员会委员、那坡县文联四级调研员。2010年被评为中国抗灾救灾优秀摄影家。多年来致力于纪实、民俗方面的摄影，作品多次在各级大赛中获奖。上海世博会期间，20多幅作品在上海图书馆展出，并被该图书馆永久收藏；《旱情》等4幅作品被中央档案馆永久收藏；专题摄影作品《边地山民》入选第十二届中国平遥国际摄影大展；纪实摄影作品《神圣的跳弓节》获国际比赛纪录奖。已出版摄影专著《黑之灵》《这坡哪有那坡好》等。

程茂锋（1963— ），中国摄影家协会会员、广西摄影家协会理事、广西民俗摄影家协会理事、广西水利摄影家协会副秘书长、百色摄影家协会副主席。先后在全国各大报纸杂志发表500幅照片。1998年11月，作品《搏》获广西总工会、中国美术家协会广西分会、广西书法家协会、中国摄影家协会广西分会举办的第五届广西职工书法、美术、摄影作品展览三等奖；2000年11月，作品《晚年》荣获中国摄影家协会等单位举办的中国第八届乐凯摄影艺术大奖赛优秀奖；2008年10月，作品《大地乐章》荣获中国摄影家协会举办的第二届"建设社会主义新农村"摄影大展优秀作品奖。

施永洪（1969— ），中国摄影家协会会员、广西摄影家协会艺术专业培训指导委员会委员、德保县摄影协会副主席。作品《魂牵渠洋湖》（组照）、《金龙吐珠》在首届"金绣球杯"中国广西靖西摄影大赛中荣获金奖与铜奖；《大地绣锦》获自治区人民政府主办的2006"巨星杯"山水甲天下美丽新广西风光摄影大赛一等奖；《绣乡正月》《灯火阑珊映顺城》分获第二届"金绣球杯"摄影大赛一等奖和三等奖。纪实摄影作品《最后的陶器坊》入选2007年，第22届全国摄影艺术展，该作品的入选结束了百色20多年没有摄影作品入选国展的空白历史。

·手工艺·

黄肖琴（1945— ），出生在靖西旧州街一个民间手工艺家庭，8岁时就学会做绣球。改革开放后，她精湛的刺绣工艺得以施展，开始接单做绣球。经过多年的努力和执着，她制作的绣球深受国内外游客的喜爱，还拥有了来自英国、美国、加拿大等海外多国的固定客户，绣球这张壮族名片得以登上国际舞台。1994年，在全国妇女工艺比赛中，黄肖琴获得全国妇联主席陈慕华亲手题字的"中华巧女"称号；2006年，被广西民间文艺家协会评为一级民间工艺师；2007年，中国文学艺术界联合会和中国民间文艺家协会授予她"中国民间文化杰出传承人"的称号。

麦琼方（1960— ），右江壮族麽乜制作技艺代表性传承人，多年来致力于麽乜手工艺品的开发设计和文化传承。从

布料、样式上进行开发，使原本外观、造型单一的麽乜变得丰富多彩。并将壮族元素带入各类装饰品中，深受人们的喜爱。在右江区乡镇成立了多个手工艺品孵化基地，带动了扶贫产业的发展。同时，还将手工艺带进校园，使非遗文化得到传承。个人于 2014 年参加广西工艺美术作品暨大师精品展览，获“八桂天工”金奖；2017 年，荣获广西传统手工业创新成果奖；2020 年，获百色市工艺美术大师荣誉称号。

李村灵（1967— ），靖西人，壮族，壮族织锦技艺传承人。1987 年进入壮锦厂工作，从普通员工、织女再到厂长，她都严于律己、恪尽职守。她在原有工艺上进行改良，把壮锦元素融入服装、背包、首饰等穿戴物中，并一改大面积配色的传统，运用同色系进行配色点缀，简化纹样，让具有丰富文化底蕴的壮锦与浓郁的壮族民俗风情散发出美丽的光彩。2017 年，李村灵入选第五批国家级非物质文化遗产代表性传承人推荐名单；2019 年，被评为全国民族团结进步模范；2020 年，入选 2020“中国非遗年度人物”候选名单。

后　记

习近平总书记强调，坚定中国特色社会主义道路自信、理论自信、制度自信，说到底是要坚定文化自信。我们编写出版《文化百色》，正是坚定文化自信的重要方式之一。

文化是人民精神的家园，它不仅是人们生活的精神寄托，还是人们寻求归属感和认同感的地方。百色市聚居着多民族人口，各民族先民用勤劳的双手和智慧，共同创造了灿烂且多元的文化，如石器时代文化、句町古国文化、布洛陀文化、山歌文化等。而在近现代，随着百色起义的一声枪响，红色文化也扎根在了这片土地上，成为如今百色人民自强不息的力量，激励着一代又一代的百色人民。《文化百色》通过弘扬百色优秀文化，不仅能够让人们感受到历史的温度，传承祖先的智慧，提升自己的道德品质，还能够启发人们的想象力和创造力，鼓励人们追求真、善、美，塑造自己的人生价值观。同时，也为后世了解、研究、传承百色文化提供参考依据。

回顾《文化百色》的编写历程，从 2019 年开始，至 2023 年成书，历时四载。从制定编目、搜集整理资料、考证史实到撰写修改内容、专家评审、定稿出版等阶段。在此，对在本书编写过程中给予大力支持和关心帮助的单位、个人表示衷心的感谢！

由于学识所限，资料尚有缺漏，书中难免存在不足，欢迎读者批评指正。

百色市文化广电体育和旅游局

2023 年 12 月